石油石化院士访谈录

唐大麟 著

石油工业出版社

内容提要

本书收录了我国石油石化行业 32 位院士的采访文章,剖面式展现了我国石油工业的发展历史与现状,通过书写石油石化院士们在弘扬石油精神、传承石化传统中的担当作为,也为进一步淬炼石油科学家精神提供了宝贵的资料。

本书可供石油石化行业从业者、高等院校师生以及社会大众阅读。

图书在版编目(CIP)数据

石油石化院士访谈录 / 唐大麟著 .—北京:石油工业出版社,2024.4
ISBN 978-7-5183-6211-0

Ⅰ.①石… Ⅱ.①唐… Ⅲ.①石油工业—科学工作者—访问记—中国—现代 Ⅳ.① K826.14

中国国家版本馆 CIP 数据核字(2023)第 154482 号

出版发行:石油工业出版社
(北京安定门外安华里 2 区 1 号 100011)
网　　址:www.petropub.com
编辑部:(010)64253604
图书营销中心:(010)64523633
经　　销:全国新华书店
印　　刷:北京中石油彩色印刷有限责任公司

2024 年 4 月第 1 版　2024 年 4 月第 1 次印刷
710×1000 毫米　开本:1/16　印张:23
字数:308 千字
定价:98.00 元
(如出现印装质量问题,我社图书营销中心负责调换)
版权所有,翻印必究

前言

自 1878 年我国在台湾打出了第一口油井——苗一井，1907 年打出了陆上第一口油井——延一井，并建起了第一座炼油房至今，我国石油石化工业已走过近一个半世纪的历程。它诞生于内忧外患之际，壮大于新中国成立以后，并在改革开放后实现了迅猛发展。回顾过去，我们会发现，中国石油石化工业的发展与党和国家的命运紧密联系在一起，它不仅是一部艰苦创业的奋斗史，一部优良传统的传承史，更是一部攻坚克难的创新史。

经过百年多的风雨历程，特别是新中国成立后 70 多年的发展，我国石油石化工业早已实现了从无到有、从小到大、从弱到强的变化。2022 年全国原油产量 2.05 亿吨，天然气产量 2201.1 亿立方米，年炼油能力达 9.2 亿吨，居世界第一。在 2023 年《财富》世界 500 强榜单上，有 12 家中国石油石化企业上榜，其中中国石油和中国石化分别以 4830.2 亿美元和 4711.5 亿美元的营业收入位居世界第 5 和第 6 位，中国中化和中国海油分列第 38 和第 42 位。中国早已从一个依赖"洋油"的国家发展为一个石油石化产业大国。在这个进程中，一大批优秀的石油科学家们分别在地球物理化学与地质构造研究、油气勘探开发、钻井工程与矿山机械、油气储运、石油化工与催化剂研究、工程管理等专业领域做出了巨大的贡献，取得了令人瞩目的成就。

本书按照院士们当选的时间顺序，收录了《中国石油企业》杂志 2021—2023 年期间对李德生、何继善、李大东、翟光明、郭尚平、汪燮卿、毛炳权、戴金星、顾心怿、何鸣元、罗平亚、胡见义、舒兴田、韩大匡、贾承造、苏义脑、童晓光、王基铭、胡文瑞、孙龙德、金之钧、黄维和、高德利、李阳、李根生、刘合、孙金声、徐春明、郭旭升、谢玉洪、孙焕泉、李中等石油石化行业院士的采访文章。其中，中国科学院院士7人、中国工程院院士24人、国际欧亚科学院院士1人。

通过对这些石油石化院士的采访，我们记录了石油工业发展史上一段段弥足珍贵的历史，也见证了石油石化院士们从创业初期至今，一路走来筚路蓝缕、披荆斩棘的过程；见证了石油科学技术从跟踪模仿到自主创新的过程；见证了我国石油工业由小到大、由弱到强的过程；见证了油气产业发展从受制于人到自立自强的过程；也见证了石油科学家精神孕育与形成的过程。在他们身上，我们不仅清晰地看到了其所秉承的石油精神、石化传统，更看到了他们身上所体现出的"石油科学家精神"。

党的二十大报告强调"培育创新文化，弘扬科学家精神，涵养优良学风，营造创新氛围"。科学家精神是老一辈科学家们在长期科研经历中形成的宝贵精神财富。正所谓"科学无国界，但科学家有祖国"，中国老一辈科学家群体身上，不仅闪现着对科技进步的不断追求，更饱含着对祖国的赤诚情怀。正是在这样的科学家精神引领和激励下，一代又一代科学家前赴后继，不断登上新的科学之巅，为祖国和人民做出新的贡献。

"石油科学家精神"作为石油石化行业科学家群体的精神凝炼，就是要"把论文写在祖国的井场和炼塔上"。这体现为以石油石化院士为代表的广大石油科技工作者们扎根石油、科学报国的家国情怀，攻坚啃硬、勇攀高峰的创新精神，心无旁骛、淡泊名利的奉献精神，集智攻关、团结协作的协同精神，不忘师传、奖掖后人的育人担当，以及尊重事实、严守底线的学术道德。

如今石油石化行业发展的良好局面，是几代石油人共同努力的结果，特别是无数像石油石化院士们一样努力付出，但默默无闻的科技工作者们。在新时代，科技力量的强弱决定着国家的强弱与产业发展的高度，科技强则国强，科技兴则油兴。目前，我国经济已由高速增长阶段转向高质量发展阶段，正处在转变发展方式、优化经济结构、转换增长动力的关键攻关期。伴随经济发展比较优势的变化，以创新为第一驱动的高质量发展，是推动我国全面建成社会主义现代化强国、实现第二个百年奋斗目标的重要路径。未来，在碳达峰、碳中和目标指引下，能源转型进程将进一步加剧，我国石油石化行业不仅将面临更多挑战，同时也会迎来更多新的发展机遇。

在此背景下将30多位石油石化院士的采访文章结集出版，对传承石油精神、弘扬石化传统、凝炼石油科学家精神不无裨益。它所凝炼的，不仅是我国石油石化行业迈向世界一流的内在需要，更是我国石油石化企业实现高质量发展的必然要求。因此，石油科学家精神的总结与弘扬正逢其时，它不仅将进一步丰富和充实新时期石油精神，也一定会成为石油石化行业在实现中国式现代化进程中与大庆精神、铁人精神同等重要的精神力量。

目录

001　一个世纪的坚守与回望
　　　——访中国科学院院士、石油地质学家李德生

016　地热开发利用或成传统油企转型升级突破口
　　　——访中国工程院院士、应用地球物理学家何继善

027　以国家重大需求为导向开展科技自主创新工作
　　　——访中国工程院院士、石油炼制工艺及催化剂专家李大东

040　油气勘探开发步入创新时代
　　　——访中国工程院院士、石油地质学家翟光明

049　科技报国守初心　创新为民担使命
　　　——访中国科学院院士、流体力学与生物力学及油气田开发专家郭尚平

059　"创新是一种乐趣，也是科学家的责任"
　　　——访中国工程院院士、有机化工专家汪燮卿

070 新材料将是未来化工转型一个重要方向
　　——访中国工程院院士、高分子化工专家毛炳权

079 我国具备更快发展天然气的储量优势
　　——访中国科学院院士、天然气地质与地球化学家戴金星

092 守望胜利60年
　　——访中国工程院院士、石油矿业机械专家顾心怿

103 为化学化工全产业链绿色化而努力
　　——访中国科学院院士、石油化工专家何鸣元

116 未来油气产业技术交叉与融合愈加明显
　　——访中国工程院院士、油田应用化学工程与石油工程专家罗平亚

126 俯身倾听大地的声音
　　——访中国工程院院士、石油地质学家胡见义

134 为了催化剂技术和物耗达到国际领先水平
　　——访中国工程院院士、炼油催化专家舒兴田

143 志在千里　壮心未已
　　——访中国工程院院士、油田开发工程专家韩大匡

154 "我始终都是一名科技工作者"
　　——访中国科学院院士、石油地质与构造地质学家贾承造

167 把科研论文写在实验室和井场上
　　——访中国工程院院士、油气钻井工程专家苏义脑

178 唯责任与热爱不可辜负
　　——记中国工程院院士、石油地质和勘探专家童晓光

194 企业家应以担当尽责践行初心使命
　　——访中国工程院院士、炼油与石油化工及工程管理学家王基铭

206　　我们需要重新发现石油
　　　　——访中国工程院院士、油气田勘探开发与工程管理学家胡文瑞

215　　牢记践行"能源的饭碗必须端在自己手里"
　　　　——访中国工程院院士、天然气田开发工程与石油地质学家孙龙德

223　　当前我国页岩油发展中面临的问题与对策
　　　　——访中国科学院院士、石油地质学家金之钧

231　　新时期油气储运行业发展与挑战
　　　　——访中国工程院院士、油气储运工程专家黄维和

243　　以超深钻采工程推动我国挺进气态能源时代
　　　　——访中国科学院院士、油气钻探与开采专家高德利

254　　绿色低碳开发是油气生产方式的变革
　　　　——访中国工程院院士、油气田开发地质与开发工程专家李阳

268 为我国深层和非常规油气资源高效钻完井提供理论与技术支撑
　　——访中国工程院院士、油气钻井与完井工程专家李根生

280 人工智能赋能油气行业向高质量跃升
　　——访中国工程院院士、能源与矿业工程管理专家刘合

289 我国已初步形成石油工程高端技术与装备集群
　　——访中国工程院院士、油气钻井工程专家孙金声

298 以科技创新推动"双碳"目标稳步实现
　　——访中国科学院院士、石油化工专家徐春明

308 理论突破撑开非常规油气开发新空间
　　——访中国工程院院士、石油与天然气勘探专家郭旭升

320 为实现海洋强国梦汇聚石油力量
　　——访中国工程院院士、海洋油气勘探开发工程管理专家谢玉洪

331 资源有限、创新无限、挑战极限
　　——访中国工程院院士、石油与天然气开发工程专家孙焕泉

343 在蓝色国土耕耘科技强国梦想
　　——访国际欧亚科学院院士、海洋油气钻完井工程技术专家李中

354 后记
　　——我眼中的石油石化院士

一个世纪的坚守与回望

——访中国科学院院士、石油地质学家李德生

◎ 人物小传

李德生，石油地质学家，教授级高级工程师，博士生导师。第六届全国政协委员。1922年10月出生于上海市，原籍江苏苏州。1945年毕业于重庆国立中央大学地质系。曾任中国石油勘探开发研究院总地质师等职。李德生院士先后在玉门、台湾、延长、大庆、四川、胜利、大港和任丘等油气田从事现场石油勘探与开发地质工作，是大庆油田发现过程中的地球科学工作者之一，参与编制完成了大庆油田第一部开发方案；提出了中国含油气盆地三种基本类型的分类方案；在渤海湾盆地研究中提出了"渤海地幔柱"的概念并全面论述了该盆地的沉积史、构造格局和油气田分布规律；用板块构造学说分析了中国海相和陆相含油气盆地大多具备多旋回叠合盆地属性，并详细解剖了这些盆地古构造、古地理和多套含油气系统特征。先后荣获国家科学技术进步奖特等奖2项，国家自然科学奖一等奖1项，以及美国石油地质家协会（AAPG）石油地质学杰出成就奖章及AAPG荣誉会员奖章，何梁何利基金科学与技术进步奖，陈嘉庚地球科学奖等荣誉。在国内外地球科学刊物上发表论文140余篇，出版中文专著7部，英文专著2部，代表作有《石油勘探地下地质学》《中国含油气盆地构造学》《李德生文集》（上卷、下卷）和《中国多旋回叠合含油气盆地构造学》等。培养了25名硕士、博士和博士后。

1991年当选中国科学院院士（学部委员），2001年当选第三世界科学院院士。

唐大麟：李院士，您好。非常高兴看到您身体如此健康，首先恭祝您即将迎来期颐寿辰！能否为我们回顾一下您是如何走上石油地质这条道路的？

李德生：我从中央大学（现南京大学）毕业的时候，抗日战争还没有结束，那时学校还在四川的重庆。当时玉门油矿矿长叫严爽，国共两党合作期间，玉门发现了油田。听说是周总理当时把严爽从陕北调到了玉门，所以他也是玉门油矿的三个元老之一，另外两个是孙健初和靳锡庚。严爽当时从延长油矿带了两台钻机和80名工人，以及自己的家眷去玉门打出了第一口油井。

1945年，严爽到重庆中央大学来找我们地质系的主任张更，说玉门油矿急需地质及其他工程技术人才，地质系有多少学生他就要多少，并和我们一个个面试谈话。但大部分同学还是愿意留在重庆的地质单位，当时中央研究院地质研究所、中央地质调查所、矿产测勘处都在重庆，所以谈话的结果是：除我以外还有两个同班同学愿意去玉门工作，一个是田在艺，一个是张传淦。后来，我们就去玉门油矿重庆办事处报到，领了路费和一个月工资后，就出发去玉门。那时候玉门油矿有自己的卡车往返重庆和玉门之间，把汽油、柴油等油料从玉门拉到重庆，又把矿场所需要的钻井器材、炼油器材等装备从重庆拉回玉门。当时办事处答应在卡车驾驶室里安排座位给我们新招的学生搭车去玉门。

我是1945年7月7日从重庆歌乐山出发的。当时车况不好，一天只能走三四十千米，有时候车抛锚了还要检修，所以从重庆到玉门2500千米的路程，我们总共走了两个月。离开四川以后，我们走了差不多一个月才到兰州。当时玉门油矿运输处在兰州郊外黄河拐弯的一片小平原上，也就是现在兰州石化所在地。从四川出发时我们都是夏装，听说玉门很冷，所以到了兰州我们就准备了老羊皮大衣、皮袄及棉鞋等冬装。在兰州休整一个星期后，我们继续西行，经过河西走廊前往玉门。8月15日，我们的车子到达武威，这时听说日本投降了。武威全城老百姓都出来庆祝抗战胜利，我们也跟着欢庆了一夜，第二天继续上路，并于9月9日抵达玉门。到油矿报到以后，我们3个人都被分配到了孙健初先生任主任的地质室。因为当时孙主任在外进行地质调查，所以由副主任翁文波和美籍华人地质师卞美年接待我们。河西走廊没有地质露头，到处都是戈壁滩或者绿洲，我被分配到重磁力勘探队，开展河西走廊从高台到敦煌的重磁力勘探，我的石油探勘生涯也由此开启。为了取得地壳的均衡参数，我们三次进入祁连山，考察山间第四纪冰川地貌。

| 李德生院士笔下的玉门油矿，画于 1945 年 9 月 20 日

唐大麟：您工作过许多地方，对哪段经历印象最深刻？

李德生：我这一生参加过八次石油会战，在许多地方工作过。到玉门油矿后，1946 年 5 月，当时中国石油工业最大、也是唯一的国营公司"资源委员会中国石油有限公司"在上海成立，这个公司除了拥有玉门油矿和新疆独山子油矿外，还拥有抗战胜利后从日本人手里接收的台湾、大连、锦西（现葫芦岛）等地的石油矿厂产业。那时勘探室主任是翁文波，他接到去台湾进行石油勘探的命令后，就把我们在河西走廊的重磁力勘探队调到上海。于是，

1946年我又到了上海，在中油公司勘探室工作，之后前往台湾进行两年重磁力勘探工作，完成整个勘探工作之后，1948年又回到了上海。那时淮海战役已经开始了，公司里有几个地下党员，他们组织了护矿活动等待解放。我们就把地震仪、重磁力仪等重要设备，都放到中央信托保险科封锁起来。

新中国成立后，我被派到陕北，担任西北石油管理局陕北石油勘探大队第二地质队队长。在陕北工作四年，其中三年在野外，一年在延长油矿地质室。之后，因玉门油矿要进行注水开发，我又被调回玉门工作了四年，随后又奉调去四川参加川中会战一年。大庆石油会战开始时，我又到了大庆。在大庆四年，也是我印象比较深刻的一段经历，我可以具体讲讲。

中国石油勘探开发研究院部分历任院长与李德生院士合影
（左起：窦立荣、贾承造、沈平平、翟光明、赵文智、马新华，2022年11月）

1959年9月26日，松基3井出油后，为了对松辽油田进行综合评价，石油科学研究院院长张俊带领一个工作组来到黑龙江省肇州县大同镇，当时松辽石油勘探局已从长春市迁到大同镇，石油工业部工作组成员有我和翁文波、王刚道、童宪章、姜辅志、邓礼让、余家国、董恩环等。同年12月26日,余秋里部长到达大同镇,听取松辽局和工作组专家汇报,研究下一步工作规划。1960年1月1日,地质部物探大队派人到大同镇送交一张比例尺为十万分之一的大庆长垣北部地震构造图,图中显示出北部萨尔图、喇嘛甸和杏树岗等3个面积分别为300、80、230平方千米背斜构造面貌。松辽局和石油工业部工作组都认为,向北甩开钻探这3个构造具有良好的地质远景。余部长也甚为关注,认为满洲里至哈尔滨铁路横贯萨尔图构造的中部如果蕴藏一个油田,将对石油工程建设和原油外运等创造非常有利的条件。他立即决定,让我和邓礼让第二天带领一个测量小组前往测定3个构造顶部的预探井位。我根据地震构造图和地形图将预探井萨1井定在萨尔图镇以南、大架子屯以北1千米左右的草原上。井位确定后,邓礼让随即回大同镇调度32149钻井队向萨1井搬迁。我则带领测量队,到杏树岗构造高点,在安达县义和乡大同屯南1.5千米处拟定了杏1井井位。又到喇嘛甸构造高点,在喇嘛甸镇红五星猪场北1.5千米拟定喇1井井位。1960年3月11日,萨1井钻达井深1089.4米完钻,试油获得高产油流,用7毫米油嘴控制,自喷日产油76吨,原始地层压力101.4大气压,压力系数1.07,油气比42米^3/吨;4月8日杏1井钻达井深1150.6米完钻试油,7毫米油嘴自喷日产油53吨,油气比46米^3/吨,原始地层压力111.3大气压,压力系数1.06;4月16日喇1井钻达井深1225米完钻试油,用9毫米油嘴控制,自喷日产油150吨,原始地层压力109.2大气压,压力系数1.07。预测萨尔图—喇嘛甸—杏树岗3个构造具有较大的含油面积和储量,并具有自喷高产优势。

1960年4月2日,余秋里部长、康世恩副部长到达安达县,成立了松辽石油会战指挥部。4月9日,在安达铁路俱乐部召开了指挥部第一次"五级三结合技术座谈会"。经过3天讨论后,由我和童宪章草拟了"大庆长垣钻探和开发过程中取全取准20项资料和72种数据的技术规程"和"四全四准的资料要求"技术规范,为大油田勘探和开发打下坚实的科学基础。5月2日,余部长和康副部长又召开油田开发技术座谈会,引导大家认真学习《实践论》

和《矛盾论》。会议决定在集中优势兵力勘探萨尔图—喇嘛甸—杏树岗大油田的同时，在萨尔图油田中段、滨洲铁路线两侧开辟一块面积30平方千米的生产试验区，以取得全面开发大油田的经验。7月1日，会战指挥部决定将安达3号院的地质与开发技术干部全部迁到萨尔图，成立地质指挥所，由焦力人副指挥兼任地质指挥所指挥，我和范元绥、童宪章为副指挥，我同时兼任地层对比大队长，开展生产试验区萨葡两套油层5个油层组，14个砂岩组和45个小层的油产对比工作。根据会战总指挥康世恩副部长提出"大游地宫"的号召，在地层对比大队里设立了地宫队，由陈世泰工程师和马力地质师负责，在一栋新盖的干打垒房屋内，建立起长2米、宽1.8米的生产试验区立体模型，由此可以清楚地看到地面注水井排和生产井排，地下45个油层在立体模型内的分布情况。8月2日，地宫正式完成开放，每天安排上百名石油职工前来参观自己的劳动成果，各级领导也对地宫布置给予了很高的评价。

| 李德生（中）与戴金星（左一）、贾承造（右一）校友在一起（2022年7月）

1960年10月，苏联撤回在华工作的全部专家，并中止向中国供应原油。余秋里考虑如何加快松辽油田的开发，以弥补从满洲里进口苏联原油的缺口。他问我可否开发整个萨尔图油田，我计算了一下，只需要动用生产试验区加

北一区和南一区共146平方千米面积的探明储量，就可以把年产油量提到500万吨。1961年5月，松辽会战指挥部决定由我和秦同洛、童宪章、谭文彬等4人负责编制《萨尔图油田146平方千米面积的开发方案》。我们聘请了有关单位85位专家，完成了14个专题研究报告，利用中国科学院电子计算机计算了北一区、南一区2485个不同井网的开发方案，又利用了北京石油学院电网模型，进行了26个层次的模拟试验，完成了萨尔图油田1962年1月1日的储量计算工作。进行了160万次地层对比，完成了45个油层的小层平面图。采用边内横切割早期注水开发方案。开发区总生产井数为600口、注水井数为176口，开发区的年生产能力为535万吨，平均年采油量为439万吨，平均年采油速度为2.76%。1962年5月11日至7月8日，在萨尔图油田召开了"五级三结合技术座谈会"，审查并通过了该方案。1962年8月1日，石油工业部党组批准了该方案。这是自新中国成立以来，第一部由中国专家自己设计完成的油田开发方案。

1962年6月21日，周总理乘专列到萨尔图，由石油工业部部长余秋里，副部长李人俊、康世恩、唐克等领导陪同视察大庆油田。周总理在2号院大礼堂接见了会战指挥部领导、科技专家和工人代表，周总理和我握手时，我们做了简短的交谈。然后，大家在礼堂外面与周总理合影留念。在职工餐厅内，总理和大家一起共进午餐，每桌4个脸盆盛菜，都是大庆自产的猪肉蔬菜和豆腐，主食是馒头和高粱米饭。总理吃得很香，他说："重灾之年，你们靠自己动手，既开采了石油，又生产了粮食，不容易。"

1963年3月，会战指挥部又提出组织编制萨尔图油田282平方千米面积的开发方案，于1964年到1965年将萨尔图油田北2区、南2区和南3区作为新开发区，使大庆油田年产油量达到1000万吨。随即，我们又组织北京和大庆两地的有关专家展开工作。1963年12月，周总理在二届全国人大四次会议上庄严宣布："我国需要的石油，现在可以基本自给了。"这极大地振奋了全国人民，根据当时的形势，石油工业部党组决定成立大庆石油管理局和局党委，任命了年轻的管理层领导干部，结束了由部党组亲临一线的大庆石油会战指挥部和会战工委模式。我也奉命调回北京任石油科学研究院总地质师。

| 李德生院士在办公室接受作者采访

1964—1968 年，我还参加过胜利油田会战和四川三线建设开气找油会战，20 世纪 70 年代参加过大港和华北的石油会战。后来，为表彰大庆油田为国家做出的贡献，1982 年，"大庆油田发现过程中的地球科学工作"项目荣获国家自然科学奖一等奖，国家科学技术委员会对地质矿产部、石油工业部和中国科学院等 23 名地球科学工作者进行了奖励，我是获奖者之一。1985 年，"大庆油田长期高产稳产注水技术"项目被国家科学技术委员会评为国家科学技术进步奖特等奖，我是七名主要完成者之一。同年，"渤海湾盆地复式油气集聚（区）带的理论和实践——以济阳等拗陷复杂断块油田的勘探开发为例"项目也获得国家科学技术进步奖特等奖，我是六名主要完成者之一。

唐大麟： 您的子孙都很优秀，您是如何教育培养自己后代的？

李德生： 这个要归功于我的妻子朱琪昌。那些年我忙着跑野外，参加会战，不停地出去，家里的事情主要是由她打理。她是我在中央大学的同学，原来在上海沪江大学念化学系。念了一年以后，日本人占领了上海，上海4个教会学校（上海沪江大学、圣约翰大学、苏州东吴大学、杭州之江大学）就搬到闽浙一带成立了东南联合大学。但是东南联合大学的办学条件很差，教师很少，因为大部分教师还是愿意留在上海租界里。于是朱琪昌就找机会搭了一个邮政车，从福建出发走了一个月到重庆。当时重庆的高校有借读制度，就是如果你错过了考级，可以先在这个学校里借读，到第二年考试的时候再参加入校考试。当时中央大学外文系有很多牛津、剑桥和美国回来的名教授，所以开的课很多，她选择了借读中央大学外文系。但教务处把她在东南联大学的课程一对，发现差了好多课程，所以她插班时就只能降一级到大学二年级，跟我差了一级。当时我们都是上海来的流亡学生，不会讲四川话，生活习惯跟四川人也不一样，所以我们两个人认识以后就开始在学校里谈恋爱了。1945年，我毕业后从歌乐山离开重庆去玉门的时候，就是她来送我的。我走的时候，抗日战争还没有结束，当时她讲了一句话，"明年我毕业了以后也要去玉门"。我说"好啊，你到了玉门以后我们就把家安在玉门"。没想到日本很快就投降了，学校要搬回南京，当时女生跟教授坐飞机从重庆回南京，男生则跟一般的教职员工坐轮船从重庆经三峡回南京。那个时候我们都不知道第二年我就能够调到上海的中国石油有限公司探勘室。1948年我再次回到上海后，我们马上就结婚了。1949年我的大女儿李允晨在上海出生，1954年二女儿李延在延长油矿出生，之后儿子李肃和小女儿李玉都在玉门出生，我们一共4个孩子，基本上都是靠她教育和培养的。

我妻子很有耐心，她一辈子对4个孩子从来没有打一下、骂一句，都是正面教育。记得有一次，外孙在石油附小上五年级，那时候很困难，冬天每家都有一个地窖储菜，我的外孙和几个小朋友跑到人家地窖里偷了一些甜姜吃了，还带了一些回家。她知道以后也不批评，就叫这个外孙把甜姜拿上，带着他去给人家道歉。人家说小朋友喜欢吃就再拿一些去，我妻子说不行，人家的东西不能随便拿，她就用这种方式教育子女。另外，妻子主要靠以身作则，潜移默化。她原来学外文，到玉门后当了一段时间英语教师和翻译，后来她觉得我工作流动性太大，考虑以后无论到哪个油田都有岩心分析实验室，刚好她有沪江大学化学系的一些基础，所以她在玉门就改行去实验室搞岩心分析和采收率研究了。

她工作很努力，有时候在实验室里值班，一直等化验分析完了才回去。新中国成立后单位曾公派她两次出国，第一次是1981年美国能源部邀请去其所属的三个实验室考察采收率。第二次是1984年专门考察美国和新加坡的岩心公司。她除了做本专业的考察以外，因为外文系出身，所以还兼做口译，帮两个考察团解决了很多问题。那个时候对美国的科学技术，我们还是抱着学习的态度，想引进先进技术。

除了工作，她还抓紧学习，因为她在沪江大学学的是化学，在中央大学学的是外文，需要补充石油专业知识。因为那个时候这个大院（现中国石油勘探开发研究院）与北京石油学院相邻，现在的中国石化石油化工科学研究院当时是石油工业部的石油科学研究院，所以她利用这个条件，又到石油学院来上夜大，每晚两个小时课，星期日一整天课。那时候没有双休日，只有星期日休息一天，这一天她还要到夜大来上课，学机械制造。那时候美国对我们进行封锁，不卖先进的岩心分析仪器给我们。他们接到任务要分析克拉玛依油田的砾岩岩心，但当时普通的岩心分析仪器分析不了。她在新加坡看到美国岩心公司有全直径的岩心分析仪，就想自己做一台。结合她在北京石油学院上夜大所学机械制造的知识，于是每天都在画图，加工全直径岩心分析仪。所以那时候小孩们晚上起来，老是看到妈妈还在走廊里跟她的女同学两个人做功课或加班。我们家这些孩子，到现在都还比较勤奋且各自有所建树，也是因为我妻子以身作则加启发式教育的结果。

李玉（李德生之女）：那时候我爸在大庆会战，我妈就带我们4个孩子，自己读夜大。入学的时候是70个人，毕业的时候是7个人，我妈是七分之一，所以说我们每个孩子事业上的成绩取得，都是父母言传身教的结果。

李德生院士大女儿李允晨女士、小女儿李玉博士向作者展示1962年国庆前夕，父亲在克拉玛依写给子女们的家书

唐大麟：您长寿的秘诀是什么？

李德生：这个问题你们一定很感兴趣。我说两条，第一条是：一半靠医生，一半靠自己。因为身体是我们自己的，医生只能帮我们检查，帮我们诊断得了什么病。自己身体如何？自己肯定比医生了解得要多，所以我们还要结合自己日常生活中的一些感觉，结合检查确定的各项指标，帮助医生治疗自己的疾病。第二条是：一半靠西医，一半靠中医。这个我是有体会的，2014年我患了比较严重的肺炎，在北京朝阳医院住院，当时从肺里抽出来700毫升积液。于是，医生加大了药量，一周后我就从ICU加护病房转到了普通病房。

住了一个月，但肺部阴影总是不能全部消失。于是，我想应该去西苑医院找中医看看。当时西苑医院有个很有名的肺科老中医，比我小不了几岁。老医生给老病人看病，他有经验，用药很重，给我开了20天的药。原先在家时我还需插氧气，吃了两天中药以后，就不需要插了。一个月后我再去朝阳医院复诊，肺部阴影没有了，身体各项指标都正常了。

李玉（李德生之女）： 我替爸爸补充几点，一是他始终能在工作中找到乐趣，他这一辈子非常享受他的工作。现在，他每天都会花很多精力在回忆录的写作上，差不多早晨6点起床，9点开始工作到中午，下午读书看报，差不多3点休息一会儿，晚上6点吃饭，然后又开始工作，直到深夜。没有谁强迫他去工作和写作，他对自己感兴趣的事情和琐事分得很清楚。

二是他始终有非常好的心态。过去这100年，人生的风风雨雨，时代的大起大落，他都经历过了。他考大学的时候，是在防空洞里复习课程的。那时候日本人的飞机天天在上空轰炸，白天他借助防空洞洞口微弱的光线复习，晚上回城去参加考试。从浙江一路辗转到重庆中央大学报到时，他口袋里只剩两毛钱。这些都是我们这一代人想不到的。他的心态永远是积极的，他永远相信前途是光明的。所以人生的经历真的很重要，初始磨难帮助了他的成长，让他看开所有苦难。那段特殊时期，我们全家都被分开下放到江汉"五七干校"，我爸在二连，我们跟着我妈在五连，他就在那里种菜。那时我大姐在东北插队，写信说要来看他，他就跟大姐说你路过北京来湖北的时候，给我买些种菜的书，我要成为种菜专家。所以他的心态始终是开朗的，这就是耐挫力。

三是他始终保持在一种思考状态中，无论是时事政治、学术科研，或是现在写回忆录，他的大脑始终保持在良性运转中。因此他的大脑没有一刻是空的，手也没有一刻闲的，他要么就在汲取信息，要么就坐那儿写作，输出信息，所以用脑做有用之事也是他的养生之道。

唐大麟： 您在工作中最大的感悟是什么？对年轻人有何寄语？

李德生： 我说两点感悟，也算是对年轻人的寄语。1978 年，邓小平同志召开全国科学大会，他说知识分子也是工人阶级的一部分。那时胡耀邦是中共中央组织部部长，负责给受冤枉的知识分子平反；宋振民是石油工业部部长，他给我发了平反证书，我的妻子也平反了。我调回来（中国石油勘探开发研究院）继续任总地质师，朱琪昌还是回到岩心科学实验室，恢复她原先的技术员岗位。这之后我也多了一项任务，就是培养研究生，先是硕士生，后来是博士生，最后可以带博士后。当时因为教育部规定科研单位不能大量培养研究生，所以我们院里的导师一年只能分配到一个学生培养名额。我是从 1983 年开始带第一个研究生的，到 2008 年一共培养了 25 名拿到学位的学生。我对他们的要求是这样的：理论必须来源于实践。我给你一个题目，第一年你必须要下到现场去做实际工作，收集第一手资料。不能够坐在办公室里看人家的资料去写文章，那是空的。当你学有所成，有了自己新的理论以后，反过来又要去为实践服务，所以还得在现场实验中取得实效，不能够空对空。康世恩曾说过我们开采石油和开采其他矿种是不一样的。开采其他矿种，无论煤矿还是金属矿，人都可以钻到地下去，直接面对矿藏工作。但石油开采时人是不能钻到地下的，所以搞石油地质工作只能在地面获得钻井采油数据，以了解数百米、数千米以下的油田动态。年轻的时候必须要深入现场，掌握第一手资料，并从这些资料中去伪存真，去粗取精，这是非常重要的一点。

2008 年，我和我最后一个研究生，也是后来的助手李伯华，合写过一篇论文，题目是《石油地质学与环境地质学结合，创建能源发展多元化新时代》，当时是为了庆祝《新疆石油地质》创刊 30 周年而作。那个时候我们已经注意到石油、天然气这类化石能源总有用完的一天，所以我们提出要发展水能、太阳能、风能、地热能、海洋潮汐能、生物质能、核能和氢能等八大可再生能源。现在，能源行业已进入"双碳"时代了，我跟李伯华还在合写一篇新的文章，对我们过去的观点做进一步升华。未来能源发展进入新时代，"双碳"

目标必须要靠年轻一代的石油人来完成，所以培养年轻一代在"双碳"目标发展方面的技术和理论就很重要，这也是我想对他们说的第二点。

|作者与李德生院士及家人合影（2022年8月）

最后我想分享李敬副部长送给我的一副对联，也是现在挂在我家客厅的几个字——剑胆琴心，宠辱不惊；求真务实，精忠报国。这也是我认同的人生感言。

- 采访时间：2022年7月1日
- 采访地点：北京市海淀区　中国石油勘探开发研究院主楼

石油石化院士访谈录

地热开发利用或成传统油企转型升级突破口

——访中国工程院院士、应用地球物理学家何继善

◎ 人物小传

何继善，应用地球物理学家，教授，博士生导师。1934年9月出生于湖南省浏阳县，1960年毕业于长春地质学院物探系金属物理勘探专业。曾任原中南工业大学校长、中国工程院主席团成员、中国工程院能源与矿业工程学部主任、中国工程院工程管理学部常委、湖南省科协主席等职。香港中文大学（深圳）城市地下空间及能源研究院创院院长、美国勘探地球物理学家协会（SEG）终身会员、美国工程管理学会荣誉会员。何继善院士建立了集理论、方法、技术、装备、应用于一体的国际领先电磁勘探方法技术体系，领衔形成的电磁探测中国学派，引领了国际地球物理学前沿，实现了我国电磁勘探从引进应用到跟跑学习再到领先国际的跨越，成为地球物理探测的"中国范本"，为保障我国能源安全、资源安全和人民生命财产安全做出了重大贡献。他长期研究工程管理理论体系，提出工程管理"以人为本、天人合一、协同创新、构建和谐"的核心价值观，积极参与、推动中国工程院工程管理学部的成立，努力推动工程管理学科建设，现为 Frontiers of Engineering Management 的主编，美国 Engineering Management Journal 编委。曾获全国科学大会奖1项、国家技术发明奖3项、国家科学技术进步奖2项、何梁何利基金科学与技术进步奖以及全国先进工作者等奖项及荣誉称号。

1994年当选中国工程院首批院士。

唐大麟： 何院士，您好。您从事科教近 70 年来，取得了诸多成果。特别是创立并发展了以"双频激电法""伪随机信号电法""广域电磁法"和"拟合流场法"为核心的地电场理论。该研究成果不仅使我国在频率域电法领域独树一帜，更居世界领先地位。都说您是"给地球号脉、做 CT 的人"，您给我们的地球做了这么多年"身体检查"，我们的地球现在"健康"状况如何？

何继善： 地球是我们的家园，大家都很关注。我想地球现在还是很健康的，人类活动对它并没有造成太大影响。我们以矿产资源为目的的勘探只能探测到地球非常浅的地方，不过 10~20 千米，开发深度也就几千米，这点探测深度对地球来说就像是头皮薄薄一层，所以说我们对地球的了解还是很有限的。人类作为地球居住者，从地球得到了各种矿产资源的馈赠，虽然人类生产生活仅限于地球表层范围，但是对地球表层环境的影响，反过来对人类自己的生活影响很大。我们提口号说"要爱护地球"，*其实爱护地球的目的是为了爱护人类自己*。所以无论石油天然气也好，金属矿产也好，人类现在需要考虑的是如何绿色地利用这些资源。从勘探到开发，应该采用对环境影响最小或者是可以对环境修复弥补的方式来进行。

唐大麟： 您是我国较早开展和推动页岩气研究的学者，曾提出"气化湖南"设想。您的科研成果，对我国石油天然气的勘探开发有何启示？

何继善： 最近这十几年，应该说我们在石油天然气领域，特别是非常规油气的勘探方面有了长足进展。以页岩气为例，它本身是一种贫矿，但随着水平井技术和分段压裂技术的改进，以及工厂化生产模式的推进，其开采成本大幅度降低，商业开发变为可能。而我发明的广域电磁法在探测页岩气方面是非常成功的。我们国家页岩气大都在山区，地形复杂，很多地下都是石灰岩地层，用传统的地震方法在崇山峻岭进行探测，难度非常大，但广域电磁法却可以克服地形的限制顺利工作。石油行业习惯于通过地震资料分析地下情况，那我们就把广域电磁法图示展现得和地震资料一样，方便大家读取。

长庆油田彭阳地区一直以来油气储层描述不清，钻井成功率不高，使用我们这项技术以后，优选出 9 个新的勘探目标区，提交地质储量达 1000 万吨。广域电磁法还有一个特点，就是和传统地震方法相比，其成本大概是传统地震法的 1/20 到 1/4，且地形越复杂，成本对比差异越大，这是中国石化郭旭升院士通过在川渝地区的页岩气探测实践得出的结论。另外，我们研发的仪器可以做到通过手机实时查看地下探测情况。过去，我们用地震法要一两天之后才能得到数据，那时探测早已结束，得到的数据只能为下一次探测提供经验。但我们制造的仪器可以及时掌握探测数据，大幅度提高了探测效率。从 2014 年起，广域电磁法被自然资源部油气中心列为页岩气探测的标准方法进行招标。2018 年 6 月，自然资源部又在北京召开了广域电磁法的专门推介会，向业界继续推广广域电磁法。目前这种勘探方法已在吐哈盆地、鄂尔多斯盆地、柴达木盆地、松辽盆地、四川盆地、重庆涪陵、武陵山区等油气区域大规模应用，并取得了良好的勘探效果。

何继善院士接受作者采访

唐大麟：请介绍一下您正在从事的地下空间与地热资源研究。

何继善：好的，先说地下空间。我们国家改革开放40多年来，进行了亘古以来人类历史上最大规模的建设，但这些建设主要在地面以上。受种种因素制约，地下空间的建设欠账很多，比如地下管网，就存在很多问题。但我们这样一个人口众多的国家，必须要利用好地下空间。东京曾举办过一个有关地下空间的国际学术会议，会上提出21世纪内，全球将有1/3的人口在地下空间活动。我们在上海开学术会议讨论这个事情的时候，我说1/3这个数字是不是太大啦？上海的同事就认为不大，他们说仅上海地铁里的人流量就已经足够庞大。所以，我们国家整体的地下空间需要重新规划。你看广州小蛮腰附近的花城汇广场，地表没有车辆，在那么一个拥挤的城市中央区域，大家能够很舒服地在地表活动，是不是很好？所以，开发地下空间将是我们国家今后几十年内一项很重要的建设内容。以深圳为例，它准备建设50个地下城市空间。那要做这个建设，就必须先把地下情况探测清楚，我们目前正在做这样的探测。我们还在对一些地面灾害进行勘测和治理。深圳市每年的地面灾害大概有100多起，比如道路塌陷，像龙岗区地下有溶洞，前不久还出现了地铁塌陷。另外，深圳的一些土地是填海产生的，填海之后沉降时间不够就建了楼，而地表在逐渐下沉，这就会对建筑物的结构产生影响，这些都需要治理。还有一些地方，我们实施常年监测，比如天然气管道，事实上它是很大的危险源，我们需要监测它是否发生泄漏，以防出现大的次生灾害。关于地下空间探测，这个时候用常规的探测油气技术就不行了，因为虽然城市地下空间探测的要求不是要达到很深的深度，但是它要求更快速精准。我们这个团队有个特点，就是有什么科学想法，我们自己制作仪器，而这个仪器是凝聚了设计者思想在内的，这也是我们在这个领域有底气超越别人的法宝。

关于地热能，大家应该都已经很熟悉了。地球本身内部温度很高，地核温度可达4000~5000摄氏度。所以从地表往下，温度是不断升高的，每下去1千米，温度大概提高30摄氏度，这叫地热增温率。在正常情况下，地下的热量是不断向上扩散的，我们叫大地热流，它散发的热量实际上比我们人类用的能源大很多，但可惜我们没把它收集起来。目前，我们把地热温度分成了三个范围：高于25摄氏度但低于90摄氏度的是低温地热；90~150摄氏度的是中温地热；150摄氏度以上是高温地热。根据温度不同，我们可以采取不同的利用措施。比如这个地方的地热规模较大、温度较高，就可以建大一点的兆瓦级发电站；温度低一点的，我们可以搞成分布式电源，用地热来给社区、大学等单位供电。

我们国家的"三深"（深地、深空、深海）战略提出的目标，是到2020年解决3千米以浅的探测问题，储备探测技术则要达到5千米，油气探测技术要达到10千米。而地热能的分布是不均匀的，有的地方高温地热较浅，有的地方深一些，我们希望能够探测到地下4~5千米深度地热的分布情况，这样国际上最先进的CSAMT法和仪器已满足不了我国"三深"战略需求。恰好我们的广域电磁法能够达到这个探测深度，那就能很好地帮助我们国家探测地热资源。我国有三大地热带：西部青藏高原地热带、北方辽东半岛—胶东半岛—京津唐地热带、东南沿海福建—广东—海南岛地热带。东南沿海地热带下面主要是花岗岩，花岗岩的电阻率很高，导电性很差，利用广域电磁法能够很好地识别花岗岩的位置。这种有覆盖层有花岗岩的热源，就像我们睡觉时盖被子一样，花岗岩是热源，覆盖层下面就是我们希望寻找到的优质热源。通过广域电磁法，我们可以对地热资源做到清楚的区分，从而有利于我们更好地利用热源。

唐大麟：现在全社会都在关注碳达峰、碳中和，但我国目前"绿色能源"利用率占比还相对较低，您认为符合我国国情的"双碳"之路该如何走？

何继善：年前我去了一趟云南大理，我们准备在那里建一个机构，帮助当地探测和利用地热资源。我当时给大理当地政府写了四个字——"零碳大理"。为什么是"零碳"？因为我们希望大理可以在一定的社区范围内实现利用地热资源发电，并通过地热提供相应的能源和水资源供给，这样至少在这个实验的社区里，就不需要外界再供给能源了。不用烧煤，不用烧天然气，就是零碳排放，这个区域就可以叫做"零碳社区"。深圳市一年需要空调制冷的天数是 270 天，如果能够使用地热资源，那可以直接用来制冷，这一年又会节省多少能源消耗？

| 何继善院士在深圳市人才研修院留影（2021 年 8 月）

我们国家的一次能源来说，现在市场上使用的主要是化石能源，其次才是水能、核能、风能、太阳能、地热能。而我们国家的化石能源资源中煤炭占据了 93%，剩下的才是石油天然气。我国现在的电力 70% 是火电，这其中只有少量燃气发电，而主要靠燃煤发电。这种能源结构是我们国家的自然资源禀赋决定的，我们不可能脱离它，所以如果从清洁能源利用的角度来讲，我们国家的电力本身是不清洁的，但电力作为二次能源使用起来很方便。所以，对于我们国家而言，煤炭的清洁利用才是绿色低碳发展中最重要的环节。地热作为一次能源，客观估计，其资源量是煤炭的 170 多倍，我们如果能够

很好地利用它，就能很好地解决我们国家的能源问题。因为我们不是个小国，而是拥有十几亿人口的大国。要想把能源变清洁，那这个清洁能源本身必须要有很大的规模。但我们目前已知的这些可再生能源、清洁能源，其占比都很小，而地热规模大，所以我们应该重视它的开发利用。

对地热资源的开发，国家目前也比较重视了。去年中央八部委联合发了一个文，要求重视地热资源的低碳发展，当然这也需要政府未来出台相应政策措施的配套。像光伏和页岩气，都是因为国家政策支持力度大，所以发展得好。如果国家对地热行业也进行扶持，那地热行业也会得到快速发展。油气行业具有开发地热能的先天优势，因为开采技术是相通的。与此同时，地热能的开采，也可能是油气企业未来转型发展的一个方向。

唐大麟：您重视管理科学与工程学科发展，特别是近30年来，您对我国工程管理理论与实践进行了系统研究，出版和发表了一系列有影响力的著作和文章。您参与推动成立了中国工程院工程管理学部，积极组织工程管理论坛和推动工程管理学科建设，对工程管理专业硕士学位的招生、建设和发展起了重要作用。您为什么要花精力做这些事情？

何继善：从历史发展来看，科学原本是属于哲学的，早期科学家实际上就是哲学家，因为他需要认识世界，需要有正确的哲学思维，所以这二者是不可分割的，发展到一定程度时必然会走到一起。而对于具体个人而言，当他的科学研究达到一个高度之后，思维自然会上升到哲学范畴。工程管理也是这样，我原来不是搞工程管理的，大概二三十年前，中国工程院要组建工程管理学部，因为工作需要，我就去了很多大型工程像三峡、载人航天等现场进行调研。调研学习之后，我就觉得这里面有很多哲学问题，因为那个年代我们对于工程管理理念的认识主要还是来自西方国家。事实上，就管理理念而言，我认为仅仅学别人是不够的，必须要跟我们自己国家的文化，甚至风俗习惯相结合才行，所以我那时候就提出我们要创立自己的工程管理理论。

后来，我组织编写《工程管理论》一书时用了16个字——"以人为本，天人合一，协同创新，构建和谐"，总结了我们工程管理中的一些核心价值观。

我觉得这个价值观里也包含着一种哲学思想。我们的工程本身是为了人，在工程的实施过程中也要依靠人。为了人，还要依靠人，所以必须要"以人为本"。中国古人讲"天人合一"，当然古时候提出的和我们现在是有差异的，从工程管理角度来看，"天"就是"环境"，"人"就是"社会"。任何一个工程，只要建设，就会对环境有影响；工程越大，对环境影响越大。所以一个工程，必须要把它对环境的影响整体考虑在内。任何工程都是有利有弊的，而我们希望这个影响是利大于弊。"构建和谐"就是要在原来平衡的基础上，达到一个新的平衡。如果这个新的平衡，能优于原有的平衡，这个工程就成功了。三峡工程当年立项的时候，受制于当时的认识，没有环境预算在里面。事实上，千万年来三峡已经达到一种平衡，但大坝建设改变了这种平衡关系，所以它对环境的影响是巨大的。后来中国工程院让我牵头就三峡库区及其上游的环境影响进行调查研究，我写了建议，后来国家又增加了200亿元专门做环境补偿。做工程就好比盖房子，每一步都有操作规程，但大多数规程都是一般性的，工程中总会遇到特殊情况。通过创新，打破原有规程建造可能更节约成本，房子也建得更快更好，但也可能意味着违规。又要遵守规程，又得突破规程，这本来就是个矛盾，所以我们要"协同创新"，就是业主方、施工方以及环境方等，大家共同来创新，这样才能把这个工程做好。

唐大麟：从教以来，您先后作各种科普报告数百场，各行各业听众达几十万人次，您甚至骨折了也要坚持去作报告，为什么对科普工作如此执着？

何继善：骨折那次是因为第二天要讲，对方都准备好了，给几百名听众发了通知，我不能食言。科技创新和科学普及是实现创新发展的两翼，向广大人民群众普及科学知识是科技工作者义不容辞的责任，更是与每个人都密切相关的大众事业。光凭我们一己之力，很难实现祖国强大的梦想，而科普可以唤醒更多人，特别是成长中的下一代，所以我喜欢去中小学做一些科普讲座。我在湖南省当了15年的科协主席，科协有一项职能就是科普，所以我也是为了把这个主席当好，就做了一些科普工作。记得有一年我被评为"全国科普先进工作者"，当时有记者采访，他说你一个院士搞科普，不觉得浪费时间吗？我是这样想的，做科普确实需要时间，虽然我是院士，但也不是什么都会，我也需要时间学习和研究，但它不等于浪费时间，如果我给这些中小学生讲课之后，能够对他们今后的人生有一个正面引导，对他们今后的人生发展或生活有一点影响的话，那我认为就是很有意义的事，所以这不是浪费时间。

唐大麟：您一生有过很多身份——工人、教师、校长、院士、书法家……这意味着您人生丰富的阅历，您最喜欢什么身份？

何继善：要更正一下，我不是书法家，书法只是一种爱好。我读中学的时候并没有想到日后会读工科，因为我那时对文科比较感兴趣。新中国成立后，国家开始轰轰烈烈地搞经济建设，是历史的潮流将我推到了工科的学习之中，所以我现在觉得搞工科的人，如果能有一些文化艺术的爱好，也算是对人生的一种充实。

要说最喜欢的身份，应该还是老师，我也很感恩能有这样一个机遇当老师。因为作为老师，为了教好学生，首先自己要持续不断地学习。另外做老师每年都能跟年轻人在一起，年轻人充满希望，在他们面前我常常会忘记自己的年龄，如果能再给他们一些正面的影响，使其受益，我会更开心。同时我也希望我的学生能够尽快地、远远地超过我，这样社会才能够发展。

唐大麟：您认为自己能取得今天的成就，依靠的是什么？

何继善：首先是因为社会的大环境，使我有机会能参与国家的发展，同时也很幸运自己的命运能够和国家发展的命运结合在一起。如果还是像新中国成立前那样，我中学都读不下去了，只希望能够高中毕业，接下来会干什么根本就不敢去想，能找份工作填饱肚子就是万幸。哪里会想到自己能够读大学？更没梦想过能够到大学任教，当教授，所以一切都是时代机遇。*如果一定要说个人作用，那我想首先离不开个人努力，其次就是做有兴趣的事，并且坚持。*

唐大麟： 您对石油行业的百万员工有何寄语？

何继善： 石油是我们国家的命脉，尽管石油被其他能源替代是大势所趋，但至少今后几十年石油都将是很重要的工业原料。因为石油这种能源，它本身的能量爆发力很强，而且它方便，特别是在战争中，暂时还难有其他能源可以替代。所以，我觉得从事石油行业的工作还是有前途的，特别对我们这样一个人口众多的国家来说，石油工业方兴未艾。但我们现在石油消费占总能源消费的比重还很小，所以石油行业的建设者还应该努力发现和开采更多的石油资源，以满足我们国家经济建设和人民生活的需要。

■ 采访时间：2022 年 2 月 10 日
■ 采访地点：深圳市龙岗区　香港中文大学（深圳）行政楼

以国家重大需求为导向开展科技自主创新工作

——访中国工程院院士、石油炼制工艺及催化剂专家李大东

◎ 人物小传

　　李大东，石油炼制工艺及催化剂专家，教授级高级工程师，博士生导师。1938年出生于北京市，1962年毕业于北京大学化学系有机催化专业。曾任石油化工科学研究院院长，中国工程院化工、冶金与材料工程学部主任，国家自然科学基金委员会第四届委员会委员，中国石油学会石油炼制分会主任，*Applied Catalysis A: General* 编委会委员，第十八届世界石油大会分会主席等。主要从事石油炼制催化剂与工艺的研究、开发，曾担任多项国家科技重大攻关项目负责人。从催化反应过程的化学入手，揭示催化剂和反应构效关系，带领团队成功开发了覆盖整个炼油加氢过程的催化剂和技术，有力支撑了炼油工业的可持续发展。主持开发成功的 RN-1 加氢精制催化剂，解决了国内二次加工馏分油急需脱氮提高安定性的难题，在当时领先世界水平并出口海外，是中国炼油催化剂首次走向国际市场，具有里程碑意义。近 40 年来，直接负责或组织领导开发了一系列具有国际先进水平的加氢技术和加氢催化剂，17 个系列 140 多个品种已工业化，广泛应用于国内外 800 多套次工业装置，为支撑我国石油产品从"国三"至"国六"各阶段车用燃料标准的升级和油品的生产做出了杰出贡献，创造了显著的经济效益和社会效益。曾获国家科学技术进步奖一等奖、国家技术发明奖二等奖、中国专利金奖、王丹萍科学技术奖、何梁何利基金科学与技术进步奖，原国家人事部授予的国家级有突出贡献中青年专家等奖项及荣誉称号。授权中外发明专利 525 件；发表论文 191 篇，出版专著 1 部；培养博士研究生 35 名。

　　1994 年当选中国工程院首批院士。

唐大麟：李院士，您好。作为我国著名的石油炼制工艺及催化剂专家，您长期从事加氢催化剂研究工作，能否给读者简单科普一下什么是加氢催化剂？

李大东：石油是碳氢化合物，所谓炼油实际上是把石油转化成石油产品，其主要目标是把重油变为轻油，像目前市场上的主要石油产品汽油、航煤、柴油等都是轻质的。所以这样一个转化过程，实际上也是碳和氢重新分配的过程。从石油的不同馏分来看，越轻的组分中氢的含量越高，越重的组分中氢的含量越低，所以重油转化过程中必须要加一定的氢。打个比方，如果说我们原油的氢含量是12，那么像汽油、航煤、柴油这类轻油的氢含量就是13，而像蜡油和渣油这类重油的氢含量一般是11，所以我们一般转化的就是这类重油。这种转化通常有两种办法，一种是脱碳，就是把重油里的碳拿掉一部分，这样剩余组分里氢含量会变高，国内外早期的炼油工业都是以脱碳这种方式为主进行重油转换，脱碳的这部分资源会变成焦炭等产品，利用价值不高。另一种办法就是加氢，因为脱碳会使脱出去的那部分碳不能很好地利用，但是若能加进去一定比例的氢，让其转化成轻组分，那这类石油资源就能得到高效利用，这就是加氢催化剂的作用。此外，可以说炼油加氢的过程也是对石油产品精制的过程，所以说加氢技术是炼油工业的关键核心技术。

唐大麟：您在很多场合都谈到过炼厂转型这个话题，在当前"双碳"背景下，未来炼厂转型的路径是什么？其转型技术核心又是什么？

李大东：从当今炼油工业的发展趋势来看，柴油已经过了消费峰值，汽油正在接近消费峰值，航空煤油还有一定的增长空间，所以总的产品需求量还没有到达峰值，因此我们石油产品的总体需求量还有一定的增长空间，但也不多了。那么随着石油产品消费峰值的到来，在未来更长的时间范围内，石油产品的需求下降将是不争的事实，这时我们宝贵的石油资源将更多地变成生产化工原料的生产材料，因此我们的炼厂就要逐步转型。未来炼厂的转型也有两种类型，一种是转为化工型炼厂，另一种则主要向炼制特种油品转型，像润滑油、特种蜡等，虽然这些产品的价值较高，但绝对需求量不像汽油、柴油那么大，因此从炼厂的效益来说，将来会有一部分炼油能力转炼特种油品，但从规模来讲，大部分还将转为化工型炼厂。

| 李大东院士在办公室

在转型过程中，我们也不能不计成本和代价，现在我们有很多大型的石化厂区是炼油厂和化工厂结合在一起的，如果能首先从这些工厂进行转型将是最经济有效的。对于现在以生产燃料为主的炼厂，将来可以转型为以生产化学品为主、生产高质量油品为辅的工厂，对这样的转型炼厂，我们也不追求所谓化工品产量的最大化，而是要追求效益最大化。举个例子，我们设想这样的炼厂，它生产出来的低碳烯烃和芳烃，不要在炼厂自己再进行分离加工了，而是输送到隔壁化工厂里进行分离加工。如果这个化工厂的产量不需要扩产的话，那就停一部分石脑油裂解炉，而接受隔壁炼厂输送过来的低碳烯烃和芳烃，这样就能使工厂平稳地转型过渡，且实现效益最大化。作为企业，我们首先应该根据市场的需求来组织生产以实现企业的效益最大化，而我们转型的方式和提供的技术也应该按照效益优先的思路，并结合炼厂的实际情况来开发转型需要的技术。

炼厂转型最核心的技术还是重油转化技术，从生产燃料油品为主转化为生产化工品为主，不同的重油转化技术决定着不同的产品生产，因此这项被我们称之为"SHMP"的炼厂转型技术，也是我们正在开发的一项化工型炼厂的核心技术。

唐大麟：我国从 2020 年 7 月 1 日起执行了汽车燃油国六标准。从 2023 年 7 月 1 日起将执行国六标准，应该说这个标准已经达到国际先进水平了。结合我国资源禀赋及炼油工艺实际情况，您觉得我国在未来的清洁燃料领域是否还有提升空间？

李大东：欧洲现在执行的是欧六标准，从欧六各项指标来看，我们国六标准跟它基本在同一个水平，个别指标还略高一点。未来随着环境要求的提高，我们的产品质量也必然要提高，但目前都处于酝酿阶段，还未形成新的标准。从油品技术开发角度来讲，研究工作必须超前考虑提高产品质量需要准备哪些技术。

目前，在汽油升级面对的主要问题中，汽油硫含量是 10 毫克/升，这个值未来可能维持不动。对汽车制造厂商来讲，他们想要提高汽车内燃机的效率，这就要求汽油中的辛烷值要高，这样可以提升内燃机效率，另外还希望减少烯烃、芳烃，这样有利于减排。但这个想法是矛盾的，因为烯烃和芳烃都是高辛烷值组分，减少它们是可以做到的，但如果还得保持甚至提高辛烷值，技术上就有相当的难度，唯一的办法是加醇，比如说乙醇是一条途径。但汽油的氧含量有一定限度，另外乙醇的原料是粮食，也不够大规模工业生产的量。从烃类的组成来看，除了醇类，就是异构烷烃，所以如果要进一步减少烯烃与芳烃，还要保持高辛烷值，就只有增加异构烷烃的比例。增加异构烷烃的途径有两个：一个是增加烷基化，这就要求催化裂化要多产 C_4 以提供更多的烷基化原料，这是一条途径；另一条途径就是增加 C_5 和 C_6 的异构化比例，但是 C_5 和 C_6 异构化原料有限，另外它的辛烷值如果到 C_7 会更高。目前全世

界工业化的只有 C_5 和 C_6，C_7 还在研究阶段。大家都在研究 C_7 的异构化技术，主要难点是解决异构化和裂化的矛盾问题，这是一个比较棘手的技术难题，但我觉得这项工作应该做，而且是有意义的。

柴油现在的硫含量和汽油一个水平，也是 10 毫克/升，今后主要是降低多环芳烃，因为多环芳烃的排放会产生颗粒物，而颗粒物跟雾霾又有直接关系，所以要想进一步改善我们的空气质量，改善环境，柴油还要进一步降低多环芳烃。现在的多环芳烃值是 7，如果未来要降低到 5、4 甚至是 3，我们现有的技术通过进一步的优化，比如在 RTS 这样的技术基础上进一步改进和提高，是有可能达到的。所以对于进一步提高油品质量，从研究单位来说，我们得提早根据这个需求做好相应的技术准备，这也是我们的责任。

| 李大东院士接受采访

唐大麟：有数据显示，目前我国乃至全球范围内优质石油资源数量在下降，优质石油资源降低是否会对我国炼油工业造成影响？我们该如何应对化解？

李大东：世界原油质量变化总的趋势是变重，10 年前 API 度在 10~26 之间的可采储量占总量的 11%，2022 年已上升到 14%。同时，全球剩余可采储量中，硫含量大于 1.5% 的高硫原油占 70% 以上，这是一个大趋势，也是我们今后必须面对和解决的问题。另外刚才谈到的，随着环保法规日益严格，油品升级的步伐也在加快。北京已于 2017 年起执行京六车用燃料标准，苯、多环芳烃、烯烃等含量大幅度降低，并正在酝酿下一阶段车用汽柴油标准；全国也已于 2019 年执行国六 A 阶段车用汽油标准和国六车用柴油标准，明年起执行国六 B 车用汽油标准。未来，不能满足排放标准的燃料将无法进入市场。因此，炼厂在使用日益劣质的原油，但还要保证清洁化地生产优质燃料油，难度前所未有，只有依靠技术创新。

唐大麟：作为科学家，最重要的品质是什么？在商业社会，科学家是否应该具有商业思维或市场意识？

李大东：我觉得作为中国科学家，最重要的品质首先就是要根据国家战略需求，做国家需要做的工作。其次像我们这样企业中的科学家，也必须要根据市场需求，超前谋划布局技术研发工作。比如刚才提到的清洁燃料技术，从国一到国六标准的升级，基本都是依靠我们国内自己研发的技术支撑，而且这种研发一定是要早于标准执行若干年的，这就要求科学家必须要提早谋划，超前思考，预判市场走势，从而研发新技术，推动社会进步，我觉得这是科学家必须要有的基本素质和品质。

唐大麟：石油化工科学研究院历史上有不少著名科学家，您很年轻时就与他们一起工作，他们对您有何影响？

李大东：石科院历史上走出了侯祥麟、武迟、闵恩泽和陆婉珍夫妇等老一辈科学家，从这些科学家前辈身上，我确实学到过很多非常宝贵的东西。闵恩泽院士每次修改科研报告时的敬业精神和严谨态度，令我印象深刻；武迟院士每次对会议的总结都全面、深入、独到，并且更上一个层次，令我记忆深刻；侯祥麟院士正直、无私的品质，及其所具有的高远的战略眼光，令我永志难忘。都说活到老、学到老，其实不仅仅是这三位科学家前辈，我们身边每一个人的身上都有值得学习的地方，特别是作为研究人员，做到这一点对我们自身提升非常重要。

唐大麟： 在过去的工作中是否也有遗憾？

李大东： 你这个问题，我曾经也思考过，我今年已经84岁了，如果要说遗憾的话，我个人的感觉是我们过去几十年里原始性创新的工作还是太少了。目前从科研的硬件条件来看，我们不比西方差，有的甚至还要好一些，那就理应做到全世界第一才行，但毕竟跟踪模仿容易，争第一拿冠军难。这个问题我琢磨了好久，认真总结了世界炼油工业技术发展的历史，看看人家是如何做到第一的，所以我2011年在《科技导报》发表了那篇《技术创新的思路从何而来？》的文章。

唐大麟： 您觉得制约我们原始性创新发展的障碍是什么？如何克服？

李大东： 我觉着应该是两方面因素造成的。从客观上来看，跟我国石油工业起步较晚有关。1959年大庆油田开发以后我们才有了资源条件来发展现代炼油工业，有了"五朵金花"，但那时国外的很多技术已经很成熟了，结合我国社会主义经济建设的具体需求，我们已经没有必要再另辟蹊径从头开始。所以在很长一段时间内，我们的炼油工业技术研发就是以跟踪模仿为主。从主观上来讲，和我国原始创新能力的培养不足有关，这一点很重要。现在我们做了很多的补救工作，比如加大科技奖励力度等，但这些远远不够。这个问题的根本在于国家应从教育入手，从小就培养孩子的创新思维，鼓励各级学校教育孩子走原创型路线，而不是跟踪模仿别人，但这不是一天两天能解决的。另外我们必须要加强基础研究水平，因为原始性创新技术开发是为国家的重大需求和未来市场的重大需求服务的，那原始创新的思路从何而来？基础研究就为其提供了新的知识和认识，现在全世界也都在走这样的路线。当前我国经济社会发展已进入新阶段，我相信未来必须也一定会解决原始性创新问题。

唐大麟：您认为创新思维该如何培养？

李大东：刚才谈到了我写给《科技导报》的那篇文章，今年我在给石科院研究生和中国石化管理干部学院学员讲课时也谈到了"技术创新的思路从何而来"这个问题。技术创新是研究开发新技术，包括原始创新或者改进原有技术，并将这些新的技术成功商业化而创造价值的全过程。技术创新的实质是创造技术差异，目的是获得竞争优势，产生更大价值。技术创新的过程需要根据市场需求来确定需要开发的技术，在对现有技术进行全面分析、梳理的基础上，以缺点、不足为突破口，找准问题，逐个解决，形成新技术，最终用于市场、创造利润。技术创新是一个过程，起点就是正确地找到问题，如果能找对问题，就找对了解决问题的方向，技术创新就成功了一半。

在这个过程中，原始创新构思的形成则包含必然性和偶然性因素。微生物学家巴斯德曾说过："在观察的领域中，机遇偏爱那种有准备的头脑。"数学家华罗庚说："如果说科学上的发现有什么偶然机遇的话，那么这种偶然的机遇只能给那些学有素养的人，给那些善于思考的人，给那些具有锲而不舍的精神的人，而不会给懒汉。"闵恩泽院士也说过："原始创新的幼芽，是植根于必然性的沃土之中。只有把勤勉的汗水滴进实践的土壤里，机遇的奇葩才会吐艳。"要取得创新，打开思路很重要，那我们又该如何取得创新思路的来源呢？其实这些思路就在我们的身边，在眼前。比如国内外实践案例的分析，文献的启示和讨论，试验中的意外发现，已有科学知识的新应用，其他行业、专业会议的收获，移植其他学科的知识，与其他行业知识的集成，基础研究科学知识的积累，科技前沿开拓的知识积累等等。通过梳理历史上成功的技术创新案例，我们会发现技术创新以市场需求为导向是从市场中来到市场中去的过程，只有在解决关键技术问题之后才会产生技术创新，找准这些关键技术问题，就为技术创新指明了方向。所以说找准问题是技术创新的起点，是技术创新思路的源头。

唐大麟：您现在的关注点在哪些方面？

李大东：我现在的关注点都是一些比较宏观的问题，比如汽油 C_7 异构化的问题，现在我也专门安排了一个学生在做这方面研究，虽然现在看起来还有很大难度，但并不等于不能解决。另外向化工炼厂转型的问题也是我关注的，现在我们的团队也正在积极攻关。

唐大麟：您参加科研工作 60 多年了，这一甲子的时光走下来，有何心得体会？

李大东：1962 年我从北京大学化学系毕业，到石油科学研究院工作，至今整整 60 年。亲身融入了中国炼油技术从跟踪、模仿、再创新到自主创新的各个阶段，亲身参与了我国现代炼油工业的建设。最近中国石化管理干部学院要我给中国石化近两年新进的 1500 名大学生和硕士、博士生讲课，我的授课题目就是《60 年科研工作的体会》，这里面我主要讲了八点体会，今天也分享给大家。

第一，*热爱是最好的驱动力*。从事科研工作，要想有所建树，首先要热爱它，而不是简单地把它看成是一种职业和任务。只有这样才能全身心投入，才能不分白天黑夜地冥思苦想，才会有成功的可能。也只有热爱，才有积极性和主动性，主动想事情、做事情，而仅靠每天八小时是成不了科学家的。

第二，*自信心来源于用掌握的知识解决实际问题*。中国要实现高水平科技自立自强，科技人员树立自信心尤其重要。我们要扎实地掌握必要的基础理论知识，并在科研实践中学会如何运用已掌握的知识解决实际问题。这样反复实践的过程就是自己水平和自信心不断提高的过程。而自信心来源于在技术上踏踏实实干成几件事。

第三，**虚心学习将使我们终生受益**。古人云"三人行，必有我师"，这是至理名言。虚心向身边的人学习，活到老，学到老，必将受益终身。世界上成才的道路有千条万条，其中最容易做到而又最容易被忽视的一条途径，就是寻求别人的帮助和指导。从某种意义上说，一个人如果一生都能虚心地向周围的人求教，尤其是诚恳地向老同志和老前辈学习，那他就把握住了打开成功之门的钥匙。

第四，**团结合作才能最大程度地发挥个人的作用**。要认识到团队的作用很重要，特别是对于应用技术开发，团队的作用是决定性的。个人在团队中有重要作用，但是必须学会尊重别人并承认别人的劳动，这样别人才会尊重你。团队合作，是人力、财力和物力的汇集和再分配，无疑，人是最关键的因素。1991年开始，中国石化采用"十条龙"模式组织科技攻关。其最大的特点就是科研、设计、生产、设备制造、工程建设等单位团结协作，联合攻关，将科技成果直接转化为生产力。这一过程需要科研、设计、生产的精诚团结，紧密配合，研究开发是基础，工程设计是桥梁，生产单位是依托和主体。无疑，人是合作的最关键要素，合作者既要有很高的业务水平，也要有充分的团队意识，既要做好自己，也要尊重别人，才能目标一致，形成合力。至今，这一模式已发挥出巨大效益。

第五，**抗挫折能力是人生成功的必要素质**。在研究工作中要取得重大突破并有所创新，必须培养百折不挠的勇气和毅力，学会解决各种问题的途径和方法。闵恩泽院士经常说："试验挫折，好似吃'麻辣烫'，越辣越爱，坚持下去，终获成果。"20世纪80年代初，石家庄炼化大庆常渣催化裂化工业试验成功并大量推广应用，创造了显著的经济效益和社会效益。问题也随之而来：催化柴油氧化安定性差，颜色变深，产生沉渣，总部要求尽快解决问题。我们在分析原因时发现，国产原油氮含量高导致催化柴油中杂环氮化物含量高是安定性差的根本原因。尤其是碱性杂环氮化物如吡啶类，是影响安定性的主要因素。因此我们决定以吡啶为模型化合物，利用微反，开发加氢脱氮催化剂。经过研发，选出3个催化剂，信心满满地到齐鲁临氢实验装置评价，结果远不如目标催化剂 N-22，大家情绪都十分低落，自信心受到沉重打击，但一致认为不能轻易放弃，于是总结原因。在实验室里发现，催化剂微反评价用的是模型化合物吡啶，而在齐鲁临氢装置用的是催柴，其中含有多环芳烃，与脱氮的目标反应物吡啶类氮化物形成竞争吸附，导致脱氮效果明显下降。原因找到后，我们有针对性的改进催化剂性能，到1982年中石化石油化工科学研究院自己的临氢实验装置也建成，问题得到完美解决，所开发的 RN-1 催化剂性能明显优于 N-22。在广州石化工业装置上成功应用，1994年出口到意大利 ENI 公司，1989年获得第一届世界知识产权组织与中国专利局联合颁发的10项发明专利金奖之一，1991年，获得国家科学技术进步奖一等奖。

第六，也是刚才谈到的，**准确地找准问题是解决问题的第一步**。

第七，**站在更高层面把握研究方向和思考问题**。高度决定视野，学会站在更高层面把握研究方向和思考问题。即使现在是一个课题组长，负责某一具体课题，但考虑问题也应站在该领域、甚至整个石化行业的战略高度，要培养全局观，这样才有可能使你开发的技术发挥更大作用。

第八，**要以国家重大需求为导向开展创新和突破自我**。我们还需要学习和掌握根据国家重大需求来开拓前人从未做过任何工作的新领域、探索解决问题的新方法，即做好原始性创新工作的方法。其基本途径还是通过实践来培养和帮助一大批中青年科技骨干成为做这类工作的领军人物，只有这样，中国的炼油工业才能做到国际领先。

| 李大东院士与作者合影

- 采访时间：2022 年 6 月 15 日
- 采访地点：北京市海淀区　中国石化石油化工科学研究院办公楼

油气勘探开发步入创新时代
——访中国工程院院士、石油地质学家翟光明

◎ 人物小传

瞿光明，石油地质学家，教授级高级工程师。1926年10月出生于湖北省宜昌市，祖籍安徽泾县。1950年毕业于北京大学地质学系。历任玉门油矿采油厂总地质师，石油工业部地质勘探司总地质师、司长，中国石油天然气总公司石油勘探开发科学研究院院长，中国石油天然气集团公司咨询中心勘探部主任等职，并担任过《石油学报》主编、中国石油学会石油地质学会主任、中国地质学会名誉理事、环太平洋能源与矿产理事会理事、世界石油大会执行局成员、世界石油大会中国国家委员会委员、第十五届世界石油大会秘书长、中国地质学会第三十三届副理事长、中国科学技术协会第三届常委等兼职。参与制定并组织实施了老君庙油田注水开发方案，先后组织和参加了大庆、胜利、大港、华北、辽河、长庆及四川等大油气区的整体勘探规划部署和实施，亲历了松辽、渤海湾、陕甘宁、吐哈等十次石油大会战，提出含油气盆地"三史"综合分析、含油气盆地形成等油气地质理论，提出并实施了科学探索井规划，创立了CSI(Comprehensive Synergistic Interaction)油气勘探工作法，组织开展了我国油气资源评价和油气能源发展战略研究。

1995年当选中国工程院院士。

唐大麟：翟院士，您好。很高兴您能接受采访。您大学毕业后被分配到祖国大西北工作了 7 年，对此有什么印象深刻的记忆吗？

翟光明：1950 年我北京大学地质系毕业，毕业就面临工作分配问题，当时比较好的分配单位是北京的地质调查所或者离北京近一些的单位。但那会儿刚解放，大家建设新中国的热情很高，对石油这样的稀缺行业也很向往，我和同班另一个同学被分配到西北从事石油勘探工作。那时候对大西北情况不是很了解，在校学习期间大部分都是基础地质课程，专业方面也偏重于金属矿床，非金属课程较少，所以大多数同学的期望如果不能留在北京就到东北去。

我们先到西安的西北石油管理局报到，那时局长是康世恩同志。因为当时从西安再往西就没有铁路了，要等顺路车拉我们去甘肃玉门油矿。在西安停留期间我们在西北石油管理局的一个小实验室里了解油气层的实验。在西安等了一个多月，我们才等到一辆货车，坐了三天四夜后抵达玉门油矿设在兰州的地质勘探处。那时孙健初先生是勘探处处长，我在那里第一次见到他。1950 年初秋，他组织我们参加祁连山地区的地质考察。这次考察历时半年多，风餐露宿，已到秋冬季，气候逐渐寒冷，一路十分辛苦，期间还要防止马步芳部残余袭击，过年也是在野外。1951 年我们才回到兰州，这也是我在大西北野外考察时间最长的一次，对河西走廊地区地质情况有了整体了解。考察结束后，我提交了考察报告，很快就接到调令去陕北四郎庙，在那里我见到了陈贲先生，他当时任陕北勘探处副处长。组织上调我在四郎庙搞井下地质研究，但我以前没有做过地下的地质研究，也不知道怎么个做法，这时陈贲先生给了我很大帮助。他把在美国学习时买的专业书带给我看，除了地质还有关于油层物理以及钻井、测井、录井等英文专业书籍和文献，我都抓紧阅读，刚好我上大学时选修了英文和德文，这下派上用场了。学习参考那些国外资料，根据国外经验我应用了百分比录井法，这个方法比正在使用的固定深度取样录井有进步。陈贲先生知道后，觉得是个好东西，在有些地区还推广过。

四郎庙条件很艰苦，井场在山上，住的板房在山下，我的铺位还不固定，经常要给人让位置，吃不上饭更是常见。在陕北两年多，打了六口井，我根据陈贲给我的那些国外资料，对四郎庙构造填地质图，对发现的油层做对比图，还做了一些分析，写总结报告。1953年，石油总局在北京成立，召开各探区参加的技术总结讨论会，我就把这些图都挂了出来，大家都觉得很新奇，因为之前没有人做过这样的事。会后康世恩局长找我，要把我调到老君庙去工作，这样我就从陕北又去了玉门。

唐大麟：您在那么艰苦的地方还能坚持自学并结合国外先进经验提出新的工作方法来，是怎么做到的？您认为科学家应该具备怎样的品质？

翟光明：我觉得在一个地方做工作，第一应该心无旁骛设定一个目标。这个目标是什么？我当时的想法就是既然到了四郎庙，就要把那里的情况搞清楚，做好研究，不是做一个简单的录井工作就完了，我要了解那里的全部情况。我想到的第二点是工作必须坚持。我们搞石油的人，经常遇到失败，我认为失败并不可怕，老一代搞石油的人，从不责备你打井打空了、失败了，而是责备你打失败以后情绪低落，工作激情消退了，没有分析失败的原因并从失败中汲取经验和教训，以利再战。拿华北任丘油田来讲，早在1969年在那里就打了两口探井，但是打到中间，时值辽河油田会战，缺乏钻探力量，有关领导就把队伍全部拉到辽河去了。在经过不断分析和研究后，1974年再次打井，最终发现了任丘高产大油田。任丘油田一发现，一下就把油田产量提到一个非常高的高度，一度超过了胜利油田，成为了我国第二大油田。这也告诉了我们，做一件事情，必须坚持到底，如果你半途而废，就很可能失败；如果你坚持了，就可能取得意想不到的成果，从而走向成功。我觉得第三点是要在工作方法上尽量寻找更先进方法，也就是创新，当年没有这个名词。石油勘探事业需要创新，例如你身处老的油田，就要想办法用一种新的思想方法来考虑问题、解决问题。对我们来说，如果你在老区里始终用老一套办法来做，就很难再有所发现了，如果是用新的概念、思路和方法来处理，就可能会有新的发现。所以我们搞石油勘探，要不断地在探索中追求创新。

| 翟光明院士在办公室（2022 年 8 月）

唐大麟： 在玉门油矿时，您参与编制了全国第一份油田注水开发方案，并组织实施，这与您之前所从事的石油地质勘探工作是不同的，当时为何会有这种工作内容的转变呢？

翟光明： 1953 年我调到玉门油矿管理局时，局长是杨拯民，他同时还兼任西北石油管理局第一副局长。杨局长是杨虎城将军的儿子，之前在大荔军分区当司令员，他军人出身，对干部要求很严格。那个时候老君庙油田产量不断下降，苏联派来两个很著名的地质学家到玉门油矿指导，我当时一口井一口井给他们介绍。他们听完以后，提出应该注水保持油层压力下开采。1953 年在总局会上，我也提出过注水开发思路和措施，后来油矿采纳了这个建议。在研究实施方案时，陈贲、童宪章、韩大匡、焦立人等都参加了讨论。后来在实施过程中，就由我负责储量计算和注水方案，以及注水井井位确定。这项工艺实施得很成功，初步遏制住了油田产量下降的趋势，撑起了"老君庙的半边天"。

唐大麟：您工作之初就接触到了康世恩、孙健初、陈贲、杨拯民等新中国石油工业的奠基者，与这些前辈交往，您有什么收获？

翟光明：当他们发现我有那么一点点进步的时候，就想让我多做一些工作，我觉得这一点非常重要。而且，他们不是只顾自己做工作，而是乐于帮助别人做工作，特别是年轻人。比如那会在陕北时，我最喜欢陈贲同志上山了，每次上山，他都会给我带一些新的资料和有关地质工作及科技的书籍，下山的时候，再把我看过的书带回去。他能这样做，我觉得在当时是很不容易的。在陕北两年多时间，我一面工作，一面学习，在实践中加深了对石油勘探的理解，为日后一生的科研打下了基础。所以后来我到研究院之后，就要求做研究工作的同志，必须要到基层做一些扎扎实实的基础工作，因为你做了基础工作才知道要研究什么，要达到什么程度才能够完成这些工作。因为获取石油是一个工业生产＋研究＋实施＋再创新的过程，不是说在一个地方打口井就能出油的。年轻同志需要在艰苦的环境下磨练，虽然艰苦点，条件差点，但会让人对所从事的工作坚持不懈，会让人终身受益。

翟光明院士展示大庆会战时的笔记本（2022年8月）

唐大麟：您在 1956 年曾赴苏联考察达 8 个月之久，这趟考察对您有什么启示吗？

翟光明：当时苏联是社会主义阵营的老大哥，去苏联给我最大的启示是，他们在不断进行勘探开发，不断寻找新的油气田。苏联最早的油区是阿塞拜疆的第一巴库，之后又在乌拉尔山和伏尔加河之间找到一些大的油田，如杜伊马茨油田等，随后又在西西伯利亚地区发现了一系列大油田、大气田，现在北极勘探又有新的发现。他们在油气勘探上始终未雨绸缪，不断寻找接替资源，这样能始终保持稳定的油气产量。

| 翟光明院士为作者题词

唐大麟：您在 20 世纪 80 年代提出"科学探索井"概念并组织实施。实践证明，科学探索井对发现新的石油储藏和油气田开发具有重大意义，能回顾一下您当年提出这一建议时的背景吗？科学探索井在日后勘探生产中将发挥怎样作用？

翟光明：1986 年春，石油工业部组织召开全国勘探技术座谈会，针对当时储量增长缓慢、如何保持勘探工作快速有效的问题，我在会上建议，在正常勘探工作部署之外，跳出正在勘探领域和地区，解放思想、开拓思路，对一些风险较大、认识有争议、资料不全和以往认为无远景的领域和地区，每年部署 1~2 口高风险探井，勘查地质情况，做一些科学探索。如果每一个油区每年拿出一口探井进行这样的工作，那么全国就会增加很多新的勘探领域，有助于打开新局面。这个建议被采纳，并被定义为科学探索井，由勘探院牵头组织实施。

科学探索井打了 15 年，钻探了 14 口井，为油气勘探开拓了一批新区、新层系和新领域，坚定了一批新领域的勘探信心。特别是一些有良好油气显示和获低产油气流的科学探索井，成为后续勘探突破的重要基础。比如在吐哈盆地台北凹陷台北构造上钻探的台参 1 井，发现了鄯善油田，突破了石油勘探界长期认为侏罗系"不够朋友"的认识，打开了煤系油气勘探之门，开创了西北地区侏罗系油气勘探新局面。再比如陕参 1 井在奥陶系马家沟组碳酸盐岩获得天然气大突破，不仅发现了靖边大气田，还带动了鄂尔多斯盆地油气田的勘探开发，结束了长庆油田"井井有油，井井不流"的局面。还有沁参 1 井，揭示奥陶系风化壳保存条件差，在石炭系—二叠系煤层中见较好气显示，测试获低产，评价认为石炭系—二叠系煤层气勘探潜力大。之后沁水盆地经过持续 10 多年的勘探开发，已成为煤层气勘探开发的主要领域之一，取得了显著社会效益和经济效益。

唐大麟：您对目前油气勘探的关注主要集中在哪些领域？

翟光明：西北侏罗系、古生界天然气、南方海相、西部中生界新区、渤海湾潜山和深层这些区域都是我关注的方向，华北（中上元古界）、西藏这些地区都值得我们进一步深入研究。

唐大麟：2021 年 7 月 15 日，国家能源局在京组织召开 2021 年大力提升油气勘探开发力度工作推进会，强调要持续提升油气勘探开发和投资力度，力争再发现新的大中型油气田。您刚才说的西藏，也是您之前领衔研究和探索的国内油气勘探 10 个新区之一，去年总书记对西藏油气勘探问题还专门做了批示，您能跟我们聊聊对这个区域油气勘探的看法吗？

翟光明：西藏的羌塘盆地处于世界上油气最为富集的中东—东南亚油气

带中间部位，发育我国陆上面积最大的中生代海相地层，地表发现油气显示或油气苗 200 多处，其中出露白云岩油砂估算原油含量超过 2.5 亿吨，说明存在大规模油气成藏过程。大量观测资料表明，羌塘盆地具备油气生成、运移、储集、保存等成藏条件，具有较大的油气勘探前景，有望成为我国油气资源接续基地。据估算，羌塘盆地油气资源总量超过 300 亿吨，预测羌塘北部存在超大型油气田。西藏羌塘盆地油气勘探突破对保障国家能源安全，推动区域协调发展具有重大意义。因此，建议坚持开展一些研究工作，推动该地区油气勘探突破。

- 采访时间：2021 年 8 月 5—31 日
- 采访地点：北京市西城区　中国石油六铺炕办公区

科技报国守初心　创新为民担使命
——访中国科学院院士、流体力学与生物力学及油气田开发专家郭尚平

◎ 人物小传

郭尚平，流体力学与生物力学及油气田开发专家，教授级高级工程师。1929年生于四川省荣县，籍贯四川省隆昌市，1951年毕业于重庆大学，1953年赴莫斯科石油学院和全苏油田开发研究所留学，1957年4月获副博士学位。曾任石油工业部大庆油田开发工作组渗流研究计算组负责人，中国科学院兰州分院院长，石油勘探开发科学研究院副院长、中国科学院（直属）兰州渗流力学研究室主任、长庆油田研究院副院长等职。先后担任国家科学技术委员会力学学科组及石油地质专业组成员，国务院学位委员会、国家自然科学基金会力学学科组成员，中国力学学会常务理事和流体力学专业委员会副主任，中国石油学会常务理事兼学术委员会主任，中国科学院数学力学天文学专家委员会委员，国际石油工程师协会年会学术委员会中方主席。长期在石油工业部（中国石油天然气集团有限公司）和中国科学院工作，主要研究领域是油气开发和渗流力学，同时也从事与生产直接相关的油田开发设计，并对生物医学工程中的生物力学开展了一系列研究。他提出了"微观渗流"概念、理论和实验技术，为提高石油采收率提供新的理论基础，使渗流和油藏工程研究深入到多孔介质的孔隙裂隙层次，让渗流力学与生命科学交叉渗透，提出了"生物渗流"思想和理论；提出了压裂采油中的渗流理论及集群（整体）压裂概念和效果等。我国最早按正规设计开发的大油田——克拉玛依油田开发的主要设计人之一。

1995年当选中国科学院院士。

唐大麟：郭院士，您好。您青年时最大的梦想是参军，后来却研究起了油田开发和渗流力学，您是怎么走上这条人生道路的？

郭尚平：1937年，我八岁时，抗日战争爆发了。那时看到国家被日本帝国主义侵略践踏，我就下决心长大后要学习理工，发展工业，制造武器，保家卫国。因此，1947年高中毕业时，我本想报考电机系或机械系，但当时这些专业的毕业生"毕业即失业"，只有采矿专业（开采煤和石油）的一部分毕业生找到了工作。于是，我就报考了重庆大学采矿冶金系并被录取。石油虽然不是直接打击侵略者的武器，但却可以驱动坦克、飞机、军舰等武器去打击敌人，保卫祖国。于是我决心好好学习采矿知识，开采石油。

在大学里，我是学生运动的积极分子。我觉得解放军是最伟大的军队，参加解放军当兵打仗、打倒反动派是最革命的工作，自己若没有参加解放军是很遗憾的事。所以，1949年12月2日，也就是重庆解放的第三天，我就与同班同学张静文去邓小平、刘伯承领导的第二野战军所属三兵团11军要求参军并获得批准。没想到学校对高年级学生参军不放行。原因很简单，当兵打仗很重要，国家建设也很重要。国家如果不建设，不发展经济和工业，那解放军也没有后勤保障。1950年抗美援朝战争爆发，我再次报名参加志愿军，学校依然未批准，理由和之前相同。两次参军都不成，我当时也反思：当兵打仗和经济建设的确都是国家急需的，任务是同样艰巨的，国家培养一个大学生不容易，建设祖国也是光荣而神圣的使命，我已经大学四年级了，半年之后就该去开采石油供飞机坦克使用从而报效祖国了。从此，也就安心学习石油开采的各项课程，憧憬着毕业后奔赴油田为国家的石油开采贡献自己的力量。

1951年毕业分配时我要求到条件最艰苦的玉门油田去工作，但结果却是留校当助教。我当时很不情愿，但作为一名党员，必须服从组织分配。当时学校决定我任油田开采助教，另一名同学沈忠厚任石油钻井助教。多年后，我和沈忠厚都当选院士，我们采矿组11名同学里出了两名院士。

1952年，国家派我去北京留苏预备部学习，经过严格的专业考试、体格检查和政治审查，我获得了留学名额，并于1953年9月赴苏联莫斯科石油学院和全苏油田开发研究所攻读油田开发专业研究生。学位论文选题时，我自选了一个课题"油层水力压裂效果"，其实质内容是研究当油层内有各种不同形状、大小、倾角、数目等的人工裂缝时，流体在油层内的渗流规律和计算方法。当时在生产上和研究中都只考虑单井压裂，我认为今后的发展方向必定是大规模应用压裂技术，所以我计划既要研究单井压裂，又要研究集群压裂条件下的渗流规律和生产效果问题。

当时选题的工业背景，是一种能提高油井产量和采收率的油层水力压裂技术，这项技术刚出现不久还很不成熟。我的研究重点是单井压裂和多井压裂（即"集群压裂"）后的渗流规律、计算方法和生产效率。所以，我的大专业是油田开发，小专业是渗流力学，这也是我之后一生科研工作的主要方向。

| 郭尚平院士在查阅俄文资料（2022年7月）

唐大麟： 您认为在苏联的留学生活带给您最大的收获是什么？

郭尚平： 我觉得在苏联留学带给我最大的收获，是让我深刻认识到，*要做好科学研究和技术开发，就必须要有开拓创新的精神。*那段留学经历不仅培养了我的创新意识，而且锻炼了我的创新能力，为我日后更好地开展科学研究打下了重要基础。

唐大麟： 苏联留学回国后您长期为中科院和石油工业部两个机构同时工作，您是怎么平衡这种关系的？

郭尚平： 从1951年大学毕业算起，我已经工作71年了。这些年除了在重庆大学从事助教工作一年外，我只在两个单位工作过，一个是中国科学院，一个是石油工业部（现中国石油天然气集团有限公司）。当年处理起与这两个单位之间的关系，相对还是简单的。说简单是因为中科院没有油田，而我的研究工作一定要和石油部主管的油田单位打交道，因此不管我的人事关系是在中科院还是石油工业部，我和渗流团队的研发工作除了生物渗流研究和为新疆生产建设兵团开发地下水以外，其他基本上都是在为国家油气田开发和油气生产服务。而这两个单位都没把我当外人。可以说，两个单位都很重视我，也都在重用我。所以，平衡和处理这两个单位之间的关系，总的说来比较简单。这期间可能出现的小矛盾在于成果的归属和授奖等方面。这类问题虽然处理起来有些棘手，但其实也很简单。只要大家心存"科研创新，为国为民"的理念，秉承"*生为中国人，科研为人民；身为中国人，为国争创新*"的信念，多为人民考虑，少为自己考虑，尽量做到"*淡泊名利，宽以待人*"，单位之间和同事之间的关系也就容易平衡了，复杂的问题也就能化为简单的问题了。

唐大麟： 克拉玛依油田和大庆油田的开发设计，您都是功臣。现在回想当年那段激情燃烧的岁月，最让您难忘的是什么？

郭尚平：我算不上是功臣，只是一名科技人员。但回想起20世纪五六十年代，克拉玛依油田开发和大庆油田开发大会战那段激情燃烧的岁月，我仍然兴奋不已。最难忘的是革命领袖的接见、谈话和鼓励。1958年8月，朱德总司令视察克拉玛依油田，干部群众夹道欢迎。我和两位苏联专家乘车去离欢迎队伍约800米的最前方公路上欢迎总司令。总司令见到我们，就让车停下，走到我们面前，热情地跟我们每个人握手。他亲切地问我：你们在这里工作？我回答：克拉玛依油田要大开发，我们是石油工业部的科技工作人员，他们是苏联专家，我们在这里做油田开发设计方案。总司令听了很高兴，说：油田开发设计，很重要很重要！你们一定要把设计方案做好！多出油、出好油！还要注意尽力节省投资！我答道：我们一定认真做好设计，节省投资，保证完成任务！

1962年8月，周总理到大庆视察。他在二号院接见领导干部和专家，跟前排人员挨个握手。走到我面前时，时任石油工业部副部长的康世恩同志介绍说：这是地下流体力学专家郭尚平同志。周总理亲切地问我：哪个学校毕业的？我回答：重庆大学！总理笑了：四川娃子嘛！他又问：多少岁啦？我回答：32岁。总理握着我的手鼓励说：很年轻嘛！年轻有为，大有可为呀！好好干，好好干！这两次接见，我现在回想起来仍激动和兴奋，对我来说这是巨大的鞭策和鼓励，激励我一辈子都记住必须好好干、好好干，多为国家作贡献。

唐大麟：在您看来，作为一名科学家，最重要的品质和精神是什么？

郭尚平：结合我个人科学研究经历来总结，我的科学生涯指导思想就是八个字——"科研创新，为国为民"。我认为作为一名中国科学家，这就是最重要、最根本的品质和精神。*科学本身是无国界、无政治属性的；但科学家是有祖国、有政治属性的*。所以，从事科研工作，为谁服务是一个根本问题。

我们中国的科学家就是要为党为国为人民从事科学研究和技术开发。这不仅是激励我在科学道路上潜心探索的动力，也是我进行科学研究与技术开发的初心，同时，这也是我们渗流科研团队的指导思想。虽然我们一直在努力地遵从这一思想，但我们做得还很不够。

从 20 世纪 60 年代开始，我们团队在处理科技成果等问题方面，就注意尽可能地"少考虑自己，多考虑人民"。例如，当年我们的大层渗流计算方法（非均质地层油水二相渗流过程计算方法），其科技水平处于国际领先；小层动态分析方法（可分析水线移动水淹程度及剩余油分布等）属国际领先、原始创新；宏观大模型属国内首创、国际领先。这些成果在大庆、胜利、新疆、玉门等油田得到实际应用，但我们都未报奖。20 世纪 60 年代，有的单位申报了国家奖，但我们没有报奖；20 世纪 70 年代后期全国科学大会时，我们也未报奖。我们发明的微观模拟和测试成套技术属于世界首创，可以申报多项发明专利，并可申报国家发明奖。但由于发明专利授权需等待 3 年，这将拖延该项技术为我国石油工业服务的时间，所以我们渗流团队没有申报专利，也因而没有申报国家发明奖，而是主动申请中国石油天然气总公司举办培训班无偿地公开推广该项技术成果。1989 年中国石油天然气总公司举办了培训班，几十个单位的科技人员参加培训班学习掌握了微观模拟和测试技术，使该技术得以广泛推广应用，并很快成为常规实验项目。有人问我为什么要这么做？我的回答很简单：因为国家教导我们，应当少考虑自己，多考虑人民；科研创新，为国为民。也是在这一思想指导下，我们渗流团队创立了"生物渗流"和"微观渗流"两个学科分支。

当然，科学家应有的品质和精神是多方面的，但最根本的是"为国，为民"；还要强调的是"创新、攀登、学风"。开拓创新是科学研究技术开发的灵魂；百折不挠勇攀高峰系成功之保证；踏实诚实求是为治学之本分；为国为民乃科学家精神之根本。我曾经写过一首打油诗：开拓创新是灵魂，踏实诚实学风正；爱国为民乃根本，科技高峰敢攀登；成果人才齐涌现，献给祖国献人民。

唐大麟：您在科研期间因为长期接触射线辐射，最后身患癌症，这让您承受了很多痛苦，如果有机会人生重来，您会怎么选择呢？

郭尚平：1964年上半年，我们用自主研发的地层大模型做水驱油提高采收率实验，用很强的X射线从下向上照射水平放置的大模型，观测并记录大模型内的水驱油渗流实况。为了节省进口胶片，节省外汇，我想研发一种节省胶片的技术。我每天晚饭后去做实验，站在高架上，X射线照射着我的下半身，三四个星期后就吃不下饭，并且越来越吃不下东西，没想到以后会逐渐发展为前列腺癌。现在回想，当时如果不是野外队催我赶快去玉门抓小层动态分析工作，因而立刻离开兰州实验室出差去了玉门，那后果会更严重。

| 郭尚平院士在办公室接受作者采访

当时的防辐射措施就是穿一个铅围裙。铅围裙能有效防护从正面来的射线，不能很好地防护从下面来的射线。在正常情况下做实验，开着射线机时，实验人员是需远离实验架，躲避在铅屏风的后面。但我当时还负责玉门队的小层动态分析工作，还要做室内实验，两头兼顾，时间紧张，所以很着急，想赶快完成节省胶片的实验，然后去玉门油田出差。于是没有考虑那么多，

也无暇去东想西想，就站在实验架上连续做实验，严重地受到 X 射线的伤害。你问我如果有重新选择的机会，我会怎么选择？怎么说呢，当时来不及多考虑什么，也没心思顾东顾西，一心只考虑抓紧时间完成实验。虽然身体受到了伤害，但我无怨无悔。

唐大麟： 您长寿的秘诀是什么？

郭尚平： 我现在已经满过 93 岁。其实，自从在苏联读研究生时患上严重的神经衰弱和失眠症以后，我就病痛不断，先后患前列腺癌、肺结核、肺气肿、支气管扩张和高血压等疾病。但我目前身体还算正常，不仅能继续工作、开会、作学术报告等，连学术报告的多媒体 PPT 都是我自己制作。我没有要助理或秘书，一切都是自己操作。

我自己总结，能达到今天这样一个身体比较正常的状态，原因主要有五点：第一，必须要乐观。要主动培养自己乐观的性格，多想高兴事，少想烦心事，要知足，知足者常乐；少为自己着想，多为别人着想；严于律己，宽以待人；潜心科研，淡泊名利。当然，我做得还很不够，但尽力引导自己这么想这么做，就会随时随地保有好心情，减少烦恼；第二，伉俪和谐，儿女孝敬，家庭团结。我有个贤内助夫人，几十年来，她不仅关心爱护帮助我，并且承担起了家里的大小事务，使我无后顾之忧。第三，虽然体弱多病，但不要背思想包袱，坚持适当的体育锻炼。我现在每天还走五、六千步，空气好时在室外走，空气不好就在家里走，打太极拳。第四，要保证必要的饮食营养。第五，也是最根本的原因，是我们社会主义制度的优越性，党和国家以及人民对我们科技人员的关心、爱护、帮助和支持，这是我们能相对健康地工作生活的根本原因。

唐大麟： 回顾您一生的科学探寻历程，有什么想要分享的体会吗？

郭尚平： 我想要特别强调团队的作用，以前叫"集体主义"，现在叫"团队精神"。个人力量再大也是小的,集体力量再小也是大的。众人团结力量大,个人岂能打天下。我特别感谢我们这个科研团队,感谢刘慈群、黄延章、胡雅礽、于大森、李永善、孙敏荣、阎庆来、马效武、吕耀明、周娟、刘泽阳、马守信、陈永敏、吴万娣、刘庆杰、李希、朱维耀、刘先贵、熊伟、周炎如、田根林、何秋轩、郑启心、梁乃刚、俞理、王学定等约200名同志的精诚合作、巨大支持与帮助。正是这种真诚的合作让我们渗流团队不仅收获了科技成果,也建立了深厚的友谊。

■ 采访时间:2022年7月7日
■ 采访地点:北京市海淀区 中国石油勘探开发研究院主楼

"创新是一种乐趣，也是科学家的责任"
——访中国工程院院士、有机化工专家汪燮卿

◎ **人物小传**

汪燮卿，有机化工专家，教授级高级工程师。1933年2月出生于浙江省龙游县，原籍安徽休宁。1951年考入清华大学化工系，1956年毕业于北京石油学院，1961年获民主德国麦塞堡化工学院博士学位。曾任石油化工科学研究院常务副院长、总工程师、学位委员会主任等职，现任中国石化科技委资深顾问。长期从事催化裂解、催化裂化等方面的研究。率先研制成功独创性地用重质原料生产轻质烯和高质量汽油新技术并得到广泛应用；研究成功DCC和以压渣油为原料的催化裂化工业成套技术ARGG新工艺；研究成功符合催化裂解和催化裂化工艺要求的CHP、CRP、CIP RMG和RAG等催化剂配方并实现了工业化。指导研制成功最大量生产异构烯技术，达到国际领先水平。曾获全国科学大会奖2项、国家发明奖二等奖1项、国家科学技术进步奖二等奖1项、省部级发明奖和科学技术进步奖14项，获得国内专利授权252件、国外专利授权55件，发表学术论文50多篇，培养硕士、博士和博士后60多名。

1995年当选中国工程院院士。

唐大麟：汪院士，您好。我看到您正在电脑上阅读外文资料，是在查找资料吗？

汪燮卿："双碳"目标里提出今后的石油除了将继续作为燃料使用外，更多地将转化为化工原料，虽然石油作为化工原料从重质油转变成低碳烯烃的生产技术已有将近30年了，但未来仍会有一个规模不断扩大、内容不断创新的转化过程。所以，我们今年准备出版一本这方面的英文书，我正在组织大家赶稿，你进来的时候我正在做这件事情。

唐大麟：您提到把重质油转化为低碳烯烃，我了解到目前我国正在大力发展重油制乙烯丙烯，结合我国国情，您觉得我们在重油转化这条道路上还有哪些可以优化的方面？

汪燮卿：从我国资源禀赋来看，重质油偏多，轻质油偏少且不够用，所以国家领导层和一些权威学者历来重视用重质油生产烯烃，因为它可以缓解轻质油的短缺，提升劣质油利用效率，提高经济附加值。从重质油生产低碳烯烃的开发技术来讲，我们开始的比较早，国际上第一套重质油生产低碳烯烃的工业化装置是我国生产的。从石油化工和炼油技术角度来讲，国内第一套出口到国外的成套技术就是低碳烯烃，所以这方面我们还是有一定基础的。至于优化发展这个问题，我认为现在重点应该在原有发展基础上找到新的突破口，这样才能找到下一步优化工作的方向。具体来讲，把重质油转化成低碳烯烃不可能像石脑油一样蒸汽裂解，因为它是一个催化过程，没有催化材料是做不成的。但是在催化过程中，它涉及的内容比较广泛，无论催化材料的开发还是催化工艺的开发，以及环境保护的要求与成套技术的配套，都应该统筹考虑，这也是目前大家正在努力的方向。

唐大麟：精细化工正在成为我国石油化工产业主要发展方向，对此您有何展望？

汪燮卿：精细化工的产品非常多，可以说它影响着我们生活的每一个方面，无论是国民经济发展，还是工业与国防建设，都离不开精细化工产品。如果让我对精细化工的未来发展做展望，那就是"三精"——产品要精雕细刻、工艺要精耕细作，成本要精打细算。例如焦炭，我们现在生产的焦炭很多，污染也很大，但是好的石油焦很缺。不仅我们缺，全世界都缺，所以我们能不能通过精雕细刻、精耕细作、精打细算来生产高附加值的优质焦炭，而不是消耗了资源却没有达到资源最大化利用。

| 汪燮卿院士接受作者采访

唐大麟：20 世纪 80 年代我国石油产量突破 1 亿吨时，国家曾组织力量研究"如何用好 1 亿吨油"；现在我们要把 2 亿吨的油气牢牢端在自己碗里，您觉得在新形势下，这 2 亿吨油气该如何合理利用？

汪燮卿：虽然现在我国石油产量达到了 2 亿吨，但仍需大量进口以满足国内需求。这个客观现实我们想努力扭转，石油行业也在下大工夫找油，但是谁也不敢保证结果。当时国家提出研究如何用好 1 亿吨油，是基于石油可以自给的形势；现在思考如何用好自己的 2 亿吨油，形势已发生很大改变。这自产的 2 亿吨也仅仅是我们石油消费量的 30%。石油既是国民经济的重要物资，又是国家的战略物资，所以我觉得这个问题要有一个统一全面的考虑。我之前没有认真思考过，但觉得深度加工利用肯定是个很重要的方向。因为深加工可以提高石油的经济效益，提升它在国民经济中的地位和作用，这一点很重要。所以我们既要看准技术前沿上的一些问题，更要下功夫去攻克。比如我们刚才谈的重油制烯烃，烯烃下面还可以生产乙烯、丙烯，还有 PX，这些都是基本的化工原料。所以我们现在就需要考虑怎么让劣质的重油尽量多地转化为乙烯、丙烯等，而且在这个过程中产生最小的碳排放，实现低碳化。这些问题如果不解决，我们在新形势下就发展不了，这需要引起大家重视，要在深度加工上有一些和过去所不同的新概念。

| 2022 年重阳节之际，作者前往家中看望汪燮卿院士，汪院士回赠书法一幅

唐大麟：20 年前，在由侯祥麟院士担任课题组组长的"可持续发展油气资源战略研究"项目中，您负责起草了"油气节约使用""大力发展石油替代产品"等建议措施。从目前我国油气资源发展现状来看，当年提出的一些措施并未得到很好的落实。结合当前国家发展的新形势新任务，您是否依然主张以上两点建议？有何新的建议？

汪燮卿： "油气节约使用"和"大力发展石油替代产品"这两点，我还是一如既往地支持。比如要发展石油替代产品，明确讲就是用清洁能源替代高碳能源，这就需要提高成本投入。这件事我们已经做了很长时间，但结果我始终不太满意。以前德国用植物油生产航空煤油，这是清洁燃料，但是它的成本是普通航空煤油的3倍以上，这就需要国家层面的政策与资金支持。最近中国石化镇海炼化用地沟油生产出来的航空煤油，获得国家有关部门颁布的适航证书，这种生物航煤是以餐饮废油等动植物油脂为主要原料，与传统石油基航空煤油相比，其全生命周期二氧化碳排放最高可减排50%以上。所以我相信油气节约和能源替代在我国是一定有发展前途的,这两个方向也是不容怀疑的。

目前"双碳"目标的树立，也为以上两点的实施树立了新的奋斗目标。过去石油工人说"井无压力不出油，人无压力轻飘飘"，这个新目标是压力也是动力。我们现在把二氧化碳埋入地底或用它驱油，这肯定是一个方向。但我也经常发散思维想另外一个问题，就是能不能把本来属于破坏环境的二氧化碳通过光合作用利用起来，让它负排放。我们在大西北的这些油田，太阳能资源非常丰富，是否可以探索在二氧化碳排放时结合一些条件产生化学反应，使其变废为宝。现在大家可能觉得这是天方夜谭，就像我们现在说发明5纳米的芯片一样，但我想如果全世界共同努力，将来这些技术都会实现的。

唐大麟： 您刚才描绘的场景，在技术上已经有突破的苗头了吗？

汪燮卿： 我还没有看到，这只是我在"鼓吹"。过去这种"鼓吹"会被人说是异想天开，*我觉得异想了，天不一定能开，但是不异想，天一定开不了。*这句话我不是随便说的，而是有根据的。1972年5月，上级给我们单位来电话要我出差，去长沙马王堆。我那时搞油品化学分析，军管会代表告诉我，计划从四川铺条输气管线到武汉，输气管线肯定会存在腐蚀问题。他在内参上看到长沙马王堆出土的汉代女尸保存完好，没有腐蚀，就希望我去把棺液里的成分搞清楚，看是否能应用到油气管道防腐中。我当时一听就觉得这简直是异想天开，但后来再仔细一想，又觉得这个军代表不简单，有想法，也敢想，我很佩服他。所以现在我也鼓励大家要有异想天开的精神，鼓励大家创新，但不能没有科学依据的瞎想。

| 汪院士向作者介绍他使用 Chat GPT 翻译自传

唐大麟：欧美很多轿车都是柴油发动机，这种车更节油环保，为什么柴油轿车不能在我国大规模推广？

汪燮卿：有两个原因，首先是国内轿车现在的发动机技术还有待提升，我们现在普通的柴油货车发动机技术掌握的还是比较好的，但柴油轿车发动机技术难度比柴油货车大多了，所以它需要投入的成本就大，这对于汽车制造企业和消费者而言都是一个大问题。其次因为国内柴油机在排放上与汽油机相比还是有差距。欧洲柴油发动机之所以搞得不错，一是它原来就有基础，柴油英文"diesel"，就来自于德国工程师狄塞尔，他发明的柴油发动机取代了之前的蒸汽机，这是他们在技术上的基础优势。二是在技能方面，其各种零部件配合后与环保的配合度非常好，高效能低排放。但我们国家目前只有汽油机能做到，柴油机排放整体还差一些。三是国家政策调控，过去我们说要提高柴汽比，现在要降低柴汽比，把柴油使用量降下来。虽然柴油机功率大，但我们是一个发展中大国，要什么事情都做到全面超越恐怕还有困难，所以还需统筹考虑，重点研究。

唐大麟： 您在自传中记录了自己颠沛流离的青少年生活，那段生活对您最大的影响是什么？

汪燮卿： 我觉得那段艰苦岁月对我最大的帮助，是让我树立了正确的人生观与价值观，就是遵循自己内心的喜好选择，不人云亦云。那个时候，虽然国家处于战争时期，条件艰苦，但是国家对国民的教育并没有放松，那种启发式的教育使我们每一个人的专长都能够得到发挥，这种教育也让我受益终身。可能现在大家对我们的教育都不是太满意，但我也不悲观。之前我看新闻，有一个偏远地区的女孩考上了北大，但她报志愿的时候没有填大家都追逐的金融、经济等热门专业，而是报了考古，因为她想去敦煌研究古代文物。我觉得她很不简单，突破了常人想要升官发财的传统路径，而是根据自己的兴趣爱好学习。我总在想，中国这么大，天地很广阔，如果大家都能够根据自己的兴趣爱好把专业分散开来，而不是老挤在一个地方内卷，那么我们的人生机遇都会很多，这样各行各业也就都能做到百花齐放了，那我们民族的伟大复兴也一定会早日实现。

唐大麟： 您在德国待了将近 5 年时间，您觉得这段留学时光对您日后科研工作的影响是什么？

汪燮卿： 我觉得最大的影响就是培养了我严谨的科学作风，这 5 年时间对我科研思想的转变很大。我是 1956 年去德国留学的，两年后国内就开始"大跃进"。在德国第一年我们都在学习德语，"大跃进"开始后大家都很羡慕在国内的同学，因为"1 天等于 20 年"，所以我们当时总跟德国人说让我们去工厂实习一下就回国吧，德国人就会狠狠地批评我们一顿，说你们来这里主要是学方法的，如果实习一下就回去，那有什么意义。当时国内的基础教育还没有那么严格，所以我们大学毕业去到德国之后，又从分析化学、微积分开始重新一门门地补课。德国人对那些反应方程式太清楚了，就像我们过去背四书五经一样信手拈来，所以到现在德国都处于全球化工领域顶端位置，这和他们扎实的基础及科学求实的作风密不可分。我们国家在这方面与之相比差距还很大，所以我一直提倡加大对基础科学领域的研究投入，这个投入不一定会有产出，但关系战略发展。我最近看一个资料，美国用天然气中的甲烷制乙烯和丙烯。看了以后感受很深，他们通过对天然气氧化来实现这个技术，在实验室里已经研究了40年，经历了两代人，到现在都没有工业化。我想我们国家如果干这件事，估计干不到10年就解散了，因为没有利润且前景不明确。所以我觉得，**我们基础研究一定要转型**，它确实需要付出，有的研究可能立竿见影，很快就有成果，能产生经济效益。有的可能需要非常长时间，但并不是说没有效果这些研究就白做了，我们国家应该加强在基础研究领域的战略部署，这样才有希望在全面的国际竞争中立于不败之地。

唐大麟：2022年是侯祥麟院士诞辰110周年，您在清华求学期间就已认识他，侯老让您印象最深刻的是什么？回顾过去，是否还有其他影响您一生的人和事呢？

汪燮卿：我是1951年认识侯老的，那年他回国在清华当教授，而我刚考进清华。在新生迎新晚会上，我第一次见到他。侯老个头不高，穿身红衣服，给我留下很深印象。但真正接触是在1961年工作以后，1965年我当了研究室副主任，他常对我们几个业务骨干说，你们**不仅自己要做好工作，还要帮助周围的人做好工作和研究，8小时是出不了科学家的，应该经常思考**。我最敬佩侯老的，还是他实事求是的态度和追求真理的精神，特别是在政治运动中能依然坚守一个知识分子的良知，这很不容易。其他对我有较大影响的，我认为是我的中学老师。讲一个故事，那时候抗日战争还没有结束，在我们老家农村买不到白糖和红糖，但是有一种麦芽糖做的糖饼。下课后，我们就花几分钱买一块麦芽糖回教室吃，但这种糖用手掰不开，我们就在桌子上一拍，让它碎成几块，然后大家一起吃。这时候我们的物理老师就会启发我们，你们知道麦芽糖掰不开但可以摔开是什么原理吗？苹果掉下来让牛顿发现了万有引力，那你们是不是也可以发现一个糖饼定理呢？所以我在中学时通过老师们的启发，**在遇到问题时能把学到的知识串联起来思考，多问几个为什么，从而可能产生新的思索**。这种思维方式的培养，对我日后科学研究思路的打开非常关键，我很庆幸能在思维的孕育期，遇到能启发我灵活思考的老师，这对我一生都很重要。

唐大麟：您曾主持和参与过许多重大化工工艺的研发和生产，回首过去，您觉得自己最骄傲的作品是什么？如果让您总结成功的秘诀，您觉得是什么？

汪燮卿：我讲一个故事给你听就知道了。咱们国家现在会进口含酸原油，因为它便宜，每桶差十几块钱，所以进口含酸原油进行加工可以赚钱。但含酸原油多了以后，会腐蚀设备，所以一个炼厂里面只能进口一部分含酸原油，把它跟普通原油混合稀释以后，可以减少腐蚀性，大部分炼厂都是用稀释的办法来加工含酸原油的。中国海油在惠州炼厂专门安装了一套全不锈钢设备炼含酸原油，但这样投入就很大。所以我就想，是否可以把这个含酸原油的成分搞清楚，以后通过技术改进，在普通炼厂用普通碳钢来炼，这样有多少原油就能炼多少。我把我对这个问题的具体思考路径告诉了我的一个研究生，让他去做试验，结果很圆满，工业化实验也成功了，在上海高桥炼厂也建了加工装置，大家都很高兴。当时中国石化总工程师曹湘洪院士，对这个技术改进也很感兴趣，他就向中国石化主要领导汇报说应该报奖，领导十分支持并希望保密这项技术。但我的上级领导认为，虽然这个技术改造的思路很好，但其技术诀窍一听就明白，太简单了，所以不予上报。很多人都觉得可惜，但对我来讲得不得奖并不重要，并不是因为我已经当了院士，无所谓了，而是我觉得如果自己的一些想法能解决实际问题，这就是最大的奖赏。所以当时我带的这个研究生做答辩的时候，去了100多人听他的答辩，而以前的答辩都是在一个小房间里，最多十几个人参加。我觉得创新是一种乐趣，创新也是科学家的责任，我们要坚信"天生我材必有用"。

至于成功的秘诀，我觉得是不存在的。但作为一名科学家，在探索客观真理的过程中，首先要对这个探索有兴趣，没有兴趣做不好事情；其次就是在这个探索过程中应该穷尽所能，让所有学到的知识都能产生联系，取得应用，就像我前面提到的让二氧化碳负排放。我有时候晚上睡不着觉，就会想这些东西，这个思索的过程充满乐趣。

| 听汪燮卿院士讲过去的故事

■ 采访时间：2022年7月6日
■ 采访地点：北京市海淀区　中国石化石油化工科学研究院生活区

新材料将是未来化工转型一个重要方向

——访中国工程院院士、高分子化工专家毛炳权

◎ 人物小传

毛炳权,高分子化工专家,教授级高级工程师。1933年11月出生于广东省广州市,1952年进入大连工学院化工系学习,1959年硕士毕业于苏联莫斯科门捷列夫化工学院。先后在成都工学院高分子系、化学工业部北京化工研究院高分子部工作,曾任中国石化北京化工研究院科技委副主任。参加研制中小型间歇液相本体法聚丙烯装置,得到广泛推广;研制成功了聚烯烃N型高效催化剂及聚合工艺,取代进口催化剂,以1800万美元将催化剂专利转让给美国Phillips石油公司并在Engelhard催化剂公司生产,催化剂在世界范围内出售。曾获国家科学技术进步奖二等奖、国家技术发明奖二等奖、何梁何利基金科学与技术进步奖、"感动石化人物"等奖项及荣誉称号。

1995年当选中国工程院院士。

唐大麟： 毛院士，您好。作为我国著名的高分子化工专家，新材料研究将是未来石油化学工业转型发展的重要研究领域，您对我国石油化工材料的未来发展有何展望？

毛炳权： 从石油产量上来看，我们国家与中东、美、俄等主要产油地区相比是比较少的。从能源的未来发展趋势来看，石油等化石能源的比例正在逐渐降低，未来氢能、风电、光伏等清洁输出型能源将逐步取代石油。从石油化工产业发展来看，未来炼油在石化产业中的比例会越来越少，因为电动汽车和储能技术将是传统燃料强有力的替代品，在这一能源迭代过程中，化工行业将迎来新的发展机遇。中国石化目前提出构建"一基两翼三新"的产业格局，具体来说就是以能源资源为基础，以洁净油品和现代化工为两翼，以新能源、新材料、新经济为重要增长极。现在很多东西都需要新材料，因为以前的材料已经不能满足社会发展的需求。比如以前广东有家企业给华为加工材料，后来随着需求方对材料耐热性的要求越来越高，这家企业就找到我合作，帮助他们提高材料的耐温性。我相信随着未来全社会对环保等方面的要求不断提升，新型材料的研发必然会成为化工产品转型的一个重要方向。目前，聚丙烯已是国际上最主要的塑料品种之一，而催化剂则是聚丙烯工业发展的灵魂。像北化院（中国石化北京化工研究院）目前就做了很多这方面的研究，比如可降解塑料的研发，我们之前在海南对农业生产中经常使用的地膜进行了可降解应用，取得了不错效果。在聚烯烃各单项技术中，我国的催化剂技术与国际水平最为接近，中国石化更是世界上极少数拥有相关专利技术的公司之一。目前更多高性能、低成本的聚烯烃催化剂已广泛应用于市场，我国不但拥有享誉海内外的聚丙烯 N 型催化剂专利技术，还有聚丙烯球型催化剂和聚乙烯 BCE 催化剂等拥有自主知识产权的催化剂技术，不仅在国内实现了产业化，还实现了技术和产品的出口，促进了我国聚烯烃行业的竞争实力不断提升。

唐大麟：您目前是否还在关注石油化工前沿科学技术的发展？关注的重点在哪些方面？

毛炳权：还是关注的。我是搞催化剂的，对前沿科学技术发展的关注也是以催化剂为主。现在年纪大了，特别是退休以后相对来说关注要少一些，但还是经常会看看国外资料，了解这方面信息，国内的发展也在关注，虽然细节的事已经没有精力去搞了，但我带的博士生基本上都是催化剂方面的，他们的研究成果在国内还是很不错。我现在还有两个院士工作站，一个在福建泉州，一个在广东东莞，这两个工作站的研究课题我也会关注。另外一个关注点就是我们北化院的工作，我是非常关注的，也在发挥自己的作用帮助单位更好地发展。我老伴总是批评我一天到晚脑袋里只琢磨工作上的问题，琢磨化工知识，忽略了家里的事。我琢磨了一辈子这些方面的问题，现在让我停下来不去想，确实很难做到。

唐大麟：您很早就意识到知识产权保护的重要性，您为什么会如此关注这一点呢？

毛炳权：这和我在苏联留学的经历有关。当时我们国家是缺乏知识产权保护这个概念的，苏联虽然没有像英美国家那么重视知识产权保护，但也比我们国家重视。回国后，这件事就一直在我脑海中萦绕，我觉得我们国家也终将走上重视知识产权这条路。刚开始做这件事的时候，也有阻力。那会儿刚开始改革开放，我们要研制一个新型催化剂，当时关于是创新还是模仿的争论持续了很久，因为模仿比较方便，见效快，容易生产。但我觉得随着我们同世界交往的加深，仅仅模仿是不能解决根本性问题的，而且还存在法律风险，一旦卷入国际纠纷，那损失的钱可能比创新过程中的花费还多。但创新搞自己的专利，在当时难度是比较大的，不仅周期长、花费多，而且需要攻关的环节也很多。但好在我们坚持下来，最终把这条路走通了。我们这个创新产品出来后，被命名为"N型高效催化剂"。1985年4月1日，是我国开放专利申请第一天，我和研发团队为 N 型高效催化剂申请了专利，这也成为我国第一批授权的专利之一。1988 年，我们将这项专利生产和销售许可权以 1800 万美元的高价，转让给了美国 Phlillips 石油公司，这一技术至今还保持着中国专利技术转让费的历史纪录。当时的国家领导人在视察中国石化的时候知道了这件事，称赞这笔转让费用为"天文数字"。后来美国 Engelhard 公司据此专利生产的 Lynx 系列催化剂，在国际上有很高的知名度和市场占有率，他们还邀请我专门去美国考察指导过，这说明我们给国家作了贡献，当时感觉很高兴、很幸福，也很光荣。我们把这项技术卖到国外以后，国内生产单位也很积极，因为我们代替了国外催化剂，成本下来了。国内的生产企业，也取得了非常丰厚的利润。从 1984 年试验室研制成功，到 1993 年在生产装置上广泛应用，形成现实生产力，产生巨大的经济效益，这中间经历了整整 9 年的时间。这项技术 1993 年获国家发明二等奖，而以 N 型高效催化剂为基础开发的"聚丙烯环管成套技术"，也于 2001 年获国家科学技术进步奖一等奖。这些荣誉也是对我们重视知识产品保护、坚持自主创新的一种肯定。

| 毛炳权院士和妻子刘新香教授接受作者采访

唐大麟： 作为一名石油化工领域的科学家，您觉得搞石油化工研究是否有捷径？

毛炳权： 捷径肯定是没有的，但有方法。我觉得做研究首先需要的是了解世界范围内这个研究领域的发展方向、发展现状，以及存在的问题，特别是核心问题，然后再瞄准目标努力。否则不了解关键问题所在，也就不知道该从哪个方向去解决这个问题。而要找到问题所在，就需要我们认真做工作，并且开动脑筋思考问题。这个过程中，不要怕耽误时间，一定要利用各种时间和机会，站在不同角度来考虑问题，这样才能明确目标，找到方向，这或许是一种研究方法。另外，科研人员一定要去工厂，去生产单位，不能只在实验室里闭门造车。我们做实验的目的，就是为了最终应用于工业生产。去一线工作，可能会存在各种各样的问题与不适，但它是有利于发现和解决生产科研中所存在问题的。我们如果不去生产一线，在实验室里有时很难发现问题的关键在哪儿，毕竟工业生产和科学实验是在不同的规模体量中进行的，我们只有及时发现问题，才能更好地解决问题。

唐大麟： 您 2023 年就 90 岁了，回首往事，让您印象最深的事是什么？

毛炳权： 我是 1933 年出生的，记得刚上小学的时候，日本侵略者就占领了我的家乡广东。我们一家老小举家逃难，那时我大概 5 岁，香港还没有被日本人占领，我们便从广州逃去香港。但到了香港没多久，我们家就没钱了，一家人苦苦支撑，忍饥挨饿。后来日本人占领了香港，我亲眼看到街道上有不少饿死的人，兵荒马乱的年代，长辈也找不到工作。没办法，我们只能又回到广东农村。那时我们作为难民，深刻地体会到了做"亡国奴"的痛苦，这给我年幼的心灵烙上了永不磨灭的印记。其实，我从小家庭的培养理念是"学好数理化，走遍天下也不怕"，但新中国成立后我主动报名参军去抗美援朝，因为我强烈地认识到，没有强大的国防，就没有我们个人的幸福生活，国家落后百姓也要挨打。

唐大麟： 听说您"文化大革命"期间经历过一些事情，您是如何调整自己状态的？

毛炳权： 我从苏联回国后，被分配到成都工学院工作，那时成都粮食紧张，各方面条件也不好。我先是在学院塑料工程专业，后来又转入合成纤维专业，学校成立了塑料与合成纤维专业委员会，我就被分入这个单位。但那时学校没有科研条件，我只能教书。1964年，经国家教育部批准，成都工学院建立了高分子研究所，由中国高分子研究领域的前辈，后来成为中科院院士的徐僖教授担任所长。他那时很欣赏我，于是调我到他的手下工作。从回国到"文化大革命"开始前的那几年，虽然我和妻子两地分居，但在学校里的教书和研究生活还是相对简单平静的。由于回国后对国内很多情况不了解，加上回国初期我和苏联老师同学书信较多（那时中苏关系已破裂），后来我被特殊对待。但即使这样，也没有影响我的教研工作。还记得1963年暑假，我放弃了探亲的机会，和同事何勤功共同完成了一篇关于"醛酮类聚合物"的综述性文章，并全文刊发于1964年《化学通报》第一期上，当时我们得了好多稿费。"文化大革命"开始后，徐僖先生被当作"反动学术权威"，我被要求写关于徐先生的揭发和批判材料，我始终不写，于是也被打倒。加之妻子有海外关系，我先是被从"工艺教研室"调到"高分子物理、高分子化学"基础课教研室，后来又被关到牛棚里面，家也被抄了。那时我最值钱的家当是一辆自行车，他们不仅拿走了自行车，还抄走了我在苏联买的很多很珍贵的图书，以及我的相册。后来虽然相片还给我了，但上面都打着叉，幸亏我之前把结婚照寄给了在北京的妻子，但她收到时也是七零八落的，现在只保存下来一张完整的结婚照。至于那些书和自行车，他们再也没有还给我。虽然那时社会很乱，我也很苦闷，但我并没有浪费时间。1969年10月，成都工学院的师生下乡去四川邛崃军垦农场，让我在农场里整整待了两年。我并没有消沉，而是庆幸可以有一处相对安静的地方读书和思考问题，也正是利用这两年时间，我巩固了自己在化工方面的理论根基。

| 毛炳权院士及刘新香教授拍摄于 1961 年的结婚照

唐大麟：您年轻时因工作原因长期不能和家人团聚，对家庭是否会觉得愧疚？

毛炳权：这个没办法，当时整个国家的条件都比较差，在哪儿工作都要服从组织分配，没有个人选择的余地。不像现在大家可以自由选择工作，自由出国回国，自由活动。从我个人角度出发，我当然希望调到北京和家人团聚，我们单位也想过把我妻子调到四川去，但那时调动很困难，一个萝卜一个坑，要找到愿意对调的人才行。后来还是因为我妻子在单位里工作突出，领导重视她，为了解决我们俩长期两地分居的现状，利用她们单位一部分人去燕山落户后空余出的户口指标，才把我调进北京，落户在房山。后来我评院士的时候有三个主要成果，我妻子后来担任我们单位的副总工程师，她也有三个成果，只是没有我这个影响力大。1995 年我做完颅部手术后身体一直不好，她放下手上的工作全身心的照顾我。可以说，没有她的付出，就没有我今天的一切。

刘新香（毛炳权之妻，第八届、第九届全国政协委员）：加上谈恋爱，我们异地生活总共是12年。那12年的生活他根本就帮不上忙，那会孩子都小，我不仅要抚养两个孩子，还要经常加班，当时心里想的主要是怎么把工作搞好，怎么能出成果，对于家庭生活上的苦，忍一忍好像也就挺过来了。那会整个国家的大环境都是那样，大家都是一心一意地工作，不计较个人得失，也不搞特殊化。

唐大麟：您觉得自己能取得今天这些成绩的原因是什么？

毛炳权：针对过去取得的一些成绩，我在80岁时曾总结过五个原因，分别是：好的平台、团队协作、重视知识产权、自主创新的技术与市场需要和原料资源结合，以及勤奋积累。十年过去了，现在来看，主要应该还是这五点。

唐大麟：您对年轻人有何寄语？

毛炳权：应该多学习，无论是政治上还是业务上。当然学习的目的除了提升自我，更重要的还是要为国家多做点事。过去说"学好数理化，走遍天下不怕"，这个说法现在不一定正确，但是没有业务还是不行的，所以年轻的时候一定要把自己的业务基础打扎实。

- 采访时间：2022年9月6日
- 采访地点：北京市朝阳区　中国石化北京化工研究院生活区

我国具备更快发展天然气的储量优势
——访中国科学院院士、天然气地质与地球化学家戴金星

◎ 人物小传

戴金星，天然气地质与地球化学家，教授级高级工程师，博士生导师。政府特殊津贴获得者，第九届全国政协委员。1935年3月出生于浙江省瑞安市。1961年南京大学地质学系大地构造专业毕业后进入石油工业部石油科学研究院工作。在天然气领域深耕近60载，凭借多年的知识积累和对该领域国际前沿的把握，适时提出煤可以成气并且能够形成大中型气田的论断，开创性地全面广泛揭示煤系及其烃类有关的有机地球化学特征，阐明了煤成作用与油气形成的规律，从而创立了中国煤成气理论体系，发展了天然气成因新理论，推动了我国天然气事业的发展。同时还在中亚煤成气聚集域和中国天然气聚集区带划分、天然气成因类型鉴别理论和方法、大气田形成的主控因素、无机成因天然气形成与勘探等方面取得突出成果，指导了中国天然气勘探的重大发现和我国鄂尔多斯盆地苏里格、塔里木盆地克拉2、克深等一批大气田的发现，为我国天然气工业的快速发展做出重大贡献，从而被业界誉为"中国天然气之父"。曾获国家级奖励6项、何梁何利基金科学与技术进步奖、陈嘉庚地球科学奖、"中国品牌70年70人"和"2019十大品牌年度人物"等奖项及荣誉称号。在国内外刊物发表论文316篇，出版专著34部；培养硕士、博士等53人。

1995年当选中国科学院院士，2012年当选国际欧亚科学院院士。

唐大麟： 戴院士，您好。请您简要介绍一下我国天然气工业当前发展现状怎样？有何特点？存在哪些困难与障碍？未来发展趋势如何？

戴金星： 天然气是当今世界三大矿物能源(煤、石油、天然气)之一，并且是一系列化学品的基础原料。在世界能源结构中，一方面，20世纪50年代以前煤炭占据主导地位，50年代以后石油开采量大增，在能源结构中上升为主导地位，同时石油化工获得迅速发展。然而石油储量有限，无法支撑其长期大规模开采。据估计，按现在开采速度，只能满足全球50年消耗量。另一方面，世界天然气探明储量却不断增长，2020年剩余探明可采储量为188万亿立方米，世界十大产气大国总可采资源量为539.5万亿立方米，按现在的开采速度，可供应全球100年左右消费量。

我国天然气资源丰富，根据自然资源部数据，截至2021年底，我国石油、天然气剩余探明技术可采储量分别达36.89亿吨、63392.67亿立方米，油气地质勘查在鄂尔多斯盆地、准噶尔盆地、塔里木盆地、四川盆地和渤海湾盆地等多个盆地新层系、新类型、新区勘探取得突破。非油气矿产地质勘查取得重大进展，2021年，全国新发现矿产地95处，其中，大型产地38处、中型产地34处。勘探开发和研究大气田是快速发展一个国家天然气工业的主要途径，国内外有不少实例。至2020年底我国共发现气田286个，其中大气田77个。在这些大气田中，先后有年产量超过100亿立方米的克拉2气田、克拉苏气田、苏里格气田和安岳气田。这对我国成为产气大国起到了重要支撑作用。

作为清洁的化石能源，天然气被认为是我国能源结构调整的桥梁和低碳转型的主力军。在二氧化碳排放力争于2030年前达到峰值，努力争取2060年前实现碳中和两大目标约束下，我国能源结构清洁低碳转型的步伐必将加快，天然气在其中的桥梁作用也将进一步凸显。"十四五"期间，我国天然气工业大发展具备三大有利条件：一是我国天然气资源丰富而探明率低，具有更快发展天然气的资源优势；二是近年来我国天然气产量持续增长，具有更快发展天然气的增长优势；三是我国天然气剩余可采储量逐年上扬，具备更快发展天然气的储量优势。

截至 2019 年，世界年产天然气 1000 亿立方米以上的国家有 10 个，我国年产天然气量为 1761.7 亿立方米（2022 年我国天然气产量 2201 亿立方米，同 2019 年相比增长 24.9%），排名第五位。我国天然气总可采资源量达 85 万亿立方米，居世界第二位，但探明累计可采天然气储量仅为 7.36 万亿立方米，探明率仅为 8.6%。相比之下，美国探明率达到 74%，国外十大产气国中探明率最低的澳大利亚和加拿大也分别有 18% 和 29.7%。即使按照国外最低的 2 个国家探明率计算，我国未来可探明累计可采储量分别为 15.4 万亿立方米和 25.4 万亿立方米，是 2019 年探明累计可采储量的 2.1 倍和 3.4 倍。此外，从"十一五"到"十三五"期间，我国剩余可采储量也呈逐年上升态势，从 2006 年的 20000 多亿立方米增至 2019 年的 40000 多亿立方米，基本翻了一番，具备支撑天然气增产的资源条件。"十二五"期间，我国年均增产气 75.1 亿立方米，"十三五"期间年均增产气 108.8 亿立方米，根据这一趋势，"十四五"期间只要年均增气 122 亿立方米，我国 2025 年的年产气量就可以达到 2500 亿立方米。

唐大麟： 从当前我国油气工业的发展形势来看，热值当量"气超油"或将很快到来，对此我们应作何准备？

戴金星： 2012—2021 年来，为大力提升天然气勘探开发力度，保障国家能源安全，以及促进"双碳"目标的实现，我国天然气工业在天然气产量、探明地质储量、页岩气勘探开发和天然气长输管道的建设上，均取得重要进展和重大突破，实现了天然气工业历史性跨越式发展。2012—2021 年我国共生产天然气 15105.2 亿立方米，是 2002—2011 年总产量 6468.38 亿立方米的 2.3 倍。近 10 年，我国年均产气量都在 1000 亿立方米以上，2021 年超过 2000 亿立方米，2022 年达到 2201 亿立方米，年增产量连续 6 年超百亿立方米，是 2011 年天然气产量 1030.6 亿立方米的 2 倍以上。

"十三五"时期，我国油气勘探开发总投资 1.36 万亿元，年均增长 7%。重点盆地和区域勘探获得重大发现，靖边气田、苏里格气田、安岳气田、延安气田、川西气田、米脂气田、东胜气田、渤中 19-6 气田等新增探明地质储量超千亿立方米；新区新领域获得新发现，新增库车博孜—大北、川南两个储量超万亿立方米大气区。涪陵气田、长宁气田、威远气田、威荣气田和太阳气田等新增探明地质储量超千亿立方米。近 5 年全国天然气新增探明地质储量 5.6 万亿立方米，其中常规天然气新增探明地质储量 3.97 万亿立方米、页岩气新增探明地质储量 1.46 万亿立方米、煤层气新增探明地质储量 0.16 万亿立方米。

天然气管道是天然气工业大发展的生命线，世界幅员广阔的油气大国如俄罗斯和美国，在油气工业发展初中期，由于长输气管道不匹配，属于产出油大于气的油气大国，中后期建成了大量配套的输气管道，变成了气大于油的气油大国，例如 2019 年俄美气油热值比分别为 1∶0.93 和 1∶0.9。近 10 年我国建成了天然气"西气东输"三线东段和二线西段、陕京四线、青宁天然气管道、新粤浙管道潜江至郴州段。截至 2021 年底，我国建成长输气管道总长度达 8.4 万千米，其中近 10 年建成长输气管道 60766.5 千米，是 1949—2011 年建成管道的 2.6 倍，成绩斐然。正是我国天然气长输管道的四通八达，推动了天然气年产量的高速发展。

实际上，我国天然气资源储量丰富，按照 1111 立方米天然气折算 1 吨石油来计算，天然气资源潜力要大于石油。2020 年，我国天然气总产量同比增长 9.8%，达 1888 亿立方米。而同期原油产量 1.95 亿吨，比 2019 年仅增长 1.6%。按照热值计算，天然气产量已十分接近原油。2020 年中国石油国内油气产量当量首次突破 2 亿吨，这是继 1978 年原油产量突破 1 亿吨之后，实现的又一跨越。天然气产量当量首次突破 1 亿吨，同比增加 116 亿立方米，是历史增量最大的一年，首次超过国内原油产量，实现"气超油"。

与煤炭、石油相比，天然气具有用途广泛、安全、便捷、热值高、清洁环保等优势，是我国推进能源生产和消费革命，构建清洁低碳、安全高效的现代能源体系的重要路径。从国际上一些已经实现碳达峰的国家来看，天然气使用比例都比较高。以美国为例，自从用天然气发电逐渐取代燃煤发电后，其能源活动和工业生产过程的碳排放量占比呈下降趋势，目前该国天然气发电已经超过燃煤发电。

据统计，2019年世界天然气消费量在一次能源消费中占比为24.2%。而当年，我国天然气在一次能源消费结构中占比仅为8.1%，存在较大差距。因而，从我国资源情况来看，提高天然气在一次能源中的比例势在必行。中国石油实现"气超油"只是一个开始，预计2025年左右，我国天然气总产量将超过石油产量，我国石油工业将进入稳定发展、天然气工业进入跨越式发展新阶段。

| 戴金星院士向作者讲述我国天然气发展现状

在天然气工业迅猛发展、天然气消费快速增长背景下，储气库作为有效的天然气调峰技术和手段，因其具有库容大、安全性好、储转费低等优点，在天然气产业链上起着至关重要作用，可确保天然气稳定安全供应。而我国储气设施建设相对滞后，虽然我国已建成地下储气库21座，LNG储罐89座，储气能力超过320亿立方米，占全国天然气消费总量的8.7%，但仍低于国

际 12%~15% 的平均水平。目前我国天然气基础设施建设仍存短板，尤其是应急调峰能力，体制机制障碍需要进一步破除。但随着体制改革的持续推进以及国家政策支持力度的加大，预计"十四五"期间，天然气应急储备、输送、互联互通能力将明显改善。从更长期看，随着天然气市场化改革的进一步推进，基础设施建设瓶颈将被彻底打破，基础设施短板有望得到彻底解决。

唐大麟：自您发表《成煤作用中形成的天然气和石油》一文揭示了"煤成气""煤成烃"原理至今，我国在过去几十年里已陆续发现靖边气田、苏里格气田、榆林气田、塔里木气田、陵水气田等一系列大气田，您觉得下一个"煤成气"的大气田可能会在哪里诞生？为什么？

戴金星：天然气成气原始物质是有机质，而有机气根据源岩类型可分为两种：油型气和煤成气。20世纪80年代以前，我国仅以油型气地质理论为指导，还没有把煤成气作为主要气源进行勘探，导致天然气勘探偏离具有良好含气远景的含煤盆地和含烃地层。当时学界普遍流行的两种观念，一是含煤地层中虽然也能形成气体，但考虑到煤的强吸附性，这部分气体很难运移出来；二是在大家的传统认知中，认为石油和天然气都是比较低等的动植物生成的，而这种"一元论"理论直接导致当时我国油气地质工作者认为天然气只能由海相碳酸盐岩和泥页岩及湖相泥页岩生成，反而忽略了含煤地层也会存有天然气的这种可能。

在经过大量样本采集和文献学习后，1979年我在《石油勘探与开发》杂志上发表了《成煤作用中形成的天然气和石油》一文，大胆提出了自己"煤成气"观点。这篇文章被认为"是中国开始系统研究煤成烃的标志"，把煤系作为主要气源岩，改变了以往认为"煤系不是气源岩"的传统认识，突破"一元论"（油型气）藩篱，推动我国天然气勘探进入"二元论"（油型气和煤成气）新领域。1983年，"煤成气的开发研究"作为我国第一批重点科技攻关项目正式立项，拉开了我国煤成气理论体系研发和建立的序幕。

2000年以来，我国天然气开发进入快速发展期，年产量平均增速超过10%，2022年达到2201亿立方米以上。目前，已建成鄂尔多斯、塔里木、四川、海域四大天然气生产基地。我国石油天然气产量由2000年的183亿立方米上升到2022年的1453亿立方米，占全国天然气产量的66.05%。天然气消费持续旺盛，对外依存度得到有效控制。2018年，我国天然气产量1601亿立方米，表观消费量2803亿立方米，天然气对外依存度42.9%。2022年，我国天然气产量2201亿立方米，表观消费量3663亿立方米，天然气对外依存度小于39.9%。4年间，在天然气消费量增加860亿立方米的情况下，对外依存度降低了4%以上，这主要得益于近年国内天然气产量的快速增长。4年间，国内天然气净增量为600亿立方米，对外依存度的下降也出乎大部分机构预测。

同世界水平相比，我国天然气占一次能源消费比例偏低，但能源结构的特殊性决定了我国天然气消费比例与国外没有可比性。天然气占一次能源消费比例从2010年的4%增至2021年的8.9%，10年间增长一倍以上，绝对消费量从958亿立方米增至3726亿立方米，增长近4倍。

天然气是清洁低碳的化石能源，将在全球能源绿色低碳转型中发挥重要作用。当前及未来较长时期，我国能源发展进入增量替代和存量替代并存的发展阶段，包括天然气在内的化石能源，既是保障能源安全的"压舱石"，又是高比例新能源接入新型电力系统下电力安全的"稳定器"。推动能源绿色低碳转型，在工业、建筑、交通、电力等多领域有序扩大天然气利用规模，以及充分发挥燃气发电效率高、运行灵活、启停速度快、建设周期短、占地面积少等特点，将气电调峰作为构建以新能源为主体的新型电力系统的重要组成部分，是助力能源"双碳"目标，构建清洁低碳、安全高效能源体系的重要实现途径之一。

未来，我国立足国内油气增储上产的政策不会改变，大力发展天然气产业，把天然气作为实现绿色转型的桥梁，推动非常规天然气发展将成为增储上产的主要力量。在天然气勘探潜力方面，未来一个时期，深层海相碳酸盐岩是天然气勘探重要领域，南海具有发现大气田资源潜力。我国致密气、页岩气、煤层气均处于勘探早中期，是未来天然气增储上产的主力。从地域上看，渤海湾盆地、鄂尔多斯盆地、松辽盆地、准噶尔盆地、塔里木盆地及海域，占我国石油总剩余资源量的70%以上；四川盆地、鄂尔多斯盆地、塔里木盆地及海域，占我国天然气总剩余资源量的60%以上。因此，陆上"五油三气"六大盆地及海域仍是未来规模增储重点。

唐大麟：非常规天然气已成为我国增气的主力军，下一步我们应从哪些方面着手加强开发？

戴金星：目前，我国天然气开发，陆上常规气是产量主体，产量占比近60%，页岩气、致密气及煤层气产量增长迅速。预计未来常规气以深层、超深层碳酸盐岩为主，还有较大潜力；非常规气资源丰富，产量占比将超过50%。

我国天然气开发正经历勘探大发现和开发快速上产期，但未来必然面临长期稳产的压力，特别是预测未来非常规天然气产量占比将超过50%，所以必须提高气田开发水平，提高复杂气藏特别是致密气、页岩气采收率，发展新的提高致密储层气藏采收率配套技术。致密气、页岩气开发的主要矛盾是由于其油气自封闭成藏作用机理，储量有效动用率低。所以，以加密簇数、立体开发、重复压裂为主的扩大波及体积、提高动用率，是主流技术路线。未来，天然气产量大幅提升有赖于新的大气田勘探发现和非常规气藏产能大幅提升。

目前，我国已形成不同类型气藏特色开发技术，按照"发现一类、攻关一类、成熟配套一类"思路，开发技术体系逐步成型。

对于常规气和非常规气来说，剩余资源主要分布在岩性地层、海相碳酸盐岩、前陆及复杂构造—岩性等几大领域，各领域探明率均较低，岩性地层、海相碳酸盐岩及前陆领域处于储量增长高峰阶段。目前评价现实规模增储区8个，资源潜力30万亿立方米，具备8万亿～10万亿立方米探明潜力。

常规气是稳产"压舱石",是 2025 年将上产至 2500 亿立方米主要气种,并保持长期稳产。常规气田兼备稳定供气和产量调节功能,已开发气田围绕控制递减率、提高采收率两条主线,通过整体治水、重构井网、滚动扩边等措施,夯实稳产基础;新区、新领域通过加快新增储量评价和建产,高质量推进整体建设。

致密气是加快上产的最现实领域。2035 年将增至 800 亿立方米或更多,并保持长期稳产。主体开发区以提高采收率为目标,大力采取剩余气精细表征、井间加密等措施;新区新层系以提产、提效、降本为目标,采用大井丛、工厂化、多层系、多井型立体开发模式,做好新工艺、新技术推广应用,加快建产节奏。页岩气是产量接替重要领域。2025 年将增至 300 亿立方米,2030 年将达到 350 亿立方米至 400 亿立方米。深层煤层气是可持续发展新领域,在未来 20 年将取得巨大的发展,预计产量超过 300 亿立方米。从目前形势来看,鄂尔多斯盆地将率先取得突破。未来将继续拓展深层煤层气产能建设,强化技术攻关和降本增效,推动效益发展。

| 戴金星院士在办公室工作时的背影(2022 年 7 月)

我国油气勘探开发已全面进入深层、深水、非常规领域。深层、深水、非常规领域的油气资源拥有巨大的发展潜力，但是工程技术难度大，地质赋存规律与开发生产规律科学认知程度低，所需技术装备尚在发展，是成本高、投资巨大的领域。高度重视发展新理论、新技术，形成新一代适应深层、深水、非常规油气勘探开发的理论、技术、装备与施工作业队伍能力，是实现高效低成本开发的关键。

唐大麟：近年来四川盆地页岩气开发为我国天然气快速上产提供了有效资源保障，您如何评价四川盆地未来的天然气发展潜力？

戴金星：四川盆地天然气现代性勘探开发已有 80 余年历史，累计采出天然气超过 4536.73 亿立方米，累计探明天然气可采资源超过万亿立方米，这仅占待发现可采资源的 10%，其中常规气占比 38%、页岩气占比 54%、致密气占 8%。天然气资源埋深在 200~6000 米占比 88.2%。与美国、俄罗斯及加拿大等国各大成熟盆地的天然气资源转化程度对比，四川盆地资源探明率仅为 13.65%，海相也仅有 16.5%。

经过多年勘探开发实践，目前我国石油企业在四川盆地及周缘下古生界志留系龙马溪组的海相地层累计探明页岩气地质储量 10610.30 亿立方米。其中，涪陵页岩气田累计探明储量 7926.41 亿立方米，生产页岩气突破 400 亿立方米，日产气量近 2000 万立方米。2022 年底至 2023 年，两大石油公司先后在四川盆地获得重大页岩气发现：中国石油在内江资 201 页岩气井筇竹寺组日产气 73.88 万立方米，发现一个新的商业性页岩层系；中国石油在位于重庆市梁平区大页 1H 井吴家坪组测试获日产 32.06 万立方米高产气流；中国石化的达州雷页 1 井在大隆组试气获日产 42.66 万立方米高产天然气。四川盆地页岩气商业层系从龙马溪组一枝独秀至初现百花齐放，新增页岩气资源量 2 万亿立方米；中国石化在位于四川盆地的綦江页岩气田勘探获重大突破，首期探明页岩气地质储量 1459.68 亿立方米。

与"人往高处走"相似,"古隆起"乃油气运移富集之地。研究表明,震旦纪以来,四川盆地经历了 6 次大的构造运动。亿万年沧桑巨变,古隆起上古构造变形强弱与否,决定了油气运聚。龙探 1 井、兴探 1 井、莲探 1 井设计井深都在 6000~7000 米,目标直指亿万年前形成的海相古老地层。对元古宇震旦系和下古生界寒武系,要全面、整体、深入、有序研究。不求立见成效,早晚有一天它会开花结果。古裂陷、古隆起、古侵蚀面和区域性保存条件,控制了海相大中型气田展布的基本格局,指引了四川盆地的有利勘探区带和下一步勘探方向。

四川盆地古老层系孕育页岩气新希望,未来勘探空间广阔。从战略接替领域看,主要为川西上古生界,该区具有发现大中型气田地质条件;战略拓展领域主要为川中古隆起外围震旦系—下古生界,沿裂陷槽东西两侧目前一直在持续推动勘探;战略准备领域主要为川中—川西地区雷口坡组,仍有许多基础工作需要开展;深化勘探领域主要为长兴组—飞仙关组的开江—梁平海槽周缘及城口—鄂西海槽台缘带,仍具有较大勘探潜力。

与常规油气资源相比,页岩气不仅储量丰富,而且清洁高效。在同等条件下,页岩气燃烧所产生的二氧化碳仅为石油的 67%、煤炭的 44%,主要用于居民燃气、发电、汽车燃料和化工生产等领域,应用范围广泛。

我国页岩气商业开发近 10 年,2000 米浅层地下页岩气开采模式成熟、增速良好。未来,四川盆地将建成川渝天然气中的大庆,成为我国最大的油气产区之一。

唐大麟: 您当年毕业后分配的是从事石油研究,为什么从江汉油田回京工作后,您要主动申请研究天然气这个当时的冷门专业呢?

戴金星: 1961 年我从南京大学地质系毕业后,被分配到当时的石油工业部北京石油科学院。但是我在大学并没有学过任何一门与石油有关的专业课,在业务上面临非常大的压力。当时又恰逢国家粮食困难时期，石油部门一直有着让新来大学生先去基层油田锻炼的传统，因此次年我被分配至江汉油田勘探处（今江汉油田）的生产一线。

我在湖北一待便是整整十年，直到1972年才回到北京。在江汉油田期间，为了能尽快弥补专业不足，我几乎把江汉油田小图书馆里油气专业书籍看了一遍。对这段勤学时光，我曾以《读赞》为题作了首打油诗："*书刊为粮，钢笔为筷，读好书，三天三；摘记似林，资料如山，好读书，永无闲。*"通过阅读分析，我洞悉了当时世界和中国存在石油与天然气生产、研究的不平衡：前者产量高、研究深入，后者产量低、研究薄弱。

当时我国石油勘探开发得很不错，但是几乎没有人重视天然气。经过在江汉油田十年的对比调查，我最终决定将天然气地质专业作为自己一生的主攻方向。无论是中国，还是世界其他国家，都是先重视石油勘探开发，石油产量高，研究人员多；天然气则滞后，产量低，研究人员少；只有选择天然气专业，与别人站上同一起跑线，才能实现超越。

在职业选择上，我曾在《我的地质梦 我的地质路》这篇文章中讲述了三个事业上的选择。第一个选择是从事地质工作，我一生在事业上可以说是地质梦和地质路。这个梦从小学五年级开始萌发，考大学时以第一志愿第一学校考上了南京大学地质系。第二个选择是从事天然气地质及其地球化学研究和勘探，这是我大学毕业后经过十年的对比调查才决定的专业目标和方向。第三个选择是我在"文化大革命"后，科学春天来临时，个人可以申请出国留学，但是我决定不出国，在国内继续从事天然气勘探和研究。正是这三次正确的选择，把我自己的命运、兴趣和国家利益紧密结合在一起的选择，实现了我的地质梦，走上了广阔的地质路。

■ 采访时间：2022年6月30日
■ 采访地点：北京市海淀区　中国石油勘探开发研究院主楼

守望胜利60年
——访中国工程院院士、石油矿业机械专家顾心怿

◎ 人物小传

顾心怿，石油矿业机械专家，教授级高级工程师。1937年1月出生于上海市，2024年1月2日在济南逝世。1953年毕业于上海中华职业学校石油机械专业，同年进入北京中央燃料工业部干部学校俄语专科班学习，1957年毕业于西北石油学校。长期工作在工程技术、研究设计第一线。发明了能进入到极浅海、潮间带去钻探石油的步行坐底式钻井平台，发明了适合开采深部油层和稠油的链条抽油机；发明了因可以蓄存能量而节能显著的蓄能石油修井机；研制出我国第一艘坐底式石油钻井船；创制出为胜利油田的发现井取出油砂岩心的大直径取心工具。曾获国家级奖励6项、何梁何利基金科学与技术进步奖、山东省科学技术最高奖、全国五一劳动奖章以及全国劳动模范等奖项及荣誉称号。

1995年当选中国工程院院士。

唐大麟：顾院士，您好。作为我国石油行业唯一一名矿山机械专业院士，您能讲讲发展石油矿山机械对于我国石油工业的意义和价值吗？

顾心怿：我认为在石油行业里，石油机械与地质勘探、油气开发这些专业同等重要。当然它的重要意义与价值不是我决定的，而是取决于历史发展的不同阶段，是需要着眼全局来判断的。比如石油工业的发展，在新中国成立初期就极其重要，因为那个时候我们的石油主要依赖进口，燃料短缺制约着国民经济发展，所以我们必须建立自己的石油工业。而石油工业要发展，就必然离不开石油机械。这就和人类劳动离不开工具，解放军打仗离不开枪一样，石油机械就好比是我们石油工人的武器。

唐大麟：目前我国的石油机械发展状况如何？在国际上处于怎样的位置？

顾心怿：1956 年我刚参加工作的时候，西方国家对我们进行封锁，那时候我们国家石油机械刚刚起步，几乎所有的东西都是从苏联进口，石油机械装备也是如此。现在经过这么多年的发展，我们的石油机械装备已经基本实现国产化，部分机械装备和国外同类产品相比，甚至还领先于国际水平。例如，当年我发明的链条式抽油机，经过几十年的发展，已经派生出一些新机型广泛使用。此外，我国也先后研制出各种系列的钻井机和修井机，能供沙漠、滩涂、海洋使用，其中液压蓄能修井机等一些新机型，标志着我国石油机械设计制造技术不仅有了长足进步，还有不少创新。当然，这和宏观环境的改善密不可分。过去，我们是一个刚解放的贫穷落后的国家，现在经过 70 多年的发展我们已经全面步入小康社会，我国也已经发展为一个制造业大国，国家制造业水平整体提高了，石油机械装备的水平也必然水涨船高。可以说，我们现在已经成为了一个石油机械装备的制造和使用大国，但还不能说是强国。在一些高端装备的研发和制造上，我们仍然存在薄弱环节，个别关键产品仍需进口，这也是我国石油矿山机械发展的短板，急需破解。

唐大麟：大直径取心工具、链条抽油机、"胜利1号"钻井船、"胜利2号"步行式钻井平台和液压蓄能石油修井机，这些当年创造性发明都饱含着您的智慧与汗水，它们为胜利油田乃至整个石油工业的增产做出了巨大贡献。这些创造，都是在什么样的环境和背景下完成的，其技术创新的意义是什么？

顾心怿：1961年，在胜利油田的发现井"华8井"井场，工人反映说，当时使用的取心工具所取岩心太细，取出的岩心在地底下被钻井液一冲就散了，疏松的油层岩心根本取不上来。于是，我和工人一起克服困难，设计制作了一款岩心直径大很多的取心工具，下到井里，一下子就把岩心取了出来。1965年，我在胜利油田采油指挥部的攻关队工作，那时看到游梁式抽油机效率较低，开始设想研制新型抽油机，经过多年研究，历经多次失败，看了很多科技书，做了很多设想、分析和计算，不停地研究、实验、改进，终于完成了链条抽油机的发明，极大地提高了采油效率，而且它的原理和主要结构沿用至今。

| 作者与顾心怿院士合影

1975年，渤海边发现了石油，为了实现浅海领域石油勘探开发，我带领大家设计建造了"胜利1号"钻井船，它是一艘能适应浅海作业的钻井船，是我国第一艘"坐底式"钻井船（平台），它的成功研发揭开了我们从陆地向渤海湾滩海地区找油的序幕。20世纪80年代初，随着海上石油勘探领域的不断扩大，海陆过渡区的极浅海和潮汐带成为石油勘探的空白地带，海滩上都是淤泥，任何石油钻井设备都开不进去。针对这一难题，我们又研发了会在海滩泥地上"走路"的胜利2号步行式钻井平台，它利用独有的"步行爬滩"技术，使海陆过渡带的石油勘探开发成为可能，让海陆连片勘探开发的理想成为现实。

针对油田修井机存在的能源利用不合理问题，我想出了一种把动力机空载时没有利用的能量储存起来，同时将下放管柱时释放出来的位能中的一部分能量储存起来并加以利用的方案，发明了液压蓄能石油修井机。这种机器可以节能50%以上。

所以说，我的每一次创造都不是凭空想象的，而是针对油田实际工作中出现的问题提出的具体解决方案。

唐大麟：每一次成功创造的背后都是无数次失败的实验，从您身上，我们看到了创新与坚持的宝贵！是什么样的力量支撑着您去做这些"前无古人"的尝试？研究过程中，对您而言最大的阻碍和困难是什么？

顾心怿：我13岁入团，18岁入党，那时候就下定决心要死心塌地一辈子为祖国贡献自己的力量。我们每个人如果把生命置于宇宙的历史长河中，那其实是微不足道的。我1950年初中毕业后，考上石油机械的中专，从此就开始接触石油行业，1956年起投身石油事业。人的一生其实干不了几件事，我只完成了几项发明，做成了5项科研成果。我今年已经85岁了，我总有一种紧迫感，感觉时间不够用，总想多做一些有益于油田生产实际的研发，这或许就是支撑我一路走下来的动力吧。

对我而言，最大的障碍应该是我知识结构上的局限性。我非科班出身，中专学石油机械，大专学俄语，之后很多的工程机械知识都是自学的。刚到井队时，遇到任何与机械维修相关的事情我都不推诿，哪怕是电影放映机坏了我也去修，虽然我没学过这些修理知识，但愿意钻研琢磨，把每一次维修的机会都当作是一次学习的机会，因此不仅积累了机械实际应用知识，而且在工人中取得了良好的口碑。"文化大革命"时，我靠边站了，但周围的同事对我都很好，因此我也抓住难得的机会时常去图书馆看书。后来，仅根据借书证上的记载统计，那些年我读了294本各类书籍，特别是数理、工程类图书，它们对我日后科技研发提供了巨大的支撑。搞"胜利1号"钻井船那几年是最难的，想让钻井船进海，但没有现成模板，一切设想都只存在于我的脑海中，各种知识都需要重新学，多亏那时有很多人帮我，否则这艘船是建不好的。后来钻井船造好了，赶上"渤海二号"事故，出海又费了一番周折，船检机构不给我们发出海检验合格证，于是我们从为国争光，提升民族自信心的角度出发，说服船检机构上船检验并颁发了出海证，"胜利1号"才终于得以出海开钻。

这一路走来，我觉得很多时候一个人的理想信念比技术本身更重要。我们也不要轻易否定自己，更不要强求，只要扎扎实实把事情干好，一步步攀登台阶，很多机会都是水到渠成的。

唐大麟：您是上海人，从繁华的大都市，到当年山东的"北大荒"，一待就是一辈子。如果让您重新选择，您还会选择石油，选择扎根东营吗？

顾心怿：这个问题我得从久远一点的历史开始回答，一个人在工作上能取得一点成绩，一定离不开他的成长环境与发展轨迹。我出生在上海的一个店员家庭，童年时目睹了帝国主义耀武扬威，亲历了旧中国的贫穷落后与社会不公。我一直觉得自己只是个普通的孩子，更非天才，有时候甚至觉得自己有点笨。因此我在发奋学习、追求知识报国的同时，还积极支持参加地下党组织的一些群众革命活动。初中三年级时我就加入了青年团（当时叫新民主主义青年团），是新中国成立后上海市的第一批团员。初中毕业后，因为家里穷，我去了黄炎培先生创办的上海中华职业学校读石油机械中专，因为当时这个专业由国家委托举办，所以不仅不收学费，每月还发十几元的生活费，但它要求学生毕业之后去大西北工作。我虽然生长在上海，但并不留恋大城市，反而更想去边疆建设新中国。当时能有这样的读书机会，我觉得幸运极了。1953年我从石油机械中专毕业后，就要求到大西北去，但却被推荐到中央燃料工业部干部学校进修俄语。1956年三年大专毕业，又一次要求去西北工作，这首先是我的愿望，其次西北也需要俄语翻译。当时有大量苏联专家在中国协助开发石油，但大部分在北京，那年只有两个到西北的翻译名额，被我争取到了，是到玉门油田。那是我第一次接触到石油工业的实际工作，也真正了解了什么是石油工人。能够亲自参与为国家创造财富的过程，我觉得真是太幸福了。当时我以为自己找到了这一辈子为之奋斗的岗位，没想到在玉门才干了3个月，我又接到调令，去河北与山东交界处的一个小镇——明化镇。那里是我们国家石油工业东进华北地区进行钻探的开始。当年第一批石油工人来到华北钻井找油，我的工作就是给苏联专家做翻译，帮助工人学习使用一部刚进口的新式钻机，解决钻井过程中出现的问题。可以说是在明化镇，在华北平原上搞石油，我才终于找到了一生为之奋斗的目标。

如果让我重新选择行业，我想我还是会义无反顾地选择国家需要的行业。我现在所获得的一切成绩与荣誉，都是油田和国家给我的，我个人并不伟大也不重要，重要的是历史的机遇与国家的需要。我在国家恰巧需要石油的时候，有幸投身于这个行业，并做了一点小小的发明创造，帮助国家更好地开采石油。如果当年不是国家出钱让我学石油机械，那我今天恐怕也只是个普通工人，但我有信心，听党的话、为国献身，即使当清洁工，也会扫出比别人干净的地来。

如果让我在繁华的上海和东营这片盐碱地上重新选择，我想我也会继续选择扎根东营这片土地上的。虽然在东营这几十年的生活中，也有过很多困难、失败和挫折，但我从不后悔，我几乎把全部时间都用在了工作上，对家人的陪伴和家庭的照顾非常少，这是我最大的遗憾。但一想到从当年来到这里时，眼前只有一片白花花的盐碱地，到参与建造东营的第一座房子的立桩定点，再到今天黄河三角洲一座欣欣向荣的城市，心中就只有满足和幸福。这座城市就像是我的孩子一样，我看着它出生长大，看着他繁荣昌盛，我也相信它明天会更好。

| 顾心怿院士在办公室（胜利油田供图）

唐大麟：能感觉出您对石油工业特别是胜利油田饱含深情，今年时值建党百年，又恰逢胜利油田开发建设 60 周年，也是您来到油田的第 60 年，您觉得这 60 年来油田最大的变化是什么？您认为胜利油田 60 年来的精神核心是什么？

顾心怿：胜利油田是我的根与魂，这 60 年来油田表面发生了翻天覆地的变化，从一无所有的盐碱地到繁华的城市，从还没有打出油到现在共发现油气田 81 个，探明石油地质储量 55.87 亿吨，累计生产原油 12.5 亿吨，占我国同期陆上原油产量的 1/5。这些看似巨大的变化背后，不变的其实是"我为祖国献石油"的使命与担当，更是"永远听党话跟党走"的热爱与忠诚。胜利油田的精神，我认为首先就是"大庆精神、铁人精神"，这是我们的根基，"三老四严""苦干实干""精细严谨"这些也早已融入我们的血脉，在不同的历史时期，胜利的精神都在不断丰富和延续。现在我们说"从创业走向创新，从胜利走向胜利"，或许能更好地体现胜利人勤劳勇敢、自强不息，敢于超越前人、超越权威、超越自我的精神风范。

唐大麟：您的最高学历虽然是俄语大专，但后来却成为了一名石油矿山机械领域的院士，您怎么看学历和专业与日后工作之间的关系？对于石油行业广大非主体专业和主体专业员工，有什么建议或忠告？

顾心怿：我还是很羡慕主体专业有辉煌学历的同志，学历很重要，像我这样只有石油机械中专学历的人，就得花比别人更多的时间精力去学习。如果大家能学习并从事自己爱好的专业，那是非常幸福的事，因为兴趣能在学习和工作中发挥很大的创造力。当然如果组织分配的工作不是我们喜欢的，可以提出自己的意见，可以在有机会时重回自己热爱的专业，但我们也要尊重当前的岗位，并尽可能地挖掘工作中的乐趣。学历低的人，如果热爱自己的专业，努力学习、不断积累、不断实践，也可能在岗位上做出不俗的贡献。对于本专业高学历的同志而言，这意味着起步时初始的知识储备水平高，非常有利，但工作和学习不是一时的，而是一世的。如果有了好的起步，而不牢记使命，不去继续学习，不去提高水平更好地工作，那么假以时日，也可能落后，也可能最后是无所作为。此外，如果对一个人做一个投入产出分析的话，学历越高的人，国家、社会和本人的投入就越多。所以，学历越高的人越应该对社会有更多的产出，这样我们的事业才能发展得更好。

唐大麟：您认为作为一名从事石油矿山机械科研的工作者，最重要的能力是什么？您对广大科技工作者们有什么期待？

顾心怿： 从事矿山机械科技的同志和其他任何专业的同志一样，首先要解决好人生观的问题，即"红"的问题，不忘为人民服务的初心，不忘为中华崛起的使命，才能始终如一、坚韧不拔地做好科研工作。什么困难、失败、挫折，以及外界的各种诱惑，坐冷板凳、不被人理解……就都不在话下。在专业技术方面，思路要开阔，要敢想敢做。学习知识要广一些、深一些。要把各种知识联系起来考虑问题、解决问题。一些有关的基本概念要十分清晰，一些有关的基础知识和基本法则和原理要反复地学，学透并且活学活用，不仅要懂机械等相关知识，还要懂石油钻采等相关知识。

因此我希望大家首先能在科研的道路上有一个正确的方向，我们要将自己置身于历史长河之中，摆正自己的位置。其次不要放弃学习，学习是一辈子的事，特别是作为科技工作者，更要努力学习不同领域的知识。此外，我们搞科研一定要敢想、敢干、敢说、敢冒险，但这种冒险一定是要有科学研究基础的冒险，不要计较个人名利得失，多付出，多贡献。

唐大麟： 在石油行业努力实现高质量发展的今天，您对当前石油行业矿山机械的发展有什么建议吗？

顾心怿： 石油矿山机械是石油工业发展中不可或缺的一部分，它的发展一定要结合国家的整体发展步伐。现在石油装备业面临难得的发展机遇，我觉得今后的发展方向，首先就是向高端发展，攻克一些卡脖子技术，过去做不到，现在不仅要做到，还要做得更好。另外，现在国家提碳达峰和碳中和，石油行业作为生产能源的行业，同时也是高耗能行业，绿色低碳节能环保是石油装备未来一个很重要的发展方向。比如钻机能耗大，我们就要想办法研制更多节能钻机，要回收白白浪费的大量能量，或者和新能源结合，努力降低化石能源在石油机械装备使用中的消耗。

唐大麟： 您对石油行业的广大员工有什么寄语？

顾心怿：新时期，石油工业依然非常重要，将来即使化石能源使用减少，但石油、天然气和化工业仍将在国民经济发展中占据重要地位。因此作为一名石油人，我们是非常光荣的。希望大家热爱我们的行业，热爱我们的本职工作，听党话，跟党走，无论岗位如何，扑下身子把工作干好。在有限的生命光阴内，尽可能多地做一些对国家、对行业、对企业有益的事情。

■ 采访时间：2021 年 9 月 27 日
■ 采访地点：山东省东营市　胜利宾馆

为化学化工全产业链绿色化而努力
——访中国科学院院士、石油化工专家何鸣元

◎ 人物小传

何鸣元，石油化工专家，教授，博士生导师。1940年2月出生于上海市，籍贯江苏省苏州市。1961年在华东纺织工学院应用化学专业毕业后进入石油化工科学研究院工作，历任基础研究部主任、副总工程师、总工程师等职，并担任过第15届国际沸石分子筛大会副主席，第16届世界石油大会分会主席，国际学术刊物 Applied Catalysis A:General 编委，绿色化学课题国家重大基础研究项目首席科学家，国际催化理事会理事，国际沸石分子筛协会副主席，中国科学院学部主席团成员等兼职。长期从事催化材料与炼油化工催化剂研究，发明了一系列沸石合成与改性的新方法并开发出多种炼油催化剂。曾获国家发明奖二等奖与三等奖各1项，中国石化总公司发明奖一等奖与科技进步奖一等奖若干项，以及何梁何利基金科学与技术进步奖、中国催化成就奖、法国棕榈叶骑士勋章、中国分子筛协会终身成就奖等奖项及荣誉称号，其中ZRP系列分子筛被国家科委评为我国十大科技成就之一；在国内外著名刊物发表研究论文200多篇；申请国内外专利200多项，其中150多项已授权。

1995年当选中国科学院院士。

唐大麟： 何院士，您好。作为一名化学领域的科学家，您如何评价化学对于人类社会的影响？

何鸣元： 这是一个比较大的问题，化学是一门历史悠久而又富有活力的学科，与人类生存、生产和生活息息相关，每一项新技术的突破都可能改变人类未来。合成化肥的发现，让人类进入现代农业时代，摆脱靠天吃饭的困境；合成药物的出现，让人类摆脱了病毒纠缠，变得更健康、更长寿；从石油中提炼的燃油，驱动着汽车和飞机，给人类装上飞翔的翅膀……人类的衣、食、住、用、行，无不依赖于化学元素及其所组成的万千化合物和无数制剂、材料。化学之所以被称为"中心科学"，是因为它是众多学科的源头和基础。

现代化学的创立和缔造，靠着几代人的筚路蓝缕和前仆后继。我国化学工业走过了夹缝中求生存、逆境中谋发展的艰难岁月，造就了范旭东、吴蕴初、侯德榜、侯祥麟、闵恩泽等为代表的化工实业家和科学家，他们为我国化工学科发展、化工技术创新、化工事业腾飞做出了突出贡献。

| 何鸣元院士在中国石化石油化工科学研究院的办公室

唐大麟：您刚刚讲的主要是化学对于人类社会发展的正面影响，但它的负面影响也是很大的，这一点，最早在20世纪60年代出版的书籍《寂静的春天》中已有所描述，这是不是您提倡"绿色化学"的一个起因呢？

何鸣元："绿色化学"是美国化学会（ACS）提出的概念，得到了全球的响应。从后来美国环保局对绿色化学的定义上看，绿色化学的基础是化学，而其应用和实施则更像是化工。如你所言，当今社会，一个没有化学的世界是无法想象的，但是，我们又不得不面对化学化工在促进人类进步的同时，也在客观上造成环境污染的现实。一些著名的环境事件多数与化学有关，诸如臭氧层空洞、白色污染和酸雨等。作为一个具有丰富想象力和感染力的词语，"寂静的春天"不仅揭示了人类不当行为所带来的环境恶化现象，更唤醒了人们重新审视人与自然之间的关系，使得人与自然和谐共生的发展理念深入人心。所以有人说，20世纪人类最重要的觉醒之一，就是对环境问题的重新审视和思考。

20世纪八九十年代，美国成立了专门从事"绿色化学"工作的政府机构，它就是所谓的美国环保局，由一个名叫保罗·阿纳斯塔斯的耶鲁大学教授负责该机构运作。阿纳斯塔斯认为，绿色化学不仅是一门学科或产业，更是一种新的思维方式，是关于日常生活的产品和生产过程的重新设计。其核心是利用化学原理，从源头上减少和消除工业生产对环境的污染。阿纳斯塔斯被称为是"绿色化学之父"，2021年荣获沃尔沃环境奖。这项奖被誉为环境与可持续发展领域的"诺贝尔奖"，是世界上最具影响力的科学环境奖之一。现在很多人都说这个"绿色化学"概念是阿纳斯塔斯提出来的，实际上也不是他提出来的，但他是在负责这方面工作，发表了很多文章，作了很多演讲，努力让绿色化学概念更加深入人心，所以我觉得绿色化学这个概念可以说是从他那时候开始的。他提出的"绿色化学十二条原则"是一个被工业界和学术界广泛使用的框架。同时，他还推动了在30多个国家及地区运营的绿色化学网络的发展，促成了许多绿色行动，例如创造新的生物塑料。

我国绿色化学的开拓者是闵恩泽院士，被誉为"中国催化剂之父"。1995年，他在中国科学院化学部提议要对绿色化学化工做一个调研，当年中国科学院化学部就正式立项，确定了"绿色化学与技术"的院士咨询课题，1996年召开了"工业生产中绿色化学与技术"研讨会，并出版了《绿色化学与技术研讨会学术报告汇编》。这之后，我们又一起努力争取在国家科技部设立了一个有关绿色化学的重大基础研究专项。所以，针对新兴化学分支——绿色化学而言，闵院士是倡导者和先行者。

绿色化学是一门研究运用现代科学技术原理和方法来减少或消除化学产品设计、生产和应用过程中有害物质的使用与产生，使所研究开发的化学产品和过程对环境更加友好的学科。也就是说，要使用无毒无害和可再生的绿色原料、绿色溶剂、绿色催化剂和助剂、原料利用率高的合成路线、绿色工艺与技术，来合成对环境友好的产品，完成整个化学化工生产链绿色化转型。当初我们做绿色化学，主要是因为绿色化学的核心是转化，反应物的原子全部转化为期望的最终产物，它符合原子经济原则。溶剂和试剂也需要符合绿色化学，比如室温离子液体具有稳定性强、不易挥发、溶解效果好等优点，成为公认的绿色溶剂。它作为溶剂有很广泛的应用前景，离子液体现在已经工业生产了。

唐大麟： 您从21世纪初就开始担任上海市绿色化学与化工过程绿色化重点实验室主任了，一直坚持到现在，为什么会花这么大精力致力于绿色化学？

何鸣元： 我是从石化部门到大学的，原来在中国石化石油化工科学研究院（简称"石科院"）担任总工程师，后来离开一线，2001年到上海建立了一个离子液体化学研究中心，2004年该中心发展为上海市绿色化学与化工过程绿色化重点实验室。我在石科院当总工程师期间，也担任了科技部绿色化学化工"973计划"的首席科学家。从那时候开始，绿色化学化工就成为我重点关注的领域。重点实验室创建之初条件非常艰苦，面积也非常小，后来改造了旧化学馆，并在化学馆底楼，购置了催化剂评价装置、扫描电镜、核磁共振仪等设备。

绿色可持续化学已被证明在解决世界能源的三元制约困境（可持续发展—能源—环境）中发挥着创造性作用。如果我们用"碳能源"取代"能源"，用"二氧化碳"取代"环境"，那么就产生了一个新的概念——"绿色碳科学"，它将更精准地关注"可持续发展—碳能源—二氧化碳"这个三元制约难题。可持续发展是人类社会面临的一个巨大挑战。提高碳资源利用和碳循环的效率，能帮助我们应对这一挑战。高效转化和利用化石能源、生物质和二氧化碳，同时尽量减少能耗和二氧化碳排放，都是至关重要的。

| 何鸣元院士在中国石化石油化工科学研究院闵恩泽院士纪念室内向作者讲述闵院士往事

近年来，我国政府和科研机构高度重视发展绿色催化，重点建设了一批具有国际影响力的高端专业化智库，为全行业转型升级提供全面系统的指导与服务。目前，我国在化学反应、原料、催化剂、溶剂和产品等方面的研究已取得了一些重点突破，有的产品已开始推广应用。2016年由华东师范大学、北京大学深圳研究生院、中科院大连化物所及兰州分离科学研究所等科研院所，在

国内创建了绿色催化专家智库，目前共由 48 位院士以及多位高层次特聘教授汇聚智库，组成了国内绿色催化领域强大的科学家团队。

团队围绕"创新、开放、绿色、协调、共享"的新发展理念，找准了科研与服务的位置，并将智库的定位、理念、目标、宗旨完全融入了五大发展理念，重点开展绿色催化、清洁能源、新材料、煤化工、环境保护、稀土利用、盐湖化工等领域的研究。绿色化学是发展的方向，它是走向生态文明新时代、建设美丽中国的新路径，更是实现中华民族伟大复兴中国梦的重要内容。

唐大麟：绿色化学的核心是什么？它将如何影响材料科学？

何鸣元：绿色化学是化学发展的必然趋势，也是化学发展的更高层次。在我看来，绿色化学的核心在于反应转化，化学反应就是转化，转化过程应该符合原子经济。所谓原子经济，就是让反应原料里的所有原子都进入到反应分子里去，没有浪费也尽量没有副产品，那么这个过程溶剂是绿色的，催化剂也是绿色的，按照这样的定义，整个反应转化过程对环境就没有负面影响，以最经济的方式来实现最高层次的转化。所以绿色化学的核心还是在于转化的反应过程，其核心是利用化学原理，从源头和过程中减少和消除工业生产对环境的污染。

简而言之，当前实现化工产业绿色化主要有两条路线：一是采用原子经济性反应，把原料中的每一个原子都变成产品，不产生副产品或废弃物。但是，在许多化工生产过程中，副产品是不可避免的，而这些副产品可能成为污染源头。二是把一个生产过程的副产品和废料变成另一个生产过程的原料，从依赖资源的单行道到实现资源初级利用的多链条，做到企业内循环，将原料吃干榨净。总体的目标是要做到更绿色，更经济。

化学和材料科学密不可分。绿色化学的重要内容之一，就是采用绿色原料和技术，生产环境友好的高性能材料。实际上，材料产业的多个环节都可能造成环境污染。因此，材料本身和材料生产过程都需要绿色化。2017 年 3 月，我和苏宝连、谢在库两位教授在北京共同主持了第 590 次香山科学会议。在这次会议上，等级孔材料被定义为一类具有特殊多孔结构的材料，其多孔结构是由不同尺度上相互连通的孔组成，包括微孔、介孔和大孔。等级孔材料已成为材料研究的热点领域，近年来引起了业界广泛关注。以生物质转化过程为例，它涉及大分子、中间物分子、小分子等，利用等级孔材料能够加速物质的扩散，并使它们更容易接近催化活性位点，从而帮助促进生物质的转化。通过在不同尺度上对材料的孔和结构进行等级构建，就可能制备出绿色碳科学所需各种功能的材料。

唐大麟：作为国内最早提出"绿色碳科学"概念的学者之一，您觉得我国在"双碳"背景下该如何构建这种新的运营体系？

何鸣元：碳创造了人类文明，是构成地球上生物的重要元素，碳资源在人类文明发展中起到了不可替代的作用。从资源角度来看，二氧化碳也可以作为资源利用。我们认为，碳中和就是要维持碳的中性平衡。所谓"中性"，就是把碳排放视为负，把二氧化碳的循环利用视为正，两者之间保持平衡和循环是实现碳中和的关键因素。

绿色可持续化学已被证明在解决世界能源的三元制约难题中发挥了创造性的作用。如果我们用"碳能源"取代"能源"，用"二氧化碳"取代"环境"，那么就产生了一个新的概念——"绿色碳科学"，它将更精准地关注"可持续发展—碳能源—二氧化碳"这个三元制约难题。绿色碳科学，即含碳物质能源利用时从碳资源加工、碳能源利用、碳固定，到碳循环全过程所涉及的碳化学键演变规律及其基于原子经济性的优化，就是以平衡、循环为出发点的一种科学理念。

绿色碳科学概念形成很自然，我从离开石科院到建立实验室一直都是从事绿色化学化工研究。2000 年以后，环境问题越来越凸显。虽然那时候还没有提出"双碳"目标，但是"碳"已成为众矢之的。我们需要清楚的是，碳是构成地球上生物的重要元素，适当存在的二氧化碳和温室效应对地球上的生命是必要的。碳、氢、氧是构成碳能源的三大化学元素，碳能利用和碳平衡的实现则是基于氧化还原的化学原理，由此可见化学的重要性。

绿色碳科学氧化还原包括化石能源通过加工得到燃料和化学品，生物质的转化利用，化学循环，将化石燃料使用过程中产生的二氧化碳通过还原合成甲醇等物质，以及化学/生态循环，通过光合作用和人工光合作用促进二氧化碳的再循环。要实现二氧化碳循环再利用，不仅要发展氢能源，而且必须依靠碳之外的能量来实现这样的过程，包括太阳能、风能、电能等，同时也包含了化学、光生物、太阳能生物反应等多种转化途径。其中，太阳能十分重要。

唐大麟：像您刚才说到的碳利用转化，目前有没有实践应用呢？

何鸣元：目前已有很多实例。从炼油厂看，我们炼油化工从蒸汽裂解到产生二氧化碳、催化裂化、催化重整、焦化，所有的热加工热反应转化，这个过程不可避免有一部分碳变成二氧化碳。如果看催化裂化装置，反应再生循环，反应以后的催化剂再生器，再生器底部通入空气，氧化燃烧把催化剂表面所生的碳烧掉，烧掉以后变成二氧化碳排放，再生器大量往外排二氧化碳，这部分二氧化碳到目前为止还是每天在那里排放，企业有责任解决这个问题。我们在最近几年也已经看到了这方面成功的例子，如正在做中试的二氧化碳加氢，中试的规模已达到 10000 吨。在工业上真正实现应用的例子是 2019 年张锁江院士和他的团队通过其自主研发的新能源项目——固载离子液体催化二氧化碳制备碳酸二甲酯/乙二醇绿色工艺，实现了工业化应用，二氧化碳转化率高达99.9%，其工艺目前处于国际领先水平。项目达产后，我和韩布兴、费维扬等院士牵头组成的成果鉴定委员会，在对固载离子液体催化二氧化碳制备碳酸二甲酯/乙二醇绿色工艺运行进行考察、质询与评审后认为，该项目工艺成果是绿色工程与绿色化学应用的成功范例，为二氧化碳资源化利用、现有乙二醇工艺节能及环氧乙烷产业链开辟了新路径，经济和社会效益显著，具有广阔的应用前景。

我国要实现"碳中和"，首先要明晰碳排放主要来自哪里？我国目前的情况是能源占比45%，工业39%，交通10%，建材5%，其他相对来说较少。目前能源生产和工业生产过程中的碳排放量约占我国碳排放总量的85%，工业碳减排是重中之重，需从产能端、用能端和碳汇端"三端"发力，通过技术变革实现"碳中和"。

| 何鸣元院士与作者在华东师范大学办公室合影

"碳中和"是一个大系统，包括产能端、用能端和碳汇端。从这个系统可以看到，未来能源系统中化石能源的使用要逐步减少，特别是汽柴油的使用，未来石油主要用来做化学品。新能源发电要和煤炭燃烧发电配合起来，构成多能互补的能源系统。在新能源系统中，最重要的是新能源的储存，包括储氢和储电等技术。在工业用能端，钢铁、有色、化工、建材这几个行业是相互衔接的，各个过程耦合起来，钢铁、有色金属等使用后可回收处理，然后作为原料再次使用，废弃塑料等也可再循环利用起来，还需结合CCUS技术，才有可能实现碳中和，所以要"三端"发力。

唐大麟：怎样理解您最近讲的工程热化学是"实现'碳中和'目标的重要科学技术基础"？

何鸣元：我们之所以对绿色化学绿色碳科学感兴趣，是因为面临的许多问题需要解决，我们思想上有困惑。而在绿色化学许多需要重新考虑和解决的重要问题中就有工程热化学的问题。作为一个前沿领域，工程热化学与绿色化学的交叉研究，既可以拓宽工程热化学的研究范畴，也可以解决绿色化学中的关键痛点。

能源化工过程大都需要大量的热量和大量的能量，能量和热量的投入怎样更合理有效，这就是我们要思考的一个根本问题，大量使用能量的过程需要更经济有效，能量的使用能在更合理的范围之内，而且这个能量使用不管是高品位的热能还是低品位的热能，都应该得到最有效地利用，这是第一个问题；第二问题是，我们觉得大量的碳能源碳物质的使用，因为碳不光是能源也是原料，可以说几乎所有的物质或材料里都有碳元素，这些所有的物质生产、使用、消耗，最后都需要解决其使用到终端的问题。终端问题主要包括两个方面，一方面是化学，化学最终产品是二氧化碳和水，水还好解决，二氧化碳比较难，工业上可以解决一部分二氧化碳再利用，但是真正要解决二氧化碳恢复利用的话，急需一个经济可行的办法，所以终端产品也要把它恢复使用，比如说要从水里面得到氢，从二氧化碳里面得到碳，让它恢复到起点，要实现这个循环，就要有一个大规模的经济有效的热化学转化过程。另一方面，我们大量的物质消耗，使用到最后的终端产品，除了城市固废等，也包括生物质，它的大规模大处理量的转化利用，具有工业规模而且经济有效，缺少工程热化学这样一个过程是不可能的。

工程热化学是实现循环经济的必由之路，从塑料废弃物到城市固废的处理和利用，工程热化学将不仅显示其规模性和经济性，也正在提高其有效性。碳中和目标从化学本质看，就是碳和氢的平衡和循环。碳和氢在能源利用后的终端产物是二氧化碳和水，断链重构为化学品或能源产品，能源产品的利用再生成二氧化碳和水，如此循环往复，以至无穷。其间，工程热化学有其独特的地位。

经典意义的热化学转化有三类过程，即焚烧、气化和热解。它的重要特点一是规模化、二是经济性。其自由基链式反应特征使气液固三相均可参与反应。脱碳是一种已有的热加工过程，但应该赋以新的意义并实施新的应用，从减排的角度将要求资源加工链前端引入脱碳的步骤。化学键的断裂和重构正期待并探索更为有效的途径。碳能源包括天然气、石油、生物质和煤，还可以计入二氧化碳，其有效利用在于碳和氢的平衡，其中必然包括一系列的分子断键与重构。无论从大分子裂解生成较小的分子，或者从小分子构成较大的分子，热化学转化在很多过程中都可以发挥不可替代的作用。

唐大麟：目前我们工程热化学的推广应用到了怎样程度？今后将往哪个方向发展？

何鸣元：我觉得当前可能走得比较快的是生物质，生物质热转化可以分成三个步骤层次，首先焚烧是完全氧化，其次气化是部分氧化，最后是热解。工程热化学最早应用的是生物质，生物质从焚烧开始完全变成二氧化碳，人类文明就是从这开始了。第二是气化，这包括煤气化和生物质气化等，华东理工大学等已经做了大量研究，我们把含碳的生物质和一氧化碳进一步合成燃料化学品。生物质同时也有很多人做热解，煤的热解做的就不如生物质来得容易，生物质热解可以快速、中速也可以慢速的，三种不同速度得到不同的产品，产品再进一步转化利用。这个概念在生物质的利用里面已经起了一定作用，生物质通过热解出来的产品是生物质油，迄今为止没有形成市场规模。虽然有很多研究所在做这个研究，也有一些企业在做热解，热解油产品还是非常少量。

相比于由光、电诱发的化学反应，热诱发和热驱动的化学反应统称为热化学反应，大多以高温过程为标志，广泛应用于能源、化工、冶金、材料、国防等工业领域。只不过，在不同领域中，热化学反应有不同的类别：热分解、热裂解、气化、燃烧、热氧化、热还原……反应属性不同，却具有共性。煤炭、石油、天然气等碳基能源资源，其高效燃烧和利用的化学本质，在于碳和氢的平衡和循环。从分子角度来说，就是一系列分子断键与重构，无论是大分子裂解生成小分子，还是小分子构建大分子，都涉及热化学转化。因此，工程热化学在实现循环经济和"双碳"目标中具有重要的甚至不可替代的作用。

唐大麟： 您现在研究和关注哪几个领域？

何鸣元： 第一，我关注的化学基本问题就是物质转化，物质转化对于碳科学来讲就是含碳物质的转化，所以对于转化过程发生什么？怎样才能使转化过程更有效？到底是经过哪些中间体来实现更有效转化？这是我目前关注的重点之一。第二，我关注氢的问题，氢从哪里来？可以是从电解水中得到氢，我更关注有没有可能把水直接拿过来在反应里发挥氢的作用，水作为氢源来进行反应，我们不希望一定要让水分解，分解成氢运输还有很多困难，所以水直接作为氢源是我的一个关注点。第三，是氧化还原，怎样发展新的氧化还原材料，因为碳中和的问题实质上就是氧化还原的问题，对于氧化还原的进一步研究，怎样从电子的传递来更有效地实现氧化还原？尤其对新材料的发展，对纳米材料、碳纳米管等新材料的发展，对于新材料可以带来什么新的更好的变化？这几个问题，我始终非常关注，当然包括工程热化学中的问题。

- 采访时间：2023年7月6日 / 2023年8月9日
- 采访地点：上海市普陀区　华东师范大学化学馆
　　　　　　北京市海淀区　中国石化石油化工科学研究院

未来油气产业技术交叉与融合愈加明显

——访中国工程院院士、油田应用化学工程与石油工程专家罗平亚

◎ 人物小传

罗平亚，油田应用化学工程与石油工程专家，教授。1940年6月出生于四川内江。曾任西南石油大学校长、油气藏地质及开发工程国家重点实验室主任、国务院应急办公室专家，国家能源委员会专家咨询委员会委员、国家科技重大专项监督评估专家，四川省决策咨询委员会专家等职。我国油田化学学科创建人之一，50多年来一直从事石油工程和油田化学方面的教学与研究工作。其研究内容一直处于本学科前沿，先后主持和完成了40余项部省级以上的科研项目。在高温深井和复杂井钻井液技术、保护油层和环境保护的油井工作液技术、各类油井工作液化学处理剂研发、油田应用化学工程理论和应用技术等方面取得了一批重要成果。成果创造性强，应用广泛，经济效益、社会效益显著，对我国油田化学理论和技术发展起到了推动作用。曾获省部级及以上奖励30余项（次）；出版专著、教材6部，发表论文100多篇；培养博士100余人。

1995年当选中国工程院院士。

唐大麟：罗院士，您好。作为我国著名的油田化学与石油工程专家，您是怎么走上这条道路的，能否分享一下您科研生涯的起步经历？

罗平亚：我 1940 年出生，1957 年高中毕业时没考上大学，1958 年再次参加高考时报考的是北京石油学院钻井专业，但后来被四川石油学院（现西南石油大学）钻井专业录取了。那一年，位于南充东观、广安武圣和遂宁大英的 3 口探井喷出高产油流。时任石油工业部部长的余秋里，亲自坐镇南充，打响了川中石油会战。为了加快开发四川石油天然气资源，并为西南地区培养石油人才，国家那一年在南充成立了新的石油院校，我也就成了我们学校建校以来的第一批学生，这一入校就是一辈子。当时由于学校师资缺乏，为培养老师，学校从在校生中挑选优秀学生进行培养，留校从事教学工作。我有幸被选入教师培训班，由主修钻井工程转而学习化学，并于 1961 年开始担任助教，1963 年毕业后正式在化学教研室任教，所以实际上我当老师已经整整 60 年了。

1966 年，"文化大革命"开始后，很多行业都处于停滞状态，但石油行业没有停。有一次，毛主席在会见时任阿尔及利亚革命委员会主席兼总理布迈丁的时候，聊到了深井钻井。当时，全世界只有美国和苏联有超过 5000 米、7000 米的井。所以，毛主席就提出：我们也要打 7000 米的井。因此"打成一口 7000 深井"就作为最高指示传达下来。1972 年，我国第一口超深井"女基井"准备在四川开钻，这口井利用现代钻井机具计划钻 7000 米深度，作为当时我国第一口超深井，其面临的一个重要技术难题是必须完全由自己解决钻井液问题。

为了攻克超深井高温钻井液这一难题，承担超深井钻井任务的四川石油管理局成立了"三结合"钻井液技术攻关组，要求我们学校派一名教师到钻井现场协同攻关。那是 1972 年，学校把这个任务交给了化学教研室，在征求大家意见以后决定轮流派驻。当时是一位杨老师先去的，到了 1973 年他该回来时学校的教学科研已经瘫痪，我就提出申请接替杨老师，后来我被分配到了遂宁的川中矿区攻关大队钻井液室。其实那会儿除了书本上学到的有限知识以外，我一点钻井液方面的知识都没有，完全从零开始。于是，我白天和工人一起在现场工作，晚上翻译国外文献资料，制定实验方案，参与每一个实验。一年期轮岗结束时，学校没有人愿意来替换。我那会儿年轻，和井场同事一起吃住，关系处得都很好，正好实验有了一些眉目，于是我就索性把户口也迁了过去，一直干到了1978年。这期间，"女基井"于1976年完钻，井深达6011米，参与的工作人员受到了中央领导的高度评价并开了隆重的庆功大会。我们也探索出了打超深井最关键技术的新途径，研制出了抗180~220摄氏度高温的新型钻井液处理剂。随后在四川梓潼，我们又打了7000米。我继续承担钻井液技术的攻关工作，并相继完成了磺甲基酚醛树脂Ⅰ型和Ⅱ型的室内研制和中试工业化生产。1978年，全国科学大会召开，深井钻井液作为超深井钻井工程的一部分获了奖，那一年我也结束了在钻井现场的工作回到了学校。

在打深井之前，钻井液技术主要是以经验为主的实用技术。我们所使用的都是国外工艺技术和我们自己经验的结合，缺乏相关理论，也没有自己的研究思路和技术路线。但打完深井之后，我国钻井液技术开始了更专业的科学化发展。因此在回到学校之后，我也开始思考关于钻井液的一些理论问题，在深入研究深井高温钻井液作用机理成果的基础上，我提出了"利用高温改善钻井液性能"这个新的科学观点。沿着这一思路，经过几年探索，到1985年时，提出了"井越深温度越高，作用时间越长，性能越好，工艺越简单，成本越低"的利用井下高温改善钻井液性能做新型超深井高温钻井液体系，这个思路完全不同于国外钻井液系列的基本理论、概念和实验方法，在世界上处于先进水平，为解决我国深井钻井的成功提供了必要的技术保障，并沿用至今。并与以后研究建立的聚合物钻井液技术相结合，逐渐优化、集成形成了我国普遍使用的聚磺钻井液体系及其系列配套技术，建立起我国自己的水基钻井液理论与技术体系，统领了我国钻井液技术的发展。

我也就是这个时候开始进入这个行业并逐步成长的，应该说是偶然中带有必然。时代的际遇、国家的需求和我学习过钻井和化学两个专业的背景，加上我校艰苦奋斗、勇于创业的精神传承，和我自己不懈的努力多因素紧密结合起来成就了我的事业。

唐大麟： 我知道您手上这块疤是20世纪70年代在井队做实验时烧的，其实那时候您完全可以留在学校过轻松的生活，当时是怎样一种精神支撑您要去现场做实验，并且一去就是5年？

罗平亚： 我从小受到的教育就是为国家、为社会多作奉献，不管我做的事情贡献大小，或者多少，只要能做事，我就想尽量多做点有意义的事。"文化大革命"期间，学校所有的教学与研究工作都停止了，当时有人劝我何必要离开学校去钻井队自找苦吃呢？我当时就觉得科学源于实践，我们搞教学和科研的人更是不能离开实践，否则将一事无成。既然我不想浪费时光而是想做点事，那就应该把握住去生产科研一线工作的机会。至于这些伤疤那都是偶然，我总共受过3次伤，一次是在泸州开钻井液搅拌机时触电烧伤，还有一次是在重庆被高温苯酚液体烫伤，这里有的是设备问题，有的是自己没弄好发生了事故，但我觉得这些伤都不算什么。我现在的身体还能做事，国家也允许我、支持我做事，那我就想尽可能多地做一点有用的事，而不必考虑其他。

唐大麟： 我们知道除了您刚才所介绍的以钻井液为代表的油田化学领域工作，您在储层保护与油气井堵漏方面也做出了不少贡献，请介绍一下您在这方面的探索。

罗平亚： 储层保护是近30年来随着油气勘探开发形成的新兴技术领域，是面对全球油价大幅度波动、油气勘探开发地质对象越来越复杂等严峻挑战的特殊形势下产生并发展起来的，因而具有强大的生命力。它贯穿了钻井、完井、采油、采气、增产改造、EOR等全过程，即从钻开油气层开始直至采出"最后一滴油气"结束，而且都以同一个油气藏为对象。我们国内从"七五"时期开始搞储层保护，时任石油工业部部长王涛同志非常重视这个问题，根据他的指示，我们学校在石油工业部科技司、钻井司等有关部门领导下，由联合国开发计划署（UNDP）资助，在1988年成立了代表石油工业部的"油井完井技术中心"，专门承担"七五"国家科技攻关计划项目"保护油层防止污染的钻井完井技术"。当时，这个中心主任由西南石油学院的张绍槐院长兼任，我担任副主任。之后经过了几年攻关研究，取得一系列成果，开辟了我国油气层保护技术的新领域，在保护油层钻井液、完井液技术方面，我们提出"保护油层的屏蔽式暂堵技术"观点，并组织研发出了系列配套技术，它较好地解决了正压差条件下用钻井液打开油层时的油层保护问题。在此基础上王涛部长要求在全国石油行业中树立油层保护的意识和观念，并通过推广油层保护技术来达到这一目标。要求由我们学校牵头，油井完井技术中心具体承担组织培训全国的石油技术干部油层保护这件事。那是1994年，当时石油工业部已改组为中国石油天然气总公司，培训首先从总公司机关开始，我们国家的油层保护体系也是从那时候建立起来的。直到现在，西南石油大学油井技术完井中心，在全国油层保护领域仍是大家公认的权威机构，我们当时发明的这套屏蔽式暂堵技术，目前也还在全国范围内普遍应用。

唐大麟：您在西南石油学院（大学）担任院（校）长达15年之久，这期间也是该校各方面建设取得突破发展的时期，作为领导，您如何平衡管理与科研之间的关系？

罗平亚：我1990年开始担任西南石油学院院长，行政工作和科研工作是完全不同的两种思维体系，所以一开始我花了好几年的时间，去学习如何管理。我们学校有一个优点，就是师生的凝聚力很强，所以那些年我就想，只要努力把大家的凝聚力保持下来就行，但具体做起来还是花了不少心思的。因此担任院（校）长这15年里，我在科研上的精力投入少了很多，1995年我当选院士时的成果也都是以前的。担任行政职务以后虽然在科研上不再产出一个个具体成果，但还是会有一些想法。20世纪80年代，我校开设了我国第一个油田化学专业，它是化学、化工学科与地质、岩矿、黏土矿物学、流体力学、渗流力学、岩石力学等学科在钻井、采油、油藏、储运各学科上的交叉而产生的一个新兴综合应用型学科。这个学科各方向都存在不少之前没有很好解决的重大技术难题，如何解决这些难题从那时起就成为我一直思考的问题。钻井液是其中一个重要方向：因为从20世纪90年代开始我国油气勘探开发已经面向深部，而深井复杂地层安全高效钻井则存在若干难题。

作者与罗平亚院士在罗院士办公室（2021年12月）

例如川东北地区地层条件异常复杂，所打的井多数都是超深井，纵向上存在多套压力系统，因此在钻井过程中常常出现喷、漏同存的"上吐下泻"问题。针对这种国内外都没很好解决的井下复杂情况，我总想研发出一种化解难题的产品或技术，但找不到门路。到了20世纪90年代中期世界上产生了一门新学科——超分子化学，它更多地应用于生物工程中。我就在想，是否可以将超分子化学引入我们的油田化学和钻井液中，按照这个想法以超分子化学理论方法结合油田化学各方向和钻井与钻井液技术的特点形成了自己的思路，凝炼出其中的关键问题，综合多学科对这些基础科学问题进行攻关研究，取得新的理论认识，结合这些技术难题的作用机理，得到解决这些难题的方法、原理、材料、工具、技术等，较为成功地将其引入到油田化学工程中，为有效解决这些重大技术难题提供了较好的理论依据和技术支撑。按照这种方式，我们团队做出了一系列有重大影响的原创成果，其中专为解决复杂地层超深井"喷漏同存负安全密度窗口"重大难题而研发的特种凝胶封堵压井材料与技术，在2006年开县罗家2井重大井喷事故中的成功应用就是最典型事例。

唐大麟：您10多年前曾表达过要实现三个愿望：为我国大多数适用于化学驱的油田探索一条大幅度提高采收率的途径；为解决复杂地层深井、复杂井的"井下复杂问题"提供可能的途径；推进新一代油田化学工作液处理剂的研发。10多年过去了，您现在的关注点发生变化了吗？

罗平亚：这三个愿望是我70岁生日时说的，应该说这三个愿望都有不同程度的实现，有的已经达到了国际先进水平。我现在还在聚焦三件事：一是继续关注井下复杂问题的研究和解决方案，希望通过大数据、人工智能等技术应用，找到一个全面解决井下复杂难题的办法，形成一套大家都能掌握的普适技术；二是希望能在抗温、抗盐、抗剪切、高效增黏的水溶性聚合物的研发上取得突破，现在这个事情已经取得进展，在渤海油田、大港油田等已经得到了很好的应用效果。同时希望能在大幅度聚合物化学驱的效率、使用范围和降低成本上探索出一条道路，目前还在进行中，还未取得突破性进展；三是希望能在压裂液方面有所突破。目前这几方面的研究都在向前推进，希望未来会有好的结果。

唐大麟：在"双碳"背景下，川渝地区天然气开发应注意哪些问题？

罗平亚："双碳"问题的核心是能源问题，就是能源效率优化和结构调整问题。化石能源发展是"双碳"目标中的核心问题。我们应明确双碳目标下石油天然气处于什么地位，怎么发展？当前我国要建立现代化强国，走国内循环为主、国内国际双循环相互促进的道路，能源供应安全对产业发展的支撑至关重要。由于化石能源较长时间内还不会被新能源全部代替，石油天然气在发展中具有特殊地位。碳达峰之前，我国要实现现代化发展目标，必要的途径就是大力发展天然气，这对川渝地区的天然气发展而言是个机遇。据评估，如果四川页岩气达到100亿立方米规模，大概能带动形成产业链的产值是3000亿元。如果估算正确或基本趋势正确，那么发展页岩气必然会成为川渝两地新的经济增长点。

罗平亚院士为作者题字——科学源于实践

当前大规模开发页岩气需要注意两大问题，一是成本问题，二是环境问题。油气开采成本能否降低目前取决于钻井周期能否大幅缩短，大幅缩短钻井周期是一个系统工程，它取决于能否做到长水平井段"一趟钻"钻完，而"一趟钻"能否实现又取决于井壁不稳定问题的解决。目前页岩长水平井段使用油基钻井液钻井，但井壁不稳定的问题还没有完全解决，这一问题使"一趟钻"无法全面实现，成为无法实现大幅缩短钻井周期的首要技术瓶颈，所以如果能有效解决长水平井段井壁不稳定问题，再配合其他配套技术，我们钻井的周期将缩短50%以上，这就可能大幅降低钻井成本。

至于环境问题，油基钻井液的钻屑和页岩气压裂液的返排液处理是大问题，如果处理不好的话，页岩气的规模开发不可能进行。页岩气作为非常规天然气，其压裂和传统压裂不一样，在体积压裂中它不仅要求压裂液中有一定黏度来降摩阻，而且排量很大，液量也很大。体积压裂是否真的需要这么多压裂液？压裂液用量大，对压裂施工一系列配套环节的要求也就更高，对环境影响也会更大。但目前页岩气开发的实践走在理论前面。理论问题没很好解决，没法有效指导实践，一些深层次的问题也就不好解决。现在我们已经初步明晰压裂中使用大液量的根源，也在通过实验不断破解其中的瓶颈问题，希望未来可以解决页岩气压裂中过分"大液量、大排量"的问题，这样不仅能将其对环境的影响降到最低，还会大大降低压裂的成本。

唐大麟：去年是您从教60周年，作为一名杰出的教育家，您为我国石油石化行业培养出了无数优秀人才，结合您一生的科研与教学经历，有什么对年轻人的建议吗？

罗平亚：油气勘探和开发从来就是艰苦创业的行业，立志投身于本行业的人必须具有艰苦奋斗、勇于创新的精神和素养。当前我国油气行业的发展必须立足于创新，特别是自立自强的自主创新和原始创新。这是一个长期而艰苦的过程，艰苦奋斗与创新能力密不可分，只有经历长期艰苦奋斗才能取得创新成果。同时，油气勘探和开发技术又必须与多种相关学科融合才能实现创新，这种发展趋势未来将越来越明显，因此致力于油气勘探开发事业的人，特别是年轻一代，继承艰苦创业传统，努力培养创新能力，拓宽知识面，学习人文知识，是做好本职工作并作出成绩的前提条件。创新之路不会一帆风顺，大家要随时准备迎接挑战。

■ 采访时间：2021年12月6日
■ 采访地点：四川省成都市　西南石油大学

俯身倾听大地的声音
——访中国工程院院士、石油地质学家胡见义

◎ 人物小传

　　胡见义，石油地质学家，教授级高级工程师，博士生导师。党的十三大代表。1934年出生于北京市，1952年就读于北京地质学院，1954年赴苏联留学，1959年毕业于莫斯科石油学院，获副博士学位。曾任大庆油田勘探指挥部副主任地质师、大港油田主任地质师和胜利油田总地质师，阿尔巴尼亚工矿部石油总局中国专家综合组组长，中俄油气合作项目领导小组副组长，中国石油勘探开发研究院总地质师、副院长，中国工程院能源与矿业工程学部副主任，中国能源研究会副理事长，中国亚洲天然气和管道研究中心副主席、主席，中国石油学会石油专业委员会副主任等职。总结完善并发展了中国陆相石油地质与成藏理论；研究了一系列国内外海相、陆相盆地油气藏的形成与分布规律，丰富了石油地质理论，指导了油气田的勘探实践与发现；20世纪90年代起主持和参加近20项中外油气合作重大研究项目，为我国成功引进国外油气奠定了资源基础。曾获得国家科学技术进步奖特等奖、一等奖，省部级科技奖若干、首届全国科学大会奖、孙越崎能源大奖、李四光地质科学奖、光华工程科技奖，国务院授予的"突出贡献专家"、原国家人事部授予的"国家级有突出贡献中青年专家"、原石油工业部授予的"大庆会战标兵"和"五好红旗手"、原中国石油天然气总公司授予的"石油工业有突出贡献科技专家"等奖项及荣誉称号。出版著作10余部，发表论文近100篇；培养或联合指导研究生和博士后40余人。

　　1997年当选中国工程院院士。

唐大麟：胡院士，您好。东京奥运会刚刚结束，北京即将迎来2022冬奥会。我们知道您是2008年北京奥运会的火炬手，当时为什么会选您在大庆做火炬手呢？

胡见义：2008年我很荣幸地成为北京奥运会火炬手，当时有北京、大庆和岳阳三个火炬接力地点供我选择。大庆是我从事石油事业的起点，所以我毫不犹豫地选择了大庆奥运火炬接力点。接力那天，大庆的中央大街上有观众问我："老爷子您多大年龄了？"我那年已经74岁了。

回想起1959年我从莫斯科石油学院地质专业毕业回国后到大庆参加石油会战的情景，一晃半个世纪过去了，我国石油工业的发展和大庆的城市面貌都发生了翻天覆地的变化，但我永远铭记大庆石油会战这段历史，并为之自豪与骄傲。

| 胡见义院士接受作者采访

唐大麟：您研究总结和建立了中国陆相石油地质和成藏理论，发现了许多大型油气田；研究与总结了中国油气藏类型系列；探索研究了海相环境天

然气田的形成；主持并研究完成的我国第一部《中国油气资源评价研究总报告》，为我国石油工业制定"稳定东部，发展西部"战略决策提供了重要科学依据。这些成绩的取得，您认为得益于什么？

胡见义：我觉得第一得益于目标设立。我在苏联学习的时候，就立志一定要掌握石油地质核心内容。当时根据中苏两国协议，我们留苏学生每个暑假有半个月的游学夏令营，但我从没有参加过，而是把时间都用来学习。因为我知道，毕业后是肯定要回国工作的，但那时国内基础石油理论还很薄弱，我想尽可能学多一点，学好一点，回国后可以为祖国石油地质发展作贡献。当时国外普遍认为，只有大的海洋盆地才能生成石油，但国内发现的都是陆相地层。第二就是思路。当时在苏联实习的时候，我选的实习地是乌兹别克斯坦，虽然那里也以海相地层为主，但是它靠近中国，它的很多地质环境和国内有一定相似性。当时，国内克拉玛依和柴达木盆地都有油了，所以当时我就想实习的地点要更靠近中国，未来要能够在国内建立起我们自己的基础理论。第三，是我们在做一件事的时候，一定要有克服万难的勇气和信心，这个道理知易行难。

唐大麟：我知道您有丰富的海外留学与工作经历，您认为这些经历对您的研究工作有何影响？

胡见义：我曾经有三段与海外有关的经历，1954—1959 年，我在苏联留学；1969—1972 年，我被派往阿尔巴尼亚工作；1978—2018 年，我从事对外油气合作工作。应该说与海外相关的这些经历，对我的影响还是比较大的。特别是参加工作以后，结合海外学习和工作体会，我逐渐清楚地认识到，理论基础研究和应用基础研究是科技创新的根本，只有在应用科学和基础科学创新上下功夫，才能做好研究。

唐大麟：当年您一直呼吁建立我国的天然气工业体系，现在这个目标应该说已经实现了,对我国天然气工业未来发展,您有何展望?

胡见义:应该说只是初步实现。随着鄂尔多斯、塔里木、四川等主要产气区的不断深入开发,我国 2020 年天然气产量已达 1925 亿立方米,但全年天然气消费量高达 3280 亿立方米,占一次能源消费总量的 8.4%,这中间 1000 多亿立方米的差额还需要依赖进口。而随着中俄、中亚、中缅、LNG 等四大进口通道进一步完善,全国一张网建设加快推进,互联互通能力明显提升。目前我国天然气管道总里程是 11 万千米,总气化人口 4.9 亿,但作为一个拥有 14 亿人口的大国,应该说还有很大发展空间。天然气作为由管道运输的清洁能源,对我国而言制约其发展的主要瓶颈在于气源和管网。而在美国,仅从加拿大进口天然气的管道就有 11 条之多,从墨西哥进口的管道也不少,且美国国内管网是非常密集的。因此,如果我国天然气年消费量达到 4000 亿 ~5000 亿立方米规模,那我国的天然气工业发展还将出现新的大变化。

| 胡见义院士阅读资料

唐大麟：您在 10 年前曾对世界能源格局做出过一次宏观判断，当时提出石油虽然终将被新能源替代，但在近几十年内还是主要能源并会缓慢降低使用率。您同时提出我国未来必须大力发展新能源和可再生能源，提高对天然气的利用率。现在来看，国际国内能源发展态势，都在您当年的判断与发展思路框架内，在当前"双碳"背景下，您能和我们再展望一下未来的世界能源结构和格局吗？

胡见义：中国石油集团国家高端智库研究中心 2021 年发布过一个报告显示，从全球总的能源形势来看，2020 年一次能源消费 10 年来首次下降，估计为 130.5 亿吨油当量，较上年下降约 4.5%。其中，化石能源消费量 108.4 亿吨油当量，同比减少 5.9%，其中煤炭消费下降约 5%、石油消费下降约 8.8%、天然气降幅约 3%；非化石能源消费量 22.1 亿吨油当量，同比增加 2.7%，其中水能、核能消费量与上年基本持平，非水可再生能源增加约 10%，新能源逆势增长，潜力巨大。

| 胡见义院士向作者签赠早期著作《非构造油气藏》（2021 年 11 月）

全球能源清洁化进程已由增量阶段进入提质阶段。在煤炭、石油等传统化石能源消费负增长的同时，非水可再生能源的表现亮眼，但规模有限。氢能利用受到国际能源界高度关注，不少国家制定了氢能规划并开始付诸行动。预计未来5年，能源行业将围绕碳中和进入新的调整发展期。虽然现在新能源汽车越来越多，有人说石油要被抛弃了，但我认为在未来很长一段时间内，石油还是难以被替代的，毕竟大量的现有燃油汽车、火车、船舶等还是需要用油气作为动力能源的。天然气更是会在很长一段时间内成为化石能源的主力军，美国页岩气革命，欧洲"北溪二号"建设都说明了这个问题。

唐大麟：作为一名老师，您桃李满天下，您认为作为一名教师，应该具备怎样的教学素养？如何培养出一名优秀学生？

胡见义：我70岁开始不再讲课，75岁以后就不带研究生了。在我停止讲课以前，中国石油勘探开发研究院研究生部曾请我做过一次讲座，题目叫作"如何当好一名导师"。这个题目实际上是相当难讲的，但是院里非常诚恳地邀请，所以后来我不仅去讲了，而且讲了两次。我记得当时主要讲了三点，第一点是**作为一名教师，一定要亲自授课，亲自写教材**。1978年，我开始讲课时，都是用粉笔写板书，后来用投影片，再后来用幻灯片，直到现在用电脑PPT。现在很多大学里的教授都忙于各种事务，把本该自己讲的课转给副教授甚至高年级学生去讲，这种现象很普遍，我是坚决反对的。我去山东给石油大学讲课的时候，学校安排最少46个学时，我集中时间来统一讲课，一次讲完48个学时，那时好多老师也跑来听课。我认为教师的职责就是讲课，如果不讲课，如何对得起"教师"这个称呼。第二点是**作为导师，必须自己的学生自己带**。现在有些领导干部热衷于搞个博导的头衔，平时也没有时间指导学生，这样不仅伤害学生，对自己也不好。第三点是**绝对不接受学生送礼**，中国自古以来就是个人情社会，学生给老师送礼好像是天经地义的事情，但这个事情我是坚决不接受的，知识的传递不应与物质挂钩。

唐大麟：您对石油行业的广大青年科技工作者有何寄语？

胡见义：我想说几句普遍真理。首先就是做研究必须俯下身子来，坚持实践，坚持参加应用研究，不能一开始就想着做领导，急功近利、眼高手低，那肯定成功不了。其次就是要创新，做科研一定要用新的思想、新的思路、新的方法来考虑问题，在重视结果的同时，也要重视研究过程。此外，要想搞好科技创新，必须要有自己的主见。

■ 采访时间：2021年9月2日 / 2021年11月4日
■ 采访地点：北京市海淀区　中国石油勘探开发研究院主楼

为了催化剂技术和物耗达到国际领先水平

——访中国工程院院士、炼油催化专家舒兴田

◎ 人物小传

舒兴田，炼油催化专家，教授级工程师。1940 年 4 月出生于上海市，1964 年毕业于华东化工学院（现华东理工大学）有机工业系石油及天然气工学专业。曾任石油化工科学研究院课题组长、主任工程师、研究室主任，副总工程师，现任中国石化科学技术委员会委员、石油化工科学研究院战略咨询委员会副主任。长期从事分子筛炼油催化剂的开发和工业应用研究，研制出含磷和稀土、兼有二次孔的五元环结构的高硅 ZRP 分子筛；采用沉积硅和稀土氧化物与 Y 型分子筛之间水热反应的独特改性方法制成的 SRNY 分子筛；研制成功新一代超稳 Y 分子筛——SRY 分子筛；研制出采用模板剂在固体表面浓集并与分段晶化结合的 β 分子筛，开发出用重排和原位黏结技术制备的 HTS 分子筛和催化剂。分子筛都已工业化生产并支撑了催化裂化、加氢、乙苯合成、环己酮氨氧化制肟和丙烯环氧化制环氧丙烷等技术的工业应用，社会经济效益显著。曾获国家技术发明奖、国家十大科技成就、光华工程科技奖奖项及荣誉称号。

1999 年当选中国工程院院士。

唐大麟：舒院士，您好。您长期从事分子筛炼油催化剂的开发和工业应用研究。请您介绍一下什么是分子筛催化剂？相较于其他催化剂，它的特点有哪些？在炼化领域有哪些重要应用？

舒兴田：分子筛是由无机硅铝等组成的一种多孔材料，具有吸附、催化，以及离子交换等三大功能，广泛用于石化、环保，以及煤化工领域。

我国分子筛行业起步较晚。20世纪五六十年代，国内开始研究分子筛，合成了A型、X型、Y型等分子筛，并进行工业生产；随后陆续在上海、大连、河南等地建厂，主要用于生产分子筛吸附剂和脱水脱氧用分子筛；20世纪80年代，开始研发和工业化生产分子筛催化剂。

分子筛催化剂易于回收处理，且无毒无味、无腐蚀性，是环境友好型的新型催化材料。与金属氧化物催化剂、金属催化剂等相比，分子筛催化剂具有更高的性能与成本优势，在应用中可以提高所需产品的产率和选择性。

在石化领域，分子筛被用来作为催化剂材料，可以助力原油加工，从而生产出各种产品，比如乙烯、丙烯、液化气、汽油和柴油等。目前，分子筛催化剂在国内炼油催化材料中的占比接近80%。数据显示，我国炼油催化材料的产量每年大约26万吨，其中分子筛材料的产量超过20万吨。可以说，分子筛催化剂是支撑我国炼油和化工行业发展的重要催化材料。2022年，我国原油加工量达到6.8亿吨。其中2.5亿吨的原油需要通过分子筛进行催化。

近年来，分子筛催化领域比较重要的进展是国内双氧水制环氧丙烷的技术得到了比较迅速发展。作为一种基础性石化原料，环氧丙烷位居聚丙烯和丙烯腈之后，是排名第三的丙烯类衍生物。环氧丙烷用途广泛，是聚氨酯泡沫、保温材料、涂料等材料的主要原料之一，在冰箱、空调、汽车等行业很常见。

目前世界上环氧丙烷的生产方法主要有氯醇法、乙苯共氧化法及双氧水直接氧化法。氯醇法和乙苯共氧化法工艺污染较大、工业水处理成本较高，已被国家发改委列入禁止新建项目使用技术。双氧水直接氧化法是以钛硅分子筛为催化剂，以甲醇为溶剂，在适当的反应条件下，丙烯和双氧水在液相体系中进入催化剂床层发生氧化反应，生产环氧丙烷和水。该工艺流程相对简单，无副产品生成，减少了产品后续处理设备和设施，整个生产过程基本没有污染，是未来环氧丙烷产品的新型主流生产路线。和国外相比，我国双氧水制环氧丙烷的研究比较晚。国外于 2008 年在该领域实现了产业化，我国从 2014 年才开始生产，晚了 6 年时间。目前，中国石化自主研发的双氧水制环氧丙烷成套技术已获得授权发明专利 17 项，其中国外专利 12 项，总体技术达到国际先进水平，其中催化剂技术和物耗达到了国际领先水平。

唐大麟： 目前您在科研领域的关注点有哪些？关注的原因是什么？

舒兴田： 在"双碳"目标和能源转型的背景下，我主要关注三个方面的问题。一是常规油品的效能提升，二是石油向特殊油品转型，三是石油作为化工材料的最大化应用。

首先，近年来我国新能源汽车发展迅速，已经连续 8 年稳居新能源汽车第一大国。根据中国汽车工业协会统计，2022 年国内新能源汽车产销分别完成 705.8 万辆和 688.7 万辆，同比分别增长 96.9% 和 93.4%。这给作为交通燃料的石油等传统能源带来了很大挑战。2022 年，全国成品油消费量为 3.45 亿吨，同比仅增长了 0.9%，其中汽油同比下降 4.6%，航空煤油同比下降 32.4%，只有柴油同比增长了 11.8%。与此同时，我国炼油产能却严重过剩。2022 年我国炼油能力达到 9.2 亿吨，超过美国成为第一大炼油国；同期，石油消费量超 7 亿吨，过剩炼油能力超过 2 亿吨。我国石油消费达峰的目标日期越来越近。中国石油发布的《世界与中国能源展望》预计我国石油消费将在 2030 达峰，消费总量是 7.8 亿吨。中国石油发布的《国内外油气行业发展报告》显示，2022 年中国石油表观消费量为 7.19 亿吨，同比下降 0.6%，是近 30 年以来的首次负增长。预计，2023 年国内石油消费量 7.56 亿吨，同比增长 5.1%。可以说，留给我们石油行业的时间已经不多了。看到挑战的同时，我们也不要太悲观，虽然石油消费的增速放缓了，但在较长一段时间仍会是重要的交通燃料。针对这部分石油产品，我们要用更绿色、更高效的技术提升其功能效率。

其次，石油要向特种油品和化工材料转型。特种油品是指具有特殊用途或用于专门设备的石油产品，因其质量高、生产量和使用量较少，不便于普遍经营，因此将它们从一般石油产品中分离出来，并命名为特种油品。按照用途进行划分，特种油品主要包括特种真空油脂，特种润滑油脂，防锈油脂和其他石油产品添加剂。它们通常应用在矿物润滑油无法适应的特殊场合，包括原子能、宇航、电子等新兴领域。

最后，石油作为化工原料的增长空间还很大，2022年在汽油和航空煤油消费下降的同时，国内化工用油实现了6.4%的增长。化工原料如何进一步加工成化学品，也是我们关注的问题。总之，无论是提高石油产品能效，还是转型做化工材料和特种油品，都需要催化材料做支撑。催化材料的使用可以帮助我国实现石油和化工产业绿色转型。

2022年，中石化石油化工科学研究院、青岛石化和催化剂公司等共同承担的"多产丙烯和低硫燃料油组分的催化裂化与加氢脱硫技术开发与工业应用"（简称MFP技术），被专家组一致认定技术创新性强，属国际首创。该技术可以广泛应用于低成本新建或改造现有催化裂化装置，实现灵活调整低碳烯烃、汽油和低硫船用燃料油等不同目标产品的生产方案，有效拓宽目前炼厂燃料油调和配方的选择范围，为进一步降低汽柴油产率、实现"油转化""油转特"探索出了一条新路。

国家倡导国内经济要实现高质量发展，高质量发展的内涵之一就是实现低碳发展、绿色发展。这就要求我们石化行业提升传统油品质量、向高端产品延伸，其间分子筛催化剂的作用不可小觑。所以，我认为炼油工业虽是传统产业，但并不是夕阳产业，还有好多事情可以做。

| 舒兴田院士接受作者采访

唐大麟： 从大学毕业至今，您一直在石油化工科学研究院工作，是怎样一种力量支撑着您安于长期坐冷板凳？

舒兴田： 如你所说，我在这个研究院已经工作快 60 年了。1964 年，我从华东化工学院毕业后就进入石油化工科学研究院（下称石科院）第二研究室工作；1970 年至 1983 年在石科院第十四研究室工作；1984 年至 1999 年在石科院第二十二研究室工作，先后担任题目组长、主任工程师、室主任、高级工程师等；2000 年开始担任石科院办公室学术委员会副主任等。

其一，能在这个大院心无旁骛地工作一辈子，与我的人生观、价值观有很大关系。我所接受的教育是，**人生最大的价值就是要为国家繁荣富强贡献自己的一份力量**，对我来说，这是最有意义的事情。这是其一。

其二，**热爱自己的工作**。虽然我今年已经 80 多岁了，但是每天早上 6 点就来办公室上班了，一天工作八九个小时，有时甚至 10 个小时。上班的第一件事情，就是先把世界范围内最重要的、跟我专业有关的资料浏览一遍，对于新观点、新进展等内容保存下来，然后在合适的时间进行深度阅读，为自己的研究做资料储备。此外，每天要和学生们进行交流，对他们的工作进行一些指导。对我而言，*工作是享受，不是负担*。每当自己的想法在企业当中得以实施，以及对国家发展做出贡献的时候，我就会感受到由衷的幸福。

其三，*要有正确的名利观*。坦率讲，在我毕业后的17年时间里，我的工资一直没有上调过。当然作为20世纪60年代工作的人，当时的工资基本都是一个水平线，我也从来不向组织要求过提高待遇。我相信只要认真工作，组织一定会给每个人公平的回报。这算是我的名利观吧。此外，要学会拒绝诱惑。现在媒体和娱乐业很发达，在丰富年轻人生活的同时，也很容易让他们迷失自己。对于致力于做研究的年轻人而言，这很不利。*做学问需要沉下心来，广学博记，并钻研大量文献资料，需要苦思冥想、创新思路，这样才可能融会贯通，做出成绩*。我真心希望现在的年轻人能把更多的时间和精力用在工作上，而不是用在手机、社交媒体等领域，真正能够为国家富强做出贡献。这样的话，不仅是组织，就连人民群众也会给我们一份公平的回报。

唐大麟： 工作这么多年来，有哪些让您念念不忘的片段，或者人和事？

舒兴田： 工作以后，最难忘的就是我带领团队研制出ZRP、SRNY等多种分子筛，在催化裂化、加氢、乙苯合成等反应中得到广泛应用，带来了一定的社会效益和经济效益。当时国内外用作催化材料的常规ZSM-5分子筛，都由同晶导向合成，而ZRP分子筛是采用异晶导向、水热固态离子交换等新方法制备，不仅含磷和稀土，并且兼有二次孔的五元环结构。ZRP分子筛独特的制造方法带来了优异的酸稳定性，保证了催化剂再生、反应的需要。自1993年起，该种分子筛已经陆续在长岭和周村两个催化剂厂的生产中应用，并逐渐发展为ZRP-1、ZRP3以及ZRP-5等多个品种，年产量达1000吨以上，每年有数百吨出口。ZRP分子筛的投产带来了良好的经济效益和社会效益，被国家科委评为1995年十大科技成就之一。

舒兴田
为了催化剂技术和物耗达到国际领先水平

| 舒兴田院士接受作者采访

  SRNY 是沉积硅和稀土氧化物与 Y 型分子筛水热反应后，通过独特的改性方法研制成的超稳 Y 分子筛。该分子筛自 1988 年在长岭催化剂厂正式投产以来，已生产近万吨，配制成约 2 万吨的重油裂化催化剂。由于 SRNY 分子筛催化剂的催化性能与国外同类超稳剂水平相当，不仅使炼化厂获取了巨大经济效益，也为国家减少了同类催化剂的进口，节约了大量的外汇支出。

  1999 年，我当选中国工程院院士，也是职业生涯中很重要的一件事情。当时我深感自己和老一辈院士差距很大，不愿意去报名评选，是时任石科院院长李大东一再劝说，我才决定参选。当选院士后，我当然很高兴，但明白这并不代表我的科研水平也随之提升了，只能说我在某个领域内曾做过一些事情。此外，这也让我更加深刻感受到，只要热爱工作、认真工作，就一定会有回报。

  唐大麟：在与科学对话的过程中，您最大的收获是什么？

舒兴田：收获很简单，但是对我而言很珍贵。在深入科研的过程中，每当有了新的研究发现，就会让我很兴奋、很愉悦。这是一种精神上的满足与享受。此外，做科研不仅能养家糊口，而且可以支撑国家发展，这会让我产生极大的价值感。

- 采访时间：2022 年 8 月 10 日
- 采访地点：北京市海淀区　中国石化石油化工科学研究院办公楼

志在千里　壮心未已
——访中国工程院院士、油田开发工程专家韩大匡

◎ 人物小传

韩大匡，油田开发工程专家，教授级高级工程师，博士生导师。清华大学采矿系毕业，首批政府特殊津贴获得者。1932年11月26日出生于上海市，2023年10月23日在北京逝世。参与了中国第一个油田注水开发方案——玉门老君庙油田注水开发方案的设计工作，负责其中的渗流计算部分；在大庆油田研制出我国第一根内镀玻璃的防蜡专用油管；进行聚合物驱油的实验研究，指出聚丙烯酰胺水溶液作为提高采收率驱油剂的有效性；进行数值模拟方法研究，研究成果为我国此项技术的进一步发展奠定了基础。曾获国家科学技术进步奖二等奖1项、全国科学大会奖1项、多项省部级科技奖、孙越崎能源大奖、埃尼奖提名等，以及原中国石油天然气总公司授予的"石油工业有突出贡献科技专家"荣誉称号；出版著作6部、译著1部，在国内外学术刊物发表了论文和报告70余篇；培养硕士、博士和博士后50余人。

2001年当选中国工程院院士。

唐大麟：韩院士，您好。今年是铁人王进喜诞辰 100 周年。您比铁人王进喜小 10 岁，同时也在大庆油田工作过，铁人的精神对您的工作生活产生过什么影响？

韩大匡：1960 年，我从北京石油学院来到大庆油田参加石油会战。在大庆油田生产实验区进行油井分析及方案计算工作期间，多次见过"王铁人"。虽然他是搞钻井的，我是搞油田开发的，两个专业不一样，但他是我身边的榜样，他的事迹我耳熟能详，一直感动和激励着我。他喊出过"有条件要上，没有条件创造条件也要上""石油工人一声吼，地球也要抖三抖"等振奋人心的豪言壮语，至今听起来仍旧让人激情澎湃。在铁人事迹的感召下，我和同事们同样不怕苦、不怕累，夜以继日地奋战在工地现场，经常工作至凌晨，分析复杂地质结构，解决了一个又一个从未遇到过的难题。

离开大庆油田后，我在北京石油学院组织成立了油气田开发研究室并被任命为室主任，专门负责油气田开发方面的科研工作，研究与解决油田开发生产实际中的诸多问题。大庆会战时工人在严寒的冬天，汗流浃背地用刮蜡片清蜡的情景促使我下定决心，一定要为大庆工人解决油管清蜡的问题，使他们能够从这项繁重的体力劳动中解放出来。后经过多次试验，我们使用"油管内衬玻璃清蜡新工艺"，研制出了我国第一根内镀玻璃的防蜡专用油管，解决了油井结蜡、高含蜡油田开采难的问题，并在大庆油田和其他油田进行推广，成效显著。1978 年，这项研究成果在全国科学技术大会上获奖。

几十年来，大庆精神、铁人精神早已融入我的血液之中，也早已成为了激励所有石油人爱国奉献、求实创新的内核动力。

唐大麟：20 世纪 50 年代初，您参与了玉门老君庙油田注水开发方案的设计工作，负责其中的渗流计算部分。方案实施后，扭转了老君庙油田用溶解气驱开采时的压力下降、气油比上升、产油量递减的被动局面，揭开了中国注水开发油田的序幕。这段经历对您之后的研究工作有什么影响？

韩大匡：新中国成立之前，油田开发方式基本上采取溶解气驱衰竭式开采。1953 年，石油工业部领导请苏联专家特洛菲穆克院士，到玉门老君庙油田，实施了注水开发方案的设计和施工等一系列保持油层压力措施。当时，我刚大学毕业，因为俄文学得好，有幸被选为学习组成员，跟随苏联专家学习，翻译一些俄文资料，并负责开发方案中渗流计算部分。这段经历让我开阔了眼界，懂得了什么叫从实际出发，体会到了严谨细致的科学工作者作风并受益终身。

我在特洛菲穆克院士身上学到了许多东西，他尤其注重实践。为了摸清老君庙油田的地质情况，我们跑遍了这里所有的油井，得到大量一手资料。注水开发方案的实施，揭开了中国用注水方法开发油田的序幕，这种方法后来也成为中国 80% 以上油田普遍使用的主体技术。

| 韩大匡院士在家中接受作者采访（2023 年 4 月）

唐大麟：与新中国成立初期我国石油科技力量十分薄弱相比，几十年来我国石油工业取得了翻天覆地的变化。作为一名石油科学家，您如何评价石油科技工作者所付出的努力？您如何定义石油科学家精神？

韩大匡：石油科学家一定具有爱国、奉献、求实，和勇攀高峰、敢为人先的创新精神。

世界上大多油田是油层厚、稳定性强、易开发的海相油藏储层。而中国恰恰大多是陆相油藏储层，有着盆地小、升降快、油层薄、连通差、储存量少、难出油的特点。因此，中国石油工业是在极其困难的条件下艰难成长并壮大起来的。

新中国成立初期，全国石油行业科技人员从勘探开发、管输、钻井等加起来不到100人。由于技术薄弱，我们一直是在西方发达国家后面跟跑、学习。我大学毕业走出校门后，就参加了国家第一个五年计划，之后一直在搞石油技术开发。今天，我有幸活过90岁，是整个中国油田开发能力从弱到强的见证者。

我国石油科技工作者在跟跑、学习过程中，实现了发展与创新。许多第三世界国家，仅仅是把先进技术拿过来用。而我们则在学习与应用外国技术过程中，结合中国非均质非常严重的陆相油藏储层的实际情况，进行分析和改变，形成了具有中国特色的科学技术，这是我们创新发展的成果，彻底打破了西方"中国陆相贫油"的论断。

几十年的石油生涯，让我刻骨铭心的感触是石油行业需要不断创新，创新就是创造新技术，有了新技术就会有新发展。毋庸置疑，创新道路上并不平坦，有时会遭到很多人反对。比如三维地震的应用问题，通常采用三维地震反射法得到井间地层描述，但这种方法只能分辨出厚度为15米左右的油层。为了提高井间油藏描述的精确度，我在和地球物理专家钱绍兴的探讨中受到启发，考虑到可以用测井的高分辨率改善三维地震的低分辨率。这个观点在立项时遭到很多人包括地质专家的反对，即使作为院士，我也不能左右别人的想法。人们尊重院士意见，但觉得意见不符合实际时也会反对。可是我们并没有因此而放弃，经过几年的摸索，我和我的团队终于通过井震结合的方法，对地震模型进行正演及反演，成功将井间三维地震的识别率从15米提高到4米左右。后来大庆油田采用这个方法，找到了3~5米断距的小断层。所以，你一旦看准了方向，就一定要坚持下去。因为正确的事物终会产生实效，慢慢地，接受的人一定会越来越多。

唐大麟：经过半个多世纪的发展，今天的中国石油工业仍然面临严峻挑战：一方面，国内老油田含水率超高，产量下降；另一方面，中国经济发展对石油的需求量增大，供不应求。您认为油田勘探开发该如何利用科技途径提高产量？

韩大匡：我国的主力大油田，都经过了几十年开发，老化严重、含水大幅度增高，开采出的液体，每吨有80%~90%的水，大多数油田到了高含水后期和特高含水期，开发成本越来越高。有人建议为了提高产油量，就要多打井。我认为，这个方法只能解决暂时困难，是把未来的产量提前产出，会加剧资源枯竭。提高产量的根本途径是设法扩充油田的可采储量，提高原油采收率，这是油田开发永恒的追求。

1987—1991年，我和同事对全国13个主要油区、82个油田、184个代表性区块进行潜力分析计算，完成了"中国注水开发油田提高原油采收率潜力评价及发展战略研究"。其中提出的实施三次采油技术的原则、方法、步骤和规划，被当时的中国石油天然气总公司采纳实施，经大庆等油田现场试验结果表明，聚合物驱油技术可提高采收率10%~12%，最高达到14%。

进入21世纪，我针对国内各主力老油田陆续进入特高含水阶段产量普遍递减的现状，把提高水驱采收率作为主要研究方向。经过十余年研究，已经形成一整套系统理念、对策和技术路线，能系统全面地对高含水老油田进行"二次开发"，大幅度提高水驱采收率。

唐大麟：院士在大家心目中是很高的荣誉了，也代表国家和社会对您科研实力的认可。作为一名院士，您觉得取得这些成绩得益于什么？

韩大匡：我认为这一切得益于长期结合生产实际进行科研实践和积累经验而产生灵感，并抓住时代发展中有前景的东西加以支持，从而取得突破。比如 1962 年，我参加大庆石油会战后回到北京，进行油气开发研究。通过学习苏联技术开始启蒙，后来又转学以美国为首的西方油田开发理论技术，接触到了早期计算机。那时的计算机运行速度很慢，一秒钟计算几千次，不像现在是几万亿次。但是，我预测到未来计算机技术在油田开发中将会有广阔的应用前景。于是，我通过计算机对油水两相渗流问题的计算方法开展研究。虽然开始仅限于简单的原理性研究，但时间只比西方国家晚几年。后因遇特殊时期该研究中断了十几年。1979 年，我出国考察，发现计算机技术在国外得以迅猛发展，数值模拟技术已从原理研究进入软件实践。尤其是美国的数值模拟技术，是成套软件，能够随时解决油田生产中的实际问题。这一点对我刺激很大。我告诉自己，一定要奋起直追。

回国后，我开始进行数值模拟和生产实际结合的研究，主持了石油领域渗流力学和油藏数值模拟研究工作，其中"非均质亲油砂岩油层内油水运动规律的数值模拟研究"于 1981 年获得石油工业部优秀科技成果奖一等奖；"七五"期间，我又主持了国家科技攻关计划项目"油藏数值模拟技术"，研制了符合我国油藏类型的多功能模型等 46 个模型和专用模块，形成了适用于砂岩、碳酸盐岩等 4 种主要油气藏的配套软件系列，这项研究获得了 1991 年中国石油天然气总公司科学技术进步奖一等奖和 1992 年国家科学技术进步奖二等奖；编写的《油藏数值模拟基础》一书被一些石油院校选作研究生教材。

唐大麟：大数据和人工智能是新时代的产物，您在 85 岁高龄开始学习这些新知识、新技能。2018 年，您带领团队进行油气勘探开发大数据与人工智能关键技术与发展战略研究工作。是什么激励着您在耄耋之年从零开始学习这些新领域的知识？

韩大匡：大数据、人工智能在石油勘探开发领域的应用，无论在中国还是美国都还处于起步阶段，这就给了我们一个千载难逢的战略机遇。我们要抓住这个机遇，努力学习，抓紧工作，早部署、早研究，实现换道超车和技术引领，不然就会被西方落下。

此前我牵头的国家工信部"基于大数据应用的油气勘探开发战略研究"项目，在地震储层预测、测井评价、储层建模、分层注水、油藏精细分析等方面开展人工智能应用战略规划研究，我们的目标是在2035年以前实现地震、钻井、测井、油藏描述与油藏工程、装备健康管理与智慧油田等5项主体技术的更新换代。

我认为大数据、人工智能可以用在普通技术上，也可以用在处理关键技术"拦路虎"上。一门学科发展到一定水平，它本身在发展中遇到的关键问题，用普通的数学很难解决，而大数据作为一个技术手段，有可能帮助学科在一个更高层面上取得新的进展。比如，我们对地质储层了解太少、认识很浅薄，许多储层没有第一手资料。而了解地下储层的主要方法是地震和测井，这是地质工程的"两个眼睛"。地震和测井本身是有规律的，可以按照其规律发展进行研究。所以，需要尽快建立涵盖所有储层的标准大剖面，为地震和测井提供有效的解释标准。利用大数据、人工智能方法可以为建立大剖面提供更多的途径，并且可以利用其快速计算手段完成地震及测井研究中的正演及反演运算，从而得到更符合油藏实际的参数组合。由此可见，大数据、人工智能必须要与产业部门紧密结合才能发挥作用，才能解决实际问题并充分发挥其优势。

人工智能不是单一技术，而是一整套的几个技术一起应用。而整套技术在石油工业中的应用，其研究极具挑战性，目前还处于起步阶段，需要更多同仁一起努力。2019年起，我在中国石油大学（北京）设立"韩大匡石油人工智能奖学金"，支持人工智能教育教学事业的发展建设，我期望更多的青年科技人员好好学习大数据、人工智能，把这套技术作为自己在科学研究中解决难题的有效方式，推进并引领石油行业大数据、人工智能技术应用的发展。

韩大匡院士与他的唱片收藏

唐大麟：您今年已经 90 岁了，现在每天还工作吗？主要关注点是什么？您如何评价自己的过往人生？

韩大匡：我现在还是中国石油、中国海油等企业的科学顾问，并辅导博士研究生学习，带领团队进行新技术开发。每天工作没有固定时间，因为腿脚行动不方便了，我靠打电话联系各方人才，集思广益，所谓"三个臭皮匠顶个诸葛亮"。

比如我想把激光技术应用到钻井工程中，就通过电话把想法跟中国海油研究总院总工程师李中进行沟通，他很感兴趣。现在的钻井技术，是通过钻头破碎岩石，也就是机械破碎。要把地面动力传到地底，距离越长，损耗越大。比如钻机要钻到 8000 米、9000 米，地面传导到地下的动力，也就剩下 12% 左右。如果是激光钻井，直接破碎岩石，100% 的动力都用在破碎岩石上，能量没有损耗。因此，激光钻井是一个很好的替代性技术，现在我们正在研究跟进中。

目前，我主要关注点是在如何实施中央提出来"科技自主自立自强"的要求中。自立自强就是在自主的基础上，形成高水平、原创性、颠覆性的科学技术。

比如，黑油模型是油藏数值模拟中最为常用的工业软件，其计算量大体占总计算量的80%左右。油藏层间干扰是油田开发三大矛盾之一，这三大矛盾中井间和层内机理明确，均可用现有黑油模型计算，唯独层间干扰至今没有公认的机理，以至于现有黑油模型对其缺乏有效的解法。我们团队的研究人员经过二十多年的积累，已建立起通过改造的新型黑油模型，加入了井筒方程，对层间干扰的影响可以给出令人满意的计算结果。该模型在加拿大艾伯塔省的GF油藏成功计算出下层油藏因注水对上层油藏的水渗透影响，完胜用斯伦贝谢及CMG公司黑油模型的计算结果，成功解释了他们无法解释的层间干扰问题。目前在大港羊三木油田试点运算，已算出试验井从注水开始，三十年来的分层月注水量，这是油田开发者梦寐以求的数据。该项技术获得发明专利一项，已基本成熟，需进一步完善及推广。

为精准描述三相饱和度分布，形成更具科学性的三维三相油藏模型，我们和长江大学胡文宝教授合作研究电磁波动态监测技术在这一领域的应用。地下油气水分布规律研究是一项世界性难题，而为了达到数字孪生所要求的动态孪生目标，除了静态描述的表征一致，还应完成油藏油气水三相饱和度动态监测，以保证孪生的油藏模型与当前的油藏实时状态保持一致。目前，所有油气公司都是由油水两相导出相对渗透率曲线，再加经验公式矫正得到三相饱和度分布，但是这并不是真正意义上的三相饱和度。我们采用了更为科学的方法：因地震对气体敏感，以井间地震波求得气体饱和度；根据油水电阻率不同，以电磁波方程分别得到储层的油水饱和度分布；再以地震波与电磁波方程联合反演，得到油气水三相饱和度。这样就使我们在用井间地震方法获得了更为准确的静态描述之后，利用电磁波方法从动态上进行监测，精度上要求能监测出油藏任何部位油水饱和度发生1%~2%的变化，智能调整模型使之与油田实际情况一致，以达到动态孪生的目标。此项技术的研究成果，为黑油模型提供了更为科学的三相饱和度在油层中的动态变化参数。另外，为了解决套管对电磁波的屏蔽作用，目前我们正在研究用廉价高效的光纤在套管外接收电磁波。

我的人生见证了中国石油科技事业的全周期发展，而我一生的研究工作经历了三个阶段：第一阶段结合国内情况，学习及创新应用国外主要单项技术经验（三次采油及数值模拟等）；第二阶段从事国内油藏深度精细开发新阶段研究；第三阶段用大数据、人工智能技术解决第二阶段中的难题。下一步要在模型驱动、数据驱动的基础上，逐步加强知识驱动在油气开发中的应用研究。

作为一名从事油气田开发研究工作 70 年、经历了新中国油气田开发从弱到强全过程的亲历者和参与者，我始终能清晰地感受到这份历史责任的分量。中国古人说"老骥伏枥，志在千里；烈士暮年，壮心不已"，趁现在身体还能工作，我要继续努力，为国家多作贡献，为子孙多造福祉。

（胡玮斐对本篇亦有贡献）

■ 采访时间：2023 年 4 月 18 日 / 5 月 14 日
■ 采访地点：北京市海淀区　中国石油勘探开发研究院生活区

石油石化院士访谈录

"我始终都是一名科技工作者"
——访中国科学院院士、石油地质与构造地质学家贾承造

◎ 人物小传

贾承造，石油地质与构造地质学家，教授级高级工程师，博士生导师。第十一届全国政协委员。1948年3月出生于甘肃兰州，原籍河北蔚县。1975年毕业于新疆工学院地质系，1987年在南京大学地质系获理学博士学位。曾任中国石油天然气股份有限公司总地质师、副总裁，中国石油学会理事长，国家科技重大专项油气开发专项技术总师。长期从事石油天然气地质与盆地构造理论研究和油气勘探工作，奠定了塔里木盆地构造地质学与油气勘探理论的基础，总结和发展了前陆冲断带煤成烃超高压大气田形成的地质理论和叠合复合盆地石油地质理论，为克拉2大气田的发现和西气东输工程做出了突出贡献。提出并建立了中国岩性地层油气藏石油地质理论，总结了先进的综合勘探技术，推动和组织了我国岩性地层油气藏的大规模勘探和重大发现，为我国近年油气储量、产量快速增长做出重大贡献。系统研究了中国非常规油气和叠合盆地深层油气地质，为发现我国陆上天然气富集新领域、新类型做出了理论贡献。近十余年担任国家科技重大专项"大型油气田及煤层气开发"技术总师，设计和组织我国石油工业上游理论技术研发攻关，为石油工业科技和产业发展做出了重要贡献。曾获国家科学技术进步奖一等奖2项、二等奖3项，以及多项国家荣誉表彰。2019年获得美国石油地质学家协会（AAPG）诺曼H.福斯特杰出勘探家奖（Norman H.Foster Outstanding Explorer Award），是亚太地区第一位获此殊荣的地质家。

2003年当选中国科学院院士。

唐大麟： 贾院士，您好。您作为在企业中成长起来的中国科学院院士，能否简单介绍一下您的工作经历？

贾承造： 我在石油行业的工作经历大体上可分为三段：第一段经历是在新疆参加塔里木油田会战，从1987年入疆到2000年调回北京总部，前后13年时间；第二段经历是从2000—2008年担任中国石油天然气股份有限公司的总地质师和副总裁，到2012年卸任中国石油学会理事长，期间兼任过中国石油勘探开发研究院院长；第三段经历存在交叉，从2008年开始至今，我一直担任国家科技重大专项油气开发专项的技术总师，期间从2008—2013年我还担任国家科技部"973计划"专家顾问组能源组组长。这三段经历都有一个共性，就是始终从事技术工作。无论是开始做具体技术研发还是后来从事技术管理工作，我始终都是一名科技工作者。

唐大麟： 您这三段经历表面看似平常，实则波澜壮阔。请介绍一下这些经历背后您分别做了哪些具体工作，取得了哪些成果？

贾承造： 一是塔里木会战。我认为这个时期主要做了三件事。首先是地质基础研究。当时塔里木盆地是个新盆地，研究程度很低，而且它的地质情况要比渤海湾盆地和松辽盆地都复杂。这种盆地类型，在我们过去的勘探中是没碰到过的。所以我去了以后做了很多地质基础的研究工作，比如说塔里木盆地的性质是什么？这个当时有不同看法。通过研究，我们认为它是叠合复合盆地，提出它应该是中浅层中新生代前陆盆地叠加了深层小克拉通盆地。对油气勘探而言，盆地性质很关键，因为它决定了油气系统，因此也决定了油气资源类型。通过研究，我们认识到塔里木盆地有特殊的叠合盆地结构，因此它有两个油气系统——一个是中新生界独立的陆相油气系统，还有一个是其底下的古生界海相油气系统。这就把根本性问题解决了。另外，我们对塔里木盆地构造地质、地层、资源评价等都做了很多工作，这些工作后来归结起来被统称为"塔里木盆地石油地质理论"。这套理论我们当时做得还是比较扎实的，一直到现在虽有补充完善，但没有大的变化。至今发现的油气田也是两大类型，属于两大油气系统，这说明我们当时的认识还是比较到位的，塔里木盆地的地质基础研究对油气勘探开发和重大发现突破起了很大的作用。

二是对塔里木盆地勘探方向的调整。塔里木会战伊始，我国天然气工业整体规模较小，天然气勘探没有受到足够重视，会战目标是发现大油田，接替东部老油田，勘探思路还是以找油为主。经过一段时间的勘探曲折和地质研究之后，我们认为塔里木盆地是个富气盆地，其主要勘探方向应该是找气。所以从1994年开始，根据我们提出的建议，时任中国石油天然气总公司总经理王涛决策，塔里木勘探的方向由原来的"寻找大油田"，变为"油气并举"。我们当时同时提出库车坳陷中新生界油气系统，应该是一个很重要的勘探方向，所以调整部署，针对库车坳陷进行了物探和钻井攻关，前期钻探时也是困难重重，打了好几口干井，但大家坚持不懈地勘探，最终发现了克拉2气田以及其后的克深、大北、博孜等大气田，这些大气田的发现最终证实了塔里木盆地是个富气盆地，这是我们地质工作者做出的很大贡献。

三是克拉2气田的发现和探明。我在克拉2井钻探中，经过对地质层位预测和在钻井现场的分析研判，通过一粒砂岩碎屑发现了克拉2气田主力气层，被媒体宣传为"一粒岩屑发现大气田"。在克拉2气田评价和储量计算中，我组织领导运用地质建模，山地二维地震和5口探井钻井取芯录井测试资料，探明了克拉2气田，申报批准了2580亿立方米天然气地质储量。这是全国最大的优质高产气田。这个气田成为"西气东输"工程的基础和起点，也是其后20年我国天然气工业大发展的开端。从发现到储量探明，我们前后只用了2年多时间，可以说速度极快。与此同时，我们发展了"前陆盆地冲断带陆相煤系生烃超高压大气田成藏理论"，指导了克深、大北等气田的发现，建成储量2万亿立方米、年产量250亿立方米的库车大气区。在2000年克拉2气田投产前，那时全国的天然气产量大概只有300多亿立方米，到2020年则达到了1925亿立方米，产量增长6倍多。2000年，我们在世界主要产气国里排不上名，到 2020 年时，我们已排世界第四名。第一名是美国年产气量约 9000 亿立方米；第二名是俄罗斯年产气量约 7000 亿立方米；第三名是伊朗，比我们略高一点，年产气 2000 多亿立方米。估计将来我们有可能会超过伊朗，成为世界第三大产气国。应该说克拉 2 气田的发现，对我国天然气工业的发展具有重要意义。是它的发现促成了"西气东输"工程，而"西气东输"工程则带动了我国天然气工业的跨越式发展。

在担任中国石油总地质师及副总裁期间，我也做了三件事。一是在国内的勘探上，领导中国石油率先开展了岩性地层油气藏的勘探。我们过去搞油气勘探，目标主要是背斜、断块等构造油气藏。实际上从 20 世纪 90 年代开始，除了塔里木盆地以外，其他大型盆地的勘探基本都遇到了困境，因为这些大盆地的构造油气藏勘探发现的差不多了，基本所剩都是较小区块，开采难度大。所以我主管勘探后，就提出要战略性调整方向，从构造油气藏转向岩性地层油气藏。方向的转变当然不能只是一句话，还得有一系列相应的配套，包括对地质规律的认识、物探钻井等勘探技术的改变等。勘探历史证实这个改变的影响是巨大的，从 2003 年开始一直延续到了现在。从中国石油到中国石化，基本国内陆上勘探目标和重大发现都是以岩性地层油气藏为主，海上也已开始进入这个阶段。现在国内勘探新发现的储量主体，70% 以上都是岩性地层油气藏。这个成果在 2006 年获得了国家科学技术进步奖一等奖。

二是在勘探管理体制中推行了"风险勘探"，这个体制一直延续到现在，并已在三大石油央企中全面推广。过去了这么多年，改革不断进行，领导不断调整，但这种勘探的管理体制却始终没变，这是为什么？因为实践证明它本身是一个很先进的体制，契合目前"高难度、高风险、新领域"的勘探阶段。另外，"风险勘探"照顾到了各方积极性，能把总部机关、勘探院，以及油田各方力量的积极性都发挥出来，而风险由总部承担，利益由油田享有，勘探院发挥技术优势出谋划策，所以它能够长盛不衰地一直推行至今。我看过一个统计，自风险勘探推行以来到现在，仅中国石油所有的重大勘探发现里，80% 以上都是风险探井发现的，比如安岳气田，就是风险探井的功劳。

三是在我分管科技业务时，大力加强了科技的基础研究力量，投入巨大资金加强了科研平台建设，新建了一批研究院所，增添了大批科研设备，这股力量也成为今天中国石油不断推进科技创新的主力。

从2008年至今，我的主要精力则放在了国家科技重大专项上，长期担任专项技术总师，即专项技术负责人，如今这项工作即将完成。这项工作开始于2006年，当时国家决定由中国石油牵头组织实施"大型油气田及煤层气开发"国家科技重大专项（以下简称"专项"），以提升我国石油工业科技创新能力，确保油气能源中长期发展规划目标的实现。那时我已当选中科院院士，又是中国石油主管科技的副总裁，所以领衔的重任就落到了我的头上。立项之初，我国油气增储上产稳产难度大，我们围绕国家战略布局，以产业目标为引领，遵循科研项目基本规律，建立理论基础与机理突破、应用基础与技术创新、示范工程与先导试验、规模推广四个层次的目标体系，构建攻关内容，设立135个项目，22项示范工程。专项在技术和管理双重挑战下，探索实践了由企业主导的重大科技项目管理，建立了部委、产业、企业和项目组四级组织，分别负责专项的引导和督导、综合协调和技术指导、部署和推进、一体化执行。油气专项充分发挥技术总体组的技术统领作用、实施管理办公室的组织协调作用、实施单位的主体责任作用，形成科技攻关项目与示范工程有机衔接的"研究—示范—产业化应用"一条龙的模式。联合170余家企业、50余所高校、30多家科研院所，举全社会优势力量协同创新。作为16个国家科技重大专项中唯一由企业牵头组织的专项，充分发挥了行业领军企业主导重大专项的优势，成功开创了企业主导国家重大科技工程的先例。

通过组织专项科技攻关，我国油气勘探开发整体技术水平已经达到或接近国际先进水平；取得了丰硕的知识产权成果，已申请发明专利7892项；形成了全面覆盖石油工业上游科技领域，由企业、高校、科研院所组成的高水平联合攻关团队，建成一批国家重点实验室和研究中心。中国油气科技自主创新能力大幅提升，为实现原油持续稳产 2 亿吨、天然气产量 1925 亿立方米，探明地质储量、产量和能源消费结构占比 3 个翻番提供了技术支撑。该专项的管理经验还被评选为第二十八届国家级企业管理现代化创新成果一等奖第一名。

唐大麟： 您长期在塔里木盆地从事地质科研与石油勘探工作，为塔里木盆地油气开发做出了杰出贡献。目前塔里木盆地非常规、深层超深层油气资源占比逐渐变重，稳产成本越来越高，如何突破开发瓶颈，寻找油气稳产增产新支点？

贾承造： 我认为要寻找塔里木盆地油气持续发展的新支点，还是要加大勘探力度，尤其要在非常规油气方面寻求新的突破。目前塔里木盆地还存在几个比较有潜力的区域。在天然气方面，首先是库车白垩系，它有 2 万多亿立方米储量，目前产量大概是 250 亿立方米。它有最好的油气富集条件，资源潜力可达 3 万亿~4 万亿立方米，所以这里的勘探潜力巨大。其次是库车坳陷的侏罗系，它主要在库车坳陷的东部和北部。我们当年曾在那勘探出致密气，未来一定会有新的突破。再次是台盆区，6000~7000 米下面基本都是凝析油气，凝析油和天然气出来以后进行分离，这里油气同出，所以台盆区大规模开发后，它的轻质油和天然气产量也会增加。在石油方面，一是深层勘探奥陶系和寒武系。当年我们勘探时觉得 7000 米就到头了，因为工程难度太大，没有经济效益。但现在无论地面条件还是打井技术都已大幅改善，所以我们要有信心在深层超深层方面取得新的突破。二是我们要加大科研投入，加强科技攻关力度。未来随着地下勘探的难度越来越大，我们对新技术的要求也会越来越高，我们要有信心通过发展新技术来提升自己的勘探开发能力，从而提升生产效率，提高产量，降低成本。这一点不仅仅是塔里木盆地的个例问题，也是全国性的共性问题。

唐大麟： 请您介绍一下我国石油工业上游发展现状，面临哪些重要机遇和重大挑战？与之相对应的技术需求有哪些？

贾承造： 目前我国共有 500 个沉积盆地，其中含油气大盆地包括松辽盆地、渤海湾盆地、准噶尔盆地、塔里木盆地、鄂尔多斯盆地、柴达木盆地、四川盆地和南海盆地等，油气资源十分丰富。含油气盆地类型多样、结构复杂，已发现的油气资源以陆相为主，构成独具特色的油气分布区。据 BP 能源前景研究，2020 年中国一次能源消费量为 34.8 亿吨油当量，其中石油和天然气占比分别为 19% 和 9%；2035 年一次能源消费量将达到 56 亿吨油当量，石油和天然气占比分别为 15% 和 13%。近 10 年来，我国石油年产量稳定在 2 亿吨左右，天然气取得快速增长，年平均增长率为 7%。2020 年，我国原油产量达 1.95 亿吨，天然气产量达 1925 亿立方米。展望未来，天然气呈现快速上升趋势，原油产量保持稳定，占比将逐年下降。

历经 70 多年的艰苦创业，我国已建立完整独立的石油工业体系，满足了国家发展的能源需求，保障了油气供给安全。我国石油工业上游发展高度依赖石油科技进步。一直以来，国家高度重视科技和工程进步，支持石油工业上游建成规模宏大、专业齐全、先进开放、初步国际化的科技研发体系。所取得的代表性成果，如陆相石油地质勘探理论和大庆特大型陆相砂岩油田开发技术，至今仍保持国际领先地位。经过几代石油科技工作者的努力，特别是近 20 年来，我国石油行业通过实施国家科技重大专项技术攻关，整体大幅提升了上游科技创新能力和科技水平。目前，我国陆上油气勘探开发水平位居国际石油行业前列，海洋石油勘探生产与装备研发取得重大进步，非常规油气开发获得重大突破，石油工程服务业的装备技术实现自主化，常规技术装备已全面国产化，并具备部分高端技术装备的研发和生产能力。

在新的历史时期，国际环境复杂多变，我国石油工业上游发展面临一系列重大挑战，主要包括未来现代化建设的巨大油气需求和保障油气供应安全的挑战、石油长期稳产 2 亿吨 / 年以上的挑战、天然气产量上升至 3000 亿米^3/ 年并长期稳产的挑战、海洋及深水油气勘探开发先进技术与装备的挑战、新一代石油工程服务技术装备和数字化转型的挑战等。中国应大力实施国家科技创新战略，解决油气勘探生产中的重大技术问题，努力提升自主创新和原始创新能力，形成新一代油气勘探开发技术系列，使我国石油工业上游 2035 年达到全球领先技术水平。以支撑国内石油产量长期稳定在 2 亿吨/年，天然气产量上升至 2600 亿~3000 亿米^3/年，并长期稳产，支撑我国石油企业全球业务重点在"一带一路"的发展，以支撑我国油气技术服务行业成长为国际领先的服务与制造产业，全面满足国家社会经济未来高效发展的能源油气需求，保障国家油气安全。

目前，重点攻关的技术需求有 6 个方面，分别是：石油大幅度提高采收率技术、大气田勘探与复杂气田提高采收率技术、非常规油气勘探开发技术、海洋及深水油气勘探开发技术与装备、海外油气勘探开发技术、新一代石油工程服务技术装备和数字化转型等。

唐大麟：经过半个多世纪高强度开采，我国易开采油气资源已消耗殆尽，在"双碳"背景下，我们要不要继续开采自己的油气资源？我国未来油气勘探开发的技术路径是什么？

贾承造：目前我国的石油工业正面临几个问题。首先就是能源安全问题，这也是非常重大和关键的问题，而且我们的能源安全实际上非常脆弱。其次就是能源转型问题，现在关于"双碳"以及能源转型的声音非常多，而能源转型本来是个很漫长的社会发展问题，它取决于替代能源的规模、价格、技术条件以及可持续性。我们必须清醒地认识到石油天然气目前不仅是主要能源，而且这种现状未来还将持续很长一段时间。所以我国的石油工业界要有定力，要踏踏实实地把国内的石油天然气勘探开发搞上去，坚持不懈地发展新技术，以实现油气稳产增产，保障我国能源安全。

具体来讲，我认为有六大技术发展方向。一是发展大幅度提高石油采收率的技术。我国目前已开发油田的动用地质储量为 286 亿吨，地质储量采出程度为 22%，剩余地质储量为 222 亿吨，主要集中于中—高渗透油藏、低渗透油藏、稠油油藏和缝洞型碳酸盐岩油藏 4 种油藏类型中，平均标定采收率为29.5%，急待技术创新与突破。通过高效挖潜和大幅度提高采收率，我们也可实现老油田的可持续发展。二是发展大气田勘探与复杂气田提高采收率技术。我国陆上常规天然气资源量约为40万亿立方米，累计探明地质储量为8.2万亿立方米，已开发动用探明地质储量为5万亿立方米，具有持续增储上产的发展潜力。为应对大气田发现难度增大、气藏提高采收率技术储备不足、缺乏先进的储气库建库技术等重大挑战，我们需要重点攻关大型气田勘探、复杂气藏高效开发与提高采收率、新储气库建设与优化运行等三方面关键技术。三是发展非常规油气勘探开发技术。非常规油气具有储层致密、孔隙度和渗透率极低、油气赋存状态多样、大面积连续分布、仅通过水平井体积压裂改造才能取得经济产量等特点。目前，我国非常规油气开发关键技术已取得重大突破，但关键核心技术及效率成本与国际先进水平相比仍有差距，需要持续攻关，研究快速准确地找到"甜点"区／层段、精准布井和高效储层改造、大幅度提高单井产量及采收率，以实现低油价下非常规油气资源的规模建产及有效开发。四是发展海洋及深水油气勘探开发技术与装备。海洋及深水油气勘探开发需要重点针对深水勘探技术与工程技术装备、海上稠油开发及提高采收率技术、近海低渗透天然气勘探开发技术和天然气水合物勘探开发技术进行攻关。并通过持续攻关，推动海洋物探、钻井、测井、工程技术达到国际先进水平，实现深水工程装备国产化；同时使海上深层油气勘探取得重大突破，低品位油气田得到有效开发。五是推动海外油气勘探开发技术的进一步发展，不断提升全球获取油气的能力。通过研发全球油气资源信息系统，我们已基本明确了全球油气地质和资源分布规律，集成创新了复杂裂谷盆地、含盐盆地和被动大陆边缘盆地的油气地质理论与勘探技术，初步实现了海外油气勘探开发从国内成熟技术集成应用到特色技术创新的跨越。未来，围绕"一带一路"含油气盆地勘探开发，需要攻关的关键技术包括油气资源评价与投资选区、碳酸盐岩油藏注水注气提高采收率、被动大陆边缘盆地深水—超深水勘探开发等。六是发展新一代石油工程服务技术装备和数字化转型，从而降低油气开采成本，提高采收率与劳动生产率。

贾承造院士接受作者采访（2021年12月）

唐大麟：国家科技重大专项的工作结束之后，您有什么新的工作计划？

贾承造：我将长期固守在中国石油勘探开发科技研发领域，服务于公司勘探开发业务发展，为公司海内外勘探开发重大技术问题做些力所能及的研究、咨询、顾问工作。同时，我计划继续做一些学术研究，初步有两个方向。一个方面就是继续对"环青藏高原盆山体系"的研究，这是我2005年提出的一个新科学观点。这个体系是一个巨型陆内盆山体系，是我国新构造运动的重要单元，面积达到550万平方千米，包括塔里木、准噶尔、吐哈、柴达木、酒泉、四川和鄂尔多斯等沉积盆地和天山、昆仑山、祁连山、秦岭、龙门山等山脉。它是巨型挤压性陆内盆山体系、是印度—欧亚大陆碰撞及持续推挤运动的结果，我国古亚洲构造域小克拉通拼合的软弱基底是构成盆山体系分异的内因。该盆山体系是全球最大的陆内盆山体系之一，具有独特的地质结构与地球动力学特点，应该与青藏高原一样受到重视。关键是环青藏高原盆山体系的盆地群具有良好的油气地质成藏条件，蕴藏着我国将近90%的天然气资源，其内部的含油气盆地群是我国最大的天然气富集区，有望成为世界级的大气区，所以我们应该加快对其的勘探开发与科学研究。

另一个方向就是对石油天然气地质学理论的改造。非常规油气的出现，对经典石油天然气地质学理论产生了重大冲击，它证明传统的含油气系统理论仅包括常规油气，没有包括非常规油气，因此具有重大缺陷。我们目前正推动"全油气系统"理论的建设，全油气理论将包括：烃类生成演化全过程与含油气盆地地球动力学过程；全油气系统内因为储层致密程度差异形成两个流体动力场，浅部为浮力成藏的常规油气达西流动场，深部为自封闭作用成藏的非常规油气局限流动场；全油气系统统一油气成藏事件中常规油—致密油—页岩油序列沉藏规律；非常规油气自封闭作用成藏机理与局限流动场特征；常规油气浮力成藏与达西流动场特征。

唐大麟：可以说您过去的工作不仅内容丰富，而且对我国油气行业的发展影响深远，您认为这些过往的经历对您成为一名石油地质与构造地质学家有何影响？

贾承造：我虽然做了一些事，不一定影响深远，做事的时候也没有想着要成名成家，但确实是有些体会的。首先从初心上讲，我从来没有想着要当官，也没想着发财，而是想通过自己的所学所思做点实事以报国。俗话说无欲则刚，所以我能够清清白白地走到今天。其次我一直以来给自己的定位，就是技术专家，是科学家，尽管因为工作需要我走上了领导岗位，也是一直在从事科技管理和技术研发工作。我感兴趣的事情就是探索地球，而不是工作中的权力和利益，这是我的性格使然。而人类对自然的探索永无止境，我也将一直探索到终老。现在回过头再看，我的这种性格和兴趣在一定程度上也帮我避免了风险。另外我觉得无论搞科学研究还是技术研发的同时，还要有广泛的兴趣、广博的科学哲学基础，才能走向更高的思想境界、更远的科学未来。

唐大麟：您心目中的"石油科学家精神"是什么？

贾承造：关于石油科学家精神，我想首先还是大庆精神和铁人精神，它的核心就是爱国奉献，这也是我们石油人血脉中的底色。石油行业的科学家，更应该热爱石油事业，热爱石油科技，并且有把我国建设成世界油气科技强国的信心和决心。第二是科学精神，石油科学家要热爱科学，崇尚科学，追求真理，不图虚名，不图私利，还要志存高远，追求一流，通过我们的努力，早日让我们的石油工业走向全球，成为世界石油工业中的一支劲旅。

- 采访时间：2021年12月22日
- 采访地点：北京市海淀区　中国石油勘探开发研究院主楼

把科研论文写在实验室和井场上
——访中国工程院院士、油气钻井工程专家苏义脑

○ 人物小传

苏义脑,油气钻井工程专家,教授级高级工程师,博士生导师。1949年7月出生于河南省偃师县。曾任中国石油集团钻井工程技术研究院副院长,国家油气钻井工程实验室主任,中国工程院能源与矿业工程学部主任,中国振动工程学会理事长等职。现任中国振动工程学会名誉理事长,油气钻完井技术国家工程研究中心学术委员会主任,同时担任《振动工程学报》、Frontiers In Energy 主编,《石油学报》等多家刊物编委。在定向井、丛式井、水平井等钻井技术研究与应用方面有深厚造诣。在钻井力学、轨道控制和井下工具研究中多项创新成果居国际先进水平,形成体系并得到显著生产效益。创造性地把工程控制论和航天制导技术引入钻井工程,开拓新领域,提出"井下控制工程"这一新概念并做开拓性基础研究,"井下控制工程学"现已成为石油天然气工程一级学科下的新分支;主持研制P5LZ四大系列导向钻具和K7LZ系列空气螺杆钻具,主持导向钻井工艺技术研究,主持高陡构造防斜打快研究,均取得很好的经济效益;主持设计全国第一口薄油层中曲率水平井轨道控制方案并负责实施成功;主持研发成功具有我国独立知识产权的CGDS-1近钻头地质导向钻井系统,填补了国内空白,为提高我国钻井技术的核心竞争力做出了贡献。曾获国家级奖励6项、何梁何利基金科学与技术进步奖、光华工程科技奖等奖项。获国家专利29件,出版学术著作25部、发表学术论文200余篇,指导硕士、博士、博士后100余名。

2003年当选中国工程院院士。

唐大麟：苏院士，您好。我们都知道您曾经创立过一门二级学科——井下控制工程学。您当时怎么会想到让地下钻井技术与天上制导技术相结合？

苏义脑：1984—1987年，我在攻读博士学位和参加国家"七五"科技攻关计划项目"定向井丛式井钻井技术研究"攻关期间，为了进一步提高井眼轨道的控制水平和质量，受工程控制论在导弹制导和航天测控中成功应用的启示，产生了把工程控制论引入石油钻井工程、实现航天制导与钻井轨道控制相结合的想法。油气井井眼轨道控制的3个角（即井斜角、方位角和工具面角）和航空器姿态控制的3个角（即俯仰角、偏航角和滚转角）——对应，对它们的控制在科学的本质上是一致的。所以，我在完成博士学位论文《用井下动力钻具钻井时若干力学问题的分析和定向井轨道预测控制的初步研究》答辩后，1988年6月，即带着要尝试探索新途径的想法进入了北京航空航天大学博士后流动站，师从我国著名航空力学专家黄克累教授。在站两年中，我除了完成"七五"国家科技攻关计划项目专题"定向井井眼轨道控制理论与技术研究"的后续实验和结题任务及撰写专著《井斜控制理论与实践》之外，就集中精力学习航空航天控制知识，探索提出并致力开拓"井眼轨道制导控制理论与技术"这一新领域，寄希望于实现"井下闭环控制"和"用手段解决问题"。

要开辟一个新的研究方向，特别是突破传统观念去开拓一个新领域时，所遭遇的压力是可想而知的。开始的路走得艰难而又谨慎，从问题性质的判断到新概念的引入或建立，从对新领域内涵的思索和界定到一系列研究课题的分解，从系统模型、方程、边界条件的推演和确定，到某项专利方案的构思和设计，无不伴随着反复徘徊、反思、自我诘问和自我验证，并且基本上是以"业余"方式进行和完成的。尽管在1990年6月我从北航出站时已经建立了这一新领域的框架并完成了在这方面的第一个发明专利，但是这一新方向还没有得到广泛认同。1991年末，当从技术消息报道中发现国外一些同行也在或开始致力于这一方向的研究，并也采用了"Closed Loop Control（闭环控制）"的思路和提法，我进一步坚定了继续前进的信心。直到1993年前后，在前几年探索工作的基础上，考虑到油气井各种工艺环境的共性及都存在控制问题的普遍性，我和研究团队又把研究对象从钻井轨道控制进一步扩展到各种井下工艺过程，把认识从对具体问题的研究提高到对理论与技术体系乃至于学科分支的考虑，于是产生了"井下控制工程学"这一提法。

| 苏义脑院士在井场一线指导作业

随着时间推移，这一新领域逐步获得较多同行专家和有关领导的理解和支持。1995年3月，我应邀在《中国科学报》上发表了《正在兴起的"井下控制工程学"》一文；同年，"井眼轨道遥控技术研究"被立为中国石油天然气总公司"九五"前沿技术攻关项目；1997年，中国石油工程学会钻井基础理论学组在讨论钻井专业学科方向时，第一次把"钻井控制工程"列为油气钻井工程新分支；1999年，在多方努力下，"CGDS地质导向钻井系统研制"被列为中国石油天然气集团公司的科研项目。历经10年艰苦攻关，研发成功具有我国自主知识产权的"CGDS-1地质导向钻井系统"并实现了产业化，该成果荣获2009年度国家技术发明二等奖。2008年2月，"井下控制工程"被教育部公示为学位教育中"石油天然气工程"这个一级学科下新增的二级

学科，获准独立招收硕士、博士生。我带领的这支集理论研究、技术开发和工程服务于一体的专业团队，目前也成为中国石油钻井工程技术研究院所属的专业研究所；几个相关高等院校也在开设井下控制方面的选修课程，有的院校也在组建相关的研究团队。进入21世纪以来，油气井井下控制技术已成为国际石油工程中最具发展活力的热点之一；在我国，从油气钻井工程轨道控制为起点的这一新领域，也在向采油采气等相关专业扩展。

唐大麟：作为油气钻井技术国家工程实验室的首任实验室主任和现任学术委员会主任，请您为我们介绍一下该实验室目前运行情况，以及其在攻关尖端工程技术、保障国家能源安全中发挥了哪些作用？

苏义脑：油气钻井技术国家工程实验室（简称"实验室"）成立于2008年。作为首届实验室主任和现任学术委员会主任，我亲自主持和参加了该实验室的策划、申请、筹建、运行和发展的全过程。实验室以服务我国石油工业发展的总体战略为宗旨，以为油气勘探开发提供强有力的钻井工程技术支撑为使命，以建设我国油气钻井技术国家队为定位，以开展重大的、全局性、关键性的钻井技术为己任，以解决生产主战场上的技术难题并赶超世界先进水平为目标，在各级主管部门的指导和支持下，10多年来，走出了一条不断探索和持续创新的发展之路。同时，这个实验室还是"强强联合"的产物。它集中了中国石油、中国石化、中国海油3大石油公司和国内6所石油大学的钻井科技力量，共同探讨中国石油工业钻井技术发展路径；实验室整合了中国石油钻井工程重点实验室和钻井工程技术试验基地，以中国石油钻井工程技术研究院（现名为中国石油工程技术研究院）为依托单位和主体实验室，以6家油田和钻探公司作为试验基地，形成了分布于研究院所和多所大学的17个研究室，研究方向涵盖了当代油气钻井技术等多个领域。实验室围绕国内油气钻井面临的关键技术和迫切需求，开展井下控制工程、复杂深井超深井、深水钻井等关键技术研发，研制相关装备、工具、仪器、材料、技术及配套应用工艺，为提高油气单井产量和采收率奠定技术基础，为工程技术创新发展提供必要保障。

同时，我们立足于自主创新，针对油气工程技术领域重大技术需求难题，研发了一批具有独立知识产权的油气钻井高新技术，特别是井下控制技术、连续管装备与作业技术、高性能钻井液技术、精细控压钻井技术等，打破了国外技术垄断，争取了新形势下油气勘探开发的主动权，为国内实现安全、优质、高效钻井提供了强有力的技术支撑。

本着"需求引领，创新驱动，工艺牵头，装备先行"发展理念，实验室以加强基础研究、立足前沿攻关、部署储备课题、解决现场急需为工作方针，群策群力。截至 2020 年，实验室共承担国家和省部级项目 463 项，获国家和省部级科技奖励 189 项，获授权发明专利 432 件，形成了包括院士、专家、教授为主力的 900 余人的攻关团队，把科研论文写在了实验室和井场上，为提升我国油气钻井技术的竞争力做出了贡献。

唐大麟：作为中国工程院能源与矿业工程学部负责人，您对当下备受瞩目的"双碳"目标推进有何建议？

苏义脑：2020 年 9 月，习近平主席在联合国一般性辩论会上提出力争在 2030 年前实现碳达峰，努力争取在 2060 年前实现碳中和。这是中国对世界的庄严承诺，表明了中国政府和人民构建人类命运共同体、控制全球 CO_2 排放和气候变化、走绿色发展道路的决心和信心。

作为中国工程院能源与矿业工程学部的一名院士，我参与组织并参加了"碳达峰与碳中和路径选择战略研究""双碳"目标下的能源战略、建设能源强国等多个项目的研究，我和院士、专家团队也积累了一些粗浅的认识和思考。

"条条大路通罗马"，说的是要达到一个目标，有多条路径可供选择，但最优的路径应该只有一条。我国要实现碳达峰与碳中和，无疑是要选择一条代价最小的路径，因为这是一场深刻的能源、科技、经济乃至于社会革命，必然存在着很多矛盾和困难，所以代价最小的路径才是最优路径。

在"双碳"目标下的能源战略研究中，我认为其指导思想应是：立足国情，安全发展，科学创新，务求实效。也就是说，第一，我们要认清国情，我国目前的能源结构是以化石能源为主体，以2019年数据为例，我国化石能源占比84.7%，非化石能源占比15.3%，其中煤炭占比57.7%，油气占比28%；我国的碳汇能力是12亿吨，其中80%来自于森林，这就是国情；第二，我国还是发展中国家，经济要发展，能源需求要增加，能源安全就是国家安全；第三，要依靠科技创新，用科学态度去创新，要做到"四可"，即科学原理上是可能的，技术经济上是可行的，工程实践上是可操作的，长远发展是可持续的；第四，路径选择和方案设计要落到实处，真正见到实效，力戒空谈。

对实现碳达峰和碳中和这一问题的认识可概括为五句话，即：能源消费是核心，产业结构调整是关键，化石能源是重点，节能提效是抓手，现代能源体系建设是目标。这是因为，CO_2的排放重点在于能源消费，据统计2020年全球能源CO_2排放量约占总排放量的87%，我国能源活动排放的CO_2约98.9亿吨，约为美国的2.2倍，欧盟的3.9倍，因为我国的能源结构是以化石能源尤其是煤炭为主。这里有几个数据可供参考：1吨煤炭燃烧放出的CO_2为2.66吨，以相同热值单位计算，天然气的CO_2排放量设为1，则石油是1.24，煤炭为1.54，所以说只有控制好能源结构和消费比例，才能控制住排放总量。要合理控制消费和排放比例，就必须进行产业结构调整（包括增加碳汇），在这方面国家有很多相关的数据，也有对策和部署。必须把煤炭、油气等化石能源作为重点，减少其在消费侧的占比，积极发展非化石能源。要把节能提效作为基本国策。我国目前的能源强度距世界平均水平尚有较大差距，以相同GTP为考核标准，我们的能耗是世界平均水平的1.5倍，CO_2的排放量是其1.8倍，因为我们的能源结构是以煤炭为主。但也说明我们还有很大的进步空间。有专家测算，以2018年我国能源消费总量46.8亿吨标准煤为例，如果我们能把能源强度变为1即达到国际平均水平，我国可减少消耗14亿吨标准煤，减少 34 亿吨的 CO_2 排放，这是非常可观的数字，远高于我国当前的碳汇量。由此可以体会到提效的重大意义和巨大作用。但是怎样才能提效？只有通过科技创新和管理创新才能实现，这是摆在各行各业面前的重大课题。另外节能也非常重要，我国目前存在着严重的能源浪费，应当在全社会树立"节能是第一能源"的理念，号召"人人节能""全民节能"；从理念、政策、法规、管理和科技创新方面入手，切实做好节能，节能本身就是减排。

| 苏义脑院士为作者题字（2021 年 12 月）

最终我们要建立起具有中国特色的现代能源体系。这一能源体系的特征是什么？可概括为八个"化"字：化石能源清洁化，非化石能源低碳化，新能源的多元化、规模化和本地化，多种能源综合化，终端能源消费的再电气化和能源系统智慧化。

参考国际上的相关经验和我们专家团队的研究结果，有一点结论是比较明确的，那就是：减煤、稳油、增气，大力发展可再生能源。当前乃至今后一段时期内，要切实抓好煤炭的清洁化利用工作。化石能源没有原罪，不能一概斥之为"非清洁能源"，通过科技创新把它用好用清洁，它就是清洁能

苏义脑院士眼中的石油科学家精神

源。根据我们的研究结果，到 2060 年，我国对石油的年需求量为 2.8 亿~3 亿吨，仍大于我国目前的原油产量（2021 年国产原油 1.9898 亿吨）；天然气的年需求量约为 3500 亿立方米，仍大于我国当前的天然气产量（2021 年国产 2053 亿立方米），而且由于天然气的碳排放显著低于煤炭，它是减煤过程中最切实可靠的替代能源，在实现碳中和的过程中，我国的天然气年需求量可能会高达 6500 亿立方米；所以从这个意义上说，结合石油的战略物资属性和金融属性，油气工业绝不会是"夕阳产业"。要抓好以新能源为主体的新型电力系统规划和建设，要做好 CCUS 科技攻关和示范工程，形成新的碳汇和转化利用。到了一定时期，煤炭、石油会回归物资属性，并作为后备能源起到安全保障作用。

我国现在是能源大国，但还不是能源强国。我们的目标是建设能源强国。什么是能源强国？对其内涵和特征，我个人的理解其内涵应该是：能源应用规模巨大，这主要指供应和消费量居国际前列，供应安全主要指对外依存度低，来源有保证且应变能力强；结构合理，即非化石能源占比高，其主要特征是清洁低碳、技术先进、体系现代。我们学部院士们形成的共识是：持续推进能源革命，构建现代能源体系，科学实现碳达峰碳中和目标、建设低碳能源强国，支撑绿色永续发展。

我们相信本着科学态度，通过科技创新，我们会找到最优路径和规划方案，以坚持不懈、积极稳妥的努力实施推进，实现"2030 年前碳达峰和 2060 年前碳中和"，把我国由能源大国建设成能源强国。

唐大麟：您主持设计和研制的导向螺杆钻具，现在已成为全国水平井攻关中不可或缺的主要工具；您领衔研发的地质导向钻井技术打破了国外的技术封锁与垄断，被誉为钻井技术中的"两弹一星"，在我国钻井技术发展史中具有里程碑意义。这些成绩的取得，您认为得益于什么？

苏义脑：我2003年当选中国工程院院士以后，曾有一个记者来采访我，他一见面就给我提了一个问题："作为一名成功人士，请谈谈成功的秘诀是什么？"我说首先声明我不是成功人士，您如果让我谈工作的体会那我可以谈一些。记得当时我谈了三点体会：*进步的起点在于追求；发展的关键在于创新；成功的秘诀在于坚持*。当年地质导向钻井技术研究成功以后，课题组开总结会时我总结了四个字：*用心、坚持*。就是无论做什么事都要用心，用心搞研究，用心带队伍，用心做布局。而创新是一件很难的事情，它要求大胆和坚持。创新是对旧物的否定或改造，在创新初期必然是"和者盖寡"，不要奢望"应者云集"，这是对创新者定力的考验。*只有打破常规，大胆设想，严密求证，锲而不舍，攻坚克难，坚持前行，才有可能取得成功*。创新要经受实践的检验，只有被实践证明正确才是创新。理论创新和技术创新最终要转化为生产力，才算完成创新。这也是我和团队成员的共识，并时刻以此自勉。毛主席在《抗日游击战争的战略问题》中曾说过这样一句话：有利的情况和主动的恢复，产生于再坚持一下的努力之中。我对这句话的印象和体会都太深了。从我父亲去世时考大学开始，到历时10年研究地质导向钻井技术时遇到的种种阻碍，这几十年一路走来，*每当遇到非常艰难的情况，我就想到再咬咬牙，再坚持一下*。很多时候我都是自己默默书写蒲松龄的那副对联勉励自己："有志者，事竟成，破釜沉舟，百二秦关终属楚；苦心人，天不负，卧薪尝胆，三千越甲可吞吴。"而地质导向钻井技术等研究实践也证明，任何成绩的取得都来自于锲而不舍的坚持。

唐大麟：您心目中的石油科学家精神是什么？

苏义脑： 国家提倡的科学家精神是 12 个字："爱国、创新、求实、奉献、协同、育人。"我觉得如果要讲石油科学家精神，再加上两句话就够了："我为祖国献石油。""把论文写在井场上。"

■ 采访时间：2021 年 12 月 28 日
■ 采访地点：北京市海淀区　中国石油勘探开发研究院主楼

唯责任与热爱不可辜负

——记中国工程院院士、石油地质和勘探专家童晓光

◎ 人物小传

童晓光，石油地质和勘探专家，教授级高级工程师，博士生导师。1935年4月出生于浙江，1964年南京大学研究生毕业。曾任中国石油天然气勘探开发公司副总经理兼总地质师。参加过大庆、辽河、塔里木等盆地的石油勘探，参与过渤海湾盆地、中国东部和其他地区的石油地质研究。中国跨国油气勘探的开拓者之一，对世界各地数百个项目进行研究和评价，指导国外二十多个项目的勘探，取得了重大成果。曾获国家级奖励4项、省部级奖励3项、孙越崎能源大奖、李四光地质科学奖、何梁何利基金科学与技术进步奖、原国家人事部授予的"国家级有突出贡献中青年专家"、原中国石油天然气总公司授予的"石油工业有突出贡献科技专家"等奖项及荣誉称号。

2005年当选中国工程院院士。

唐大麟：20 世纪 80 年代，童晓光院士提出"走出去"利用国外油气资源的能源战略思路。请您介绍一下童院士这个思想是在什么样的社会环境下产生的，当时"走出去"面临怎样的挑战？

窦立荣（中国石油勘探开发研究院执行董事、院长、党委委员，中国石油国际勘探开发有限公司党委委员、总地质师）：从 1963 年我国把"贫油"帽子甩掉之后，国内原油产量日益增长，1978 年达到 1 亿吨。到了 20 世纪 80 年代，天然气产量也开始逐渐增加。但是，随着改革开放后国民经济快速发展，油气需求量超过了油气增长量。在这种情况下，童院士预测国内油气资源将会短缺。他超前提出了"走出去"利用国外油气资源的发展思路。当时，他一边负责国内对外的区块招标，吸引更多的石油公司到中国来投资；一边带队去美国推荐中国的油气区块。1992 年，党中央提出"利用国内外两种资源、两个市场"的战略决策。1993 年，童院士被任命为中国石油天然气总公司国际勘探开发合作局副局长兼总地质师，负责国际化经营的地质工作，开始了中国石油海外建功的创业之旅。

中国石油"走出去"跨国勘探，困难重重。遇到的第一个挑战便是起步晚、无经验。西方大的石油公司从 20 世纪初开始，便以商业获益为目的，在全球范围找油找气。比如壳牌、BP 等公司，从诞生开始就是全球布局。1949 年新中国成立时，我国的油气年产量只有 12 万吨，大量依靠外国的成品油进口。后来，发现了大庆油田，实现了能源自给自足。20 世纪 80 年代，中国石油由政府部门改组为企业化运作。企业应该遵循的经济规律就是效益最大化。企业要盈利、要挣钱，在这方面中国石油在海外投资油气勘探开发方面无任何经验可谈。

第二个挑战是环境陌生，没有资料。比如说勘探某个区块，对方就给画个范围，没有任何地质构造、地下资源分布等相关资料，全凭自己现场勘察，或通过其他相似地块的类比进行判断。海外石油合同勘探期一般都是 3~5 年，对于石油公司来说，没有油气发现就必须退出区块，之前的所有投资都会沉没。

中国石油的队伍要在陌生的社会环境、投资环境和地下环境下，短时间内实现勘探创新，在前人没有找到油的地方找到油，难度可想而知。

第三个挑战是承担的社会责任。从某种意义上说，中国石油企业签订的石油合同，代表着中国形象。所以，走出国门的石油队伍要处理好经济责任和社会责任两者之间的关系，在保证乙方的经济效益同时，还要和资源国政府实现双赢。

唐大麟：都说童院士是地质学家，也是战略家，他的油气勘探理论在海外区块的勘探评价中起到了指导和方向性作用，在苏丹1/2/4区块项目中，他利用陆相成油理论找到上亿吨的大油田。请您介绍一下相关情况。

窦立荣：20世纪60年代至80年代，美国雪佛龙公司、英国壳牌公司等西方石油公司都在苏丹勘探找油，直至1989年苏丹发生政变，便撤离了。1995年苏丹总统巴希尔访华，希望中国帮助找油。童院士带领专家组对苏丹石油地质条件进行了评价，同年9月，中国石油获得苏丹穆格莱德盆地6区块的石油开采权，这拉开了中苏石油合作的序幕。1997年，中国石油通过竞标，获得了1/2/4区项目；随后，又相继竞标获得3/7区、15区、13区项目。

童院士把自己独特的油气勘探理论在非洲发挥得淋漓尽致。雪佛龙公司曾在1/2/4区块找到两个油田，因周边环境影响，未曾评估商业价值便放弃了。苏丹的盆地性质和渤海湾盆地相像，同为陆相裂谷盆地。当时童院士运用在辽河油田和渤海湾盆勘探时积累的陆相盆地理论、技术和经验，对勘探研究的方向进行了准确把握。中方在短时间内，找到8亿吨的油气储量，是原来西方石油公司发现油气储量的好几倍。2003年之后，这里又陆续发现一系列储量，且发现石油的成本比较低，达到了国际先进水平。

随着苏丹项目的顺利进行，中国石油油气勘探进入了非洲的阿尔及利亚、突尼斯等国家。海外勘探与国内勘探最大的区别在于必须在几年内以最快的速度找到规模油田，这考验的是研究精准性。在这方面，童院士起到中流砥柱的作用，他站在整个盆地，甚至北非、中非的大视野下来勘探与研究地质问题。比如研究穆格莱德盆地时，他要求研究人员采集两条穿过整个盆地的地震长线，目的就是搞清盆地结构，结构搞清楚了，就基本把勘探方向搞清楚了。因此童院士不仅是地质学家，还是寻找油气的战略家。

唐大麟：当年刚出国门的中国石油人面对重重困难，不气馁，鼓干劲，积累经验，蓄力待发。请您回顾一下童院士是如何带领团队成功拿下哈萨克斯坦阿克纠宾油气项目的？

张兴（中国石油国际勘探开发有限公司原高级副总经理）：20世纪90年代初，中国石油走出国门进行跨国油气勘探开发，可谓困难重重。童院士带领团队坚定信心，一方面利用秘鲁、泰国等小型开发项目锻炼人才队伍，积累经验；一方面全面梳理全球油气资源的分布情况，分国家分盆地进行系统研究，编写了《世界石油勘探开发图集》等专著，为之后的跨国油气勘探开发做好准备。

1997年，哈萨克斯坦阿克纠宾油气公司项目面向全球招标。当时，阿克纠宾油田的产量是260万吨。童院士带领的团队有了前期充分的准备和积累，认为这里最高产量可达580万吨。后来，油田的高峰产量达到582万吨，应验了童院士的精准预测。

当时，童院士仅用10天时间，就完成了阿克纠宾项目的评价工作。投标成功，为国家赢得一个石油地质储量6亿吨、天然气地质储量2000亿立方米的大油气田。时至今日，这仍是中国石油天然气集团有限公司效益最好的海外油气田之一。阿克纠宾项目的成功，大大提振了中国石油人跨国油气勘探开发的信心。

| 童晓光院士与夫人在石油大院散步（2022年8月）

唐大麟：当年中国石油投标苏丹1/2/4区块时，法国道达尔公司认为中国石油不可能运作好苏丹的项目。一年零10个月后，中国石油成功拿下苏丹项目，有了良好的勘探前景，道达尔公司又发表言论，认为除了中国石油没有人能够拿下苏丹这样的项目。这是为什么？

张兴：这是因为中国石油的海外创业实践，使西方人看到和感受到了中国人的力量和实力，以及中国人说到做到、不畏艰苦、克服万难的坚强意志。

曾有多家国际大牌石油公司在苏丹1/2/4区块工作了十几近二十年，却没有建成石油工业的完整体系，而中国石油在短时间内建成了。这取决于中国人尊重历史、尊重实践的品质与作为，及其所具有的石油勘探开发、工程建设上下游一体化建设能力的综合优势。

我们在海外勘探讲求的是双赢。每到一个国家，能得到第三世界人民的大力支持、理解和拥戴，形成一个伙伴关系加亲密的兄弟关系。所以，我们才能够拥有现在在海外"一带一路"的和谐、合作、高质量发展的局面。

苏丹地处非洲撒哈拉大沙漠，生活条件非常恶劣。没有青菜，没有最起码、最基本的饮食、住宿和生活条件，连做菜的调料都是从国内带过去。生活的自给自足也是海外勘探工作的重要内容。中国石油人创造了海外自力更生的"上下游一体化"，种菜、养猪、养鸡、做饭……那时童院士跟我们一起做饭，面对原生态的世界，我们所面对的现实只有创新、改变和建设这一种选择。

唐大麟： 中国石油在苏丹以及非洲经营开发多年，硕果累累，也因此拥有了良好的国际影响力，带动了国内外相关的经济发展。童院士作为这项事业的领头人，您如何评价他的贡献？

张兴： 苏丹项目让中国石油集团乃至中国石油行业在海外建成了第一个千万吨级大油田。项目的成功，振奋人心、鼓舞士气。苏丹举国上下欢欣鼓舞，苏丹人民从此不仅有了自己的石油工业，其生产的原油及化工产品还能出口。千万吨级大油田的出现，为苏丹带来了石油工业上、中、下游配套设施的建设，也带动了中国国内产业链的发展。中资的风能、电能、矿业等企业，形成了以石油投资为龙头的连带产业链，受到了第三世界人民的欢迎。中国石油"走出去"成功的案例表明成功的基础需要一个优秀的团队和一个能为国家担当作为、不忘初心、牢记使命的带头人。童院士就是这个优秀团队的主要推动者、引领者、组织者和责任者。

唐大麟： 您眼中的童晓光院士，是怎样的一个人？

张兴： 童院士在事业上所取得的成就是有目共睹的，但面对成功与欢呼，童院士淡然处之，成功不过是他对地下油藏正确认识的印证。在我的眼里，他以平凡人的身份和平凡的心态，以一种无私奉献的人生和作为，最终干出了不平凡的辉煌事业。

唐大麟： 在塔里木油田工作期间，您与童院士存在着时空交集，他那时给您留下了怎样的印象？

肖坤叶（中国石油勘探开发研究院非洲研究所所长、副书记）： 1989年，童院士主动请缨参加塔里木石油会战，被任命为塔里木勘探开发指挥部总地质师。几年之后我也参加了塔里木石油会战。虽然我们不相识，但我久闻他大名，对他非常钦佩。塔里木油田有着地温梯度低、油藏埋深大、地质构造复杂等特点。童院士细致地进行了盆地油气分布规律和勘探方向研究，创造性地提出塔里木盆地具有叠合复合性质，确定了油气分布规律和勘探方向。这项研究获得了中国石油天然气总公司科技进步一等奖，为塔里木石油会战以及后续的勘探开发提供了方向性指导。

| 童晓光院士在实验室指导学生

唐大麟： 塔里木之后，您与童院士在苏丹项目中成为同事，他给您留下过哪些深刻的印象？

肖坤叶： 1996年，我和童院士在苏丹相逢，随之以后的非洲勘探项目都在一起工作。比如苏丹的1/2/4区、6区、南苏丹3/7区，还有莫桑比克、尼日利亚、突尼斯、利比亚、尼日尔、乍得等等。多年的工作中，他不惧困难、创新开拓的精神，深深影响和激励着我。

有一年，我们接到任务，去收购吉尔吉斯斯坦国家石油公司。做海外项目，出差是很辛苦的事。我们来到吉尔吉斯斯坦，刚一落脚，童院士就要听相关情况汇报、看地质资料。那资料图有的要几米长，只能挂在墙上。67岁的童院士爬上桌子，站在桌子上看。吃完晚饭，大家也不休息，继续讨论相关问题。第二天，童院士拿上地质锤，带着我们去看地质露头。童院士说，**做科研的人，一定要从基础入手、从资料出发**。

20世纪苏丹条件非常差。我第一次去的时候，街上基本没有汽车。天气特别热，还有马来热、疟疾等传染病，在南苏丹，还有反政府武装时而发生战乱。童院士带领我们，凭着"我为祖国献石油"的信念，在艰苦的环境下坚持工作。地处迈卢特盆地的南苏丹3/7区，是我国海外第一个完整盆地的油气勘探项目。刚开始，我们也走了一些弯路。童院士带领我们创新研究思路，重新做盆地区域研究，找着了古近—新近系主力成藏组合，建立被动裂谷盆地的地质模式和成藏模式，发现了世界级的法鲁杰油田，油气储量在当年全球油气大发现中排在前50以内。

唐大麟：您觉得童院士是怎样的一个人？与他共事这些年的经历是否对您日后的工作有帮助？

肖坤叶：童院士是知名科学家，有着虚怀若谷的胸怀。每当大家对某一个问题有争议时，他会耐心听完不同声音的解释，以理服人。记得有一次，在研究一个海外项目可行性时，多个研究团队和大多数人都认为那是一个礁体，可能有大油藏。当时，我坚决不同意这个设想。因为我根据广泛的调研分析，那个时期在大西洋是不存在造礁环境。经过多次的交流和沟通，童院士采纳了我的意见，毅然放弃了这个区块。之后，其他油公司进入该区块，也是无果而返。

对待同事，童院士大度包容，对待工作，童院士肩负责任，有着独特的自信和坚持。有一年，一个区块到了最后拍板购买阶段。童院士根据多年的经验和对油气勘探资料的分析，坚持放弃。那次，我在出差间隙问童院士："您怎就敢冒天下之大不韪，把这个项目给否了？"他说："资源不落实，没有资源就是海外投资的最大风险。"他这种求真务实的科学精神，一直深深影响着我。多年后证实，童院士的分析是对的，就是这最后的一票否决，避免了国家巨额损失。

在与童院士共事期间，我学到很多书本上学不到的东西，个人的地质勘探理念也发生了变化，看问题的角度和格局更加广阔。比如，海外区块的勘探期最长也就 10 年。在这样的时间压力下，我们该如何应对？记得在与童院士讨论时，他自信地说："核心理念就是用最短的时间发现盆地或者合同区块中最大的油田，只有这样，海外勘探才有效益。"

| 童晓光院士与学生们一起

唐大麟：作为和童院士一起工作过的同事，能否谈谈童院士提出国际石油勘探开发战略思想背后的故事？

田作基（中国石油勘探开发研究院美洲研究所书记、副所长）：童院士在 20 世纪 80 年代提出了利用国外油气资源进行跨国勘探开发的倡议。应该说，童院士是我国最早提出中国油公司进行跨国油气勘探开发战略的石油专家。他特别善于学习，阅读了大量国内外文献，这大大提高了他的思维能力和思考深度。他很早就开始进行全球石油地质和油气资源的研究，撰写的相关著作对中国石油加快"走出去"步伐，在非洲、南美、亚太和中亚—俄罗斯地区获得一系列油气勘探开发项目，都起到了积极的指导和推动作用。

2000年前后，童院士基于利用国外油气资源的必要性和紧迫性，跨国勘探的可能性、难点和风险，世界各地油气地质条件和资源潜力，以及不同国家合同条款和投资环境的分析，系统提出了21世纪初中国油公司进行跨国油气勘探开发的十二个战略问题。直到今天，中国的跨国油气勘探开发，也都是按照这个思路和思想进行的。

唐大麟：您与童院士一起从事海外项目工作20多年，请问您在童院士身上学到了什么？期间有没有什么印象深刻的事情？

田作基：我从2000年开始跟随童院士从事海外石油地质研究与勘探工作，至今已有20多个年头，足迹踏遍非洲、中亚和美洲地区十多个国家，可以说，童院士是我从事海外勘探事业工作的领路人。在童院士的领导和指导下，我这些年参加过的项目有：苏丹1/2/4区项目、3/7区项目、6区项目，哈萨克PK项目，美洲厄瓜多尔安第斯项目、秘鲁项目、巴西项目等，还有非洲、中亚、美洲、蒙古等新项目评价，以及全球常规油气资源评价项目。

童院士在工作中的无私奉献、严谨认真和以身作则，对我印象最为深刻。每到一处项目所在地或新项目评价资料室，我都亲眼所见童院士不顾车马劳顿、身心疲惫，马上开始查看资料、听取技术汇报，了解地质情况。他跟我们一起研究地震剖面和测井剖面，询问解释理由是什么。同样的资料，我们的解释内容不一样，他就给我们讲解原理、分析问题出在什么地方，帮助我们找到正确的思考方向。实际上，每一次资料解释过程，就是一次再学习再提高。在他身上，我不仅学到了专业知识和思维方式，还学到了做事的态度和开阔了视野。

唐大麟：作为一名在石油地质研究和海外油气勘探开发领域硕果累累的石油大家，童院士给我们留下了丰富的著作和宝贵的学术思想，您作为他正式退出管理岗位之后的所带的第一位博士后，请简要介绍一下童院士的主要学术经历及所取得的成就。

温志新（中国石油勘探开发研究院油气资源勘探所所长、副书记）：我认为童院士到目前为止 60 多年的学术生涯可以分为四个阶段。第一阶段是 1964—1986 年，可谓是赤子之心奔关东，谱写了渤海湾裂谷盆地复式油气聚集理论之华美乐章。他 1964 年从南京大学硕士研究生毕业后，被"铁人精神"所吸引自愿前往大庆油田，1965 年因工作需要负责渤海湾盆地辽河凹陷的勘探工作。1978 年，主持完成了辽河断陷石油地质特征及油气分布规律研究，获全国科学大会奖；1980 年，主导了辽河曙光古潜山油田发现，获石油工业部油田发现奖；1983 年，负责完成中国东部陆相盆地地质岩性油藏分布规律及远景预测研究，获石油工业部科技进步一等奖；1985 年，作为主要人员，完成渤海湾盆地复式油气聚集区（带）勘探理论与实践研究，获国家科学技术进步奖特等奖。1986 年，原国家人事部授予"国家级有突出贡献中青年专家"称号。

他学术的第二阶段是 1987—1992 年，可谓是意气风发进沙漠，揭开了我国西部叠合盆地纵向发育不同成藏组合的神秘面纱。1985—1989 年，他负责全国板块构造演化及沉积盆地分布研究，提出了叠合盆地的概念，组织完成了台参 1 井和陕参 1 井两口探井的钻探，前者揭开了吐哈油田勘探的序幕，后者打开了鄂尔多斯盆地奥陶系天然气勘探新领域。1989 年，童老师作为塔里木石油勘探开发指挥部总地质师和地质研究大队长、党总支书记，在短短的三年时间内，领导完成了"塔里木叠合型前陆盆地油气分布规律和勘探方向"的研究，在石炭系和三叠系不同的成藏组合中，均发现了大型油气田，获得了中国石油天然气总公司科技进步一等奖。1991 年，被中国石油天然气总公司授予"石油工业有突出贡献科技专家"称号。

童院士学术的第三阶段是1993—2005年，可谓耳顺之年闯海外，作为中国石油海外第一人，为我国国家能源安全开辟出一条新道路。作为首位建议"走出去"利用国外油气资源的战略家，他当时被任命为刚成立的中国石油天然气总公司国际勘探开发合作局副局长兼总地质师，带领团队先后完成国外600多个新项目的技术经济评价，成功获取并指导了国外50多个项目的国际化经营工作，为建成权益产量五千万吨的"海外大庆"做出了突出贡献。其中，2003年，主持完成的"苏丹Muglad盆地1/2/4区高效勘探技术与实践"，获国家科学技术进步奖一等奖，同年获孙越崎能源大奖；2005年，主持完成的"迈卢特盆地快速发现大油田配套技术与实践"，获国家科学技术进步奖二等奖，同年获李四光地质科学奖和何梁何利基金科学与技术进步奖。

2006年至今，是童院士学术生涯的第四阶段，可谓是老骥伏枥览全球，为海外油气合作可持续发展提供了强有力的技术支撑。作为国家科技重大专项"十一五"到"十二五"两个阶段的项目长，自主评价了全球425个盆地1041个成藏组合的全球常规、非常规油气资源潜力，为成功获取海外47个项目提供了技术支撑，为实现海外权益产量1亿吨当量做出了重要贡献。2018年，他主持完成的"全球油气资源首轮自主系统评价关键技术与重大新项目优选突破"，获中国石油集团公司科技进步一等奖。

| 2005年，当选中国工程院院士留念（摘自《童晓光院士画传》）

唐大麟： 童院士是您的硕士指导教师，在多年的工作学习过程中，他哪些品德对您印象最深，对您事业的发展有什么帮助？

牛嘉玉（中国石油勘探开发研究院生产运营研究所所长）： 童院士给我最深的印象是他注重基础工作以及求真求实的学术研究态度。1966年，童院士来到辽河油田，通过地质构造分析，战略性地提出把勘探重点转移到西部洼陷的建议，为辽河勘探打开了新局面。当时，童院士在通过观察岩心和录井资料，发现有一颗荧光显示。许多在场人员，认为单凭这一点，是不可能发现古潜山油藏。但童院士通过区域对比、研究和严谨分析，坚定信心，坚持继续钻井，打下了辽河油田第一口古潜山探井，发现了曙光古潜山油田。这个油田的油气产量至今在辽河油田依然占有相当大比例。童院士在辽河油田工作12年间，陆续完成了《辽河坳陷石油地质特征和油气分布规律》报告。

1979年，童院士调入北京的石油工业部石油勘探开发科学研究院工作。之后的10年里，他结合辽河油田工作经验，参与完成了"渤海湾盆地复式油气聚集区（带）勘探理论与实践研究"；完成了"中国东部陆相盆地地层岩性油藏分布规律及远景预测研究"，参与了台参1井、陕参1井地质设计审核和现场技术指导工作，为石油事业做出了重要贡献。

童院士在学术上求真求实、在工作中献身石油事业，勇于拼搏的精神，深深影响和激励着我。我在写硕士论文时，他要求我一定要到现场收集资料。我在中国东部跑了七八个油田，进行了大量的样品收集和样品分析，最后以优秀成绩完成硕士论文答辩，为今后工作奠定了扎实的理论基础。我的第一个研究成果，是全国稠油和油砂资源的地质评价和富集带优选，我的研究也是首次系统地进行全国稠油资源评价，对后期的资源勘探和开发，具有一定的推动和促进作用。在研究中，童院士提出要把贴近生产需求和理论创新作为切入点，提高对非构造油气藏的评价。在童院士指导下，我作为国家"十一五""十二五"期间的课题负责人，对中国东部的非构造油气藏进行评价，均取得良好成效。

| 中国石油勘探开发研究院领导看望童晓光院士

唐大麟：您作为童院士曾经的科研助手，以及"全球剩余油气资源研究及油气资产快速评价技术"重大专项课题组的核心成员，请给大家介绍一下童院士领衔开展这一重大专项研究的意义和所取得的成果。

王兆明（中国石油勘探开发研究院油气资源勘探研究所企业技术专家）：合理有效利用国外油气资源是保障国家能源安全的必由之路，其主要面临四大难题：一是如何揭示全球油气资源形成与富集的地质规律；二是如何客观评价全球油气资源并对其空间分布准确定位；三是如何实现油气资产"优、准、快"评价；四是如何自主构建安全可靠的全球油气资源信息系统。为此，国家和中国石油集团自 2008 年以来持续设立"全球剩余油气资源研究及油气资产快速评价技术"科技重大专项开展研究，在童院士的主导下，历时 10 年，取得了一系列理论技术突破及重大应用实效：

一是创新古板块位置上原型盆地、岩相古地理与成藏要素重建技术，对油气进行溯源定位，总结了全球油气富集规律，明确了未来勘探开发重点方向。我们首次完成了全球 13 个地质时期原型盆地、岩相古地理及油气成藏要素在古板块位置上的重建与工业化制图，揭示了全球板块2个演化旋回与原型盆地、岩相古地理发育的时空关系及其对成藏要素和油气富集的控制作用，实现对油气"溯源定位"，明确了全球油气富集的重点地区、盆地和层系，超前优选了18个富油气盆地群和重点领域，有效指导了海外勘探新项目获取，在巴西、东非等多个地区得到勘探证实。

二是创建了以"成藏组合"为单元的油气资源评价技术体系，实现了对全球油气资源空间分布的定量评价，指导勘探取得重大发现。创建11个地区已知油气田储量增长模型，发明"GIS空间图形插值法"，完成海外425个盆地1041个"成藏组合"常规待发现油气、7类非常规油气资源潜力与空间分布定量评价，新识别出126个成藏组合。系统评价了已发现的28000个油气田未来储量增长潜力。评价范围、资源类型、精度均超越国际同行。

三是创立了资源、经济和风险评估于一体的海外油气资产快速评价技术体系，支撑了海外油气资源的规模化利用。建立了涵盖非常规、深海等特殊类型油气资产的储量、产能、投资和经济性等27项量化评价指标与模型库，优选风险指标和评估模型，实现海外新项目全周期风险定量化评价，成为中国油公司获取海外优质资产的核心技术。

四是国内首次建成集数据、资源评价、制图、数据挖掘于一体的"全球油气资源信息系统"，为国家提供了安全可靠的全球油气资源大数据平台。创新多源数据融合建库技术，构建形成油气资源评价软件和协同研究平台，标志性产品"全球油气资源信息系统2.0版"包涵了全球油气资源评价、新项目评价、勘探生产等数据，奠定了海外油气业务拓展的坚强基石。

（胡玮斐对本篇亦有贡献）

■ 采访时间：2021年10月30日 / 2022年8月28日
■ 采访地点：北京市海淀区　中国石油勘探开发研究院主楼

企业家应以担当尽责践行初心使命
——访中国工程院院士、炼油与石油化工及工程管理学家王基铭

◎ 人物小传

王基铭，炼油与石油化工及工程管理学家。1942年6月出生于上海市，原籍浙江上虞。1964年9月毕业于华东化工学院石油炼制专业。曾任中国石油化工股份有限公司总裁、中国工程院工程管理学部主任、全国政协委员等职。现任中国石化科技委顾问、中国企业联合会特邀副会长、中国可持续发展工商理事会会长、中国石油和化学工业联合会名誉会长。在中国石油石化行业拥有四十多年管理工作的丰富经验。在长期的石化工程建设实践中，提出了适合我国炼油化工工程建设的管理理念和方法，以及管理模式。不断推进工艺技术和设备的国产化，率先将具有自主知识产权的成套技术应用到世界级石油化工工程。组织推进了中外合作开发和推广应用大型裂解炉和分离技术，组织了炼化大型关键设备国产化攻关，实现了国产裂解气压缩机、丙烯和乙烯压缩机、加氢反应器等重大石化装备的首次工业应用，开创了国内成套技术进入当代世界级大型石化工程的先河。

2005年当选中国工程院院士。

唐大麟：王院士，您好。20世纪70年代初，国家为解决百姓穿衣问题，决定兴建"金山工程"。您作为上海石化第一代建设者，曾和上万名建设者一起在茫茫滩涂上建起了一座石化工厂；20世纪80年代末，您作为上海石化总厂厂长，在企业财务困难时号召职工捐资建厂，并最终在1990年建成30万吨乙烯工程，为我国乙烯产量跃居世界大国行列做出突出贡献。您有一句名言："没有担当，干什么事？"这是对"企业家精神"最好诠释。您认为一名优秀的企业家应该具备哪些品质？

王基铭：作为国有企业的企业家，我个人的体会首先要担起三个责任。一是经济责任，因为你首先要创造效益，不创造效益，就不要当企业家。除此之外，国有企业的企业家是代表国家在经营企业，那么就要从国家和民族的角度出发思考问题，有所担当，承担起政治责任和社会责任。在计划经济时代，一个厂长同时也是企业的大家长，不仅要抓生产经营，还要管好员工"票子、房子、车子"，现在虽然时代变了，但企业家肩上的责任依然不轻。

一名优秀的企业家还应该具备"三识"，即丰富的专业理论知识、开阔的见识、无私无畏的胆识。并同时实现"三个出"，即出效益，出人才，出经验。企业家是企业的当家人和领头人，要充分肯定他的地位，发挥好应有的作用，这对企业来说是非常重要的。对企业而言，不同的领头人就有不同的企业前景，这方面的例子不胜枚举。所以，这既是对我们中国企业家的肯定，也是对中国企业家的一种期望，希望中国的企业家要充分认识到肩上的责任。

唐大麟：1993年，您任上海石化董事长兼总经理时，上海石化成为中国第一家同时在上海、香港和纽约三地上市的公司，这标志着中国企业在资本市场走出国门、走向世界；2000年，您任中国石化总裁，这一年中国石化分别在香港、纽约、伦敦三地成功上市，并于2001年在上海上市，由此成为第一家在境内外四地上市的中国企业。作为中国资本市场最早的"弄潮儿"之一，请您回顾一下当时是在什么样的背景下走上证券化发展道路的？

王基铭： 新中国成立之初，我国乙烯工业一片空白。新中国成立后近20年里，我国乙烯产量也是近乎为零，90%以上的石油化工产品依赖进口。1986年6月，我国引进的第5套30万吨/年乙烯装置获批，落户上海石化。在当时国内的政策下，30多亿元的建设资金完全依靠企业自行向国内外举债筹措。我1988年开始担任上海石化总厂厂长，至1990年30万吨/年乙烯工程建成，由于举债建设，那时企业负债50多亿元人民币，我不想做一个亏损企业的厂长，便开始想办法解决企业负债问题。后来我发现股份制是个好办法，不仅能筹措企业发展资金，更重要的是能在企业体制机制上与国际接轨。当时全社会对"股份制"这个概念还有些陌生。于是1991年，我先向陈锦华同志（原中国石化总公司总经理、时任国家体改办主任）汇报了上海石化股份制改革设想。他作为那时我国经济界的权威，虽心里赞成，但并未明确表态，而是让我们先做一些基础性准备工作。后来我又向徐匡迪同志（时任上海市副市长）汇报了我的想法，希望能得到上海市委、市政府支持。徐匡迪说国企特别是像上海石化这样的大型国企，能不能搞股份制改造，还没有先例，最终决定权恐怕不在上海市这里，但可在适当时候将此思路传递给时任国务院副总理的朱镕基。于是1992年5月我带着厂领导班子专程进京向国家体改委等国务院有关部门和中国石化总公司做汇报，以取得国家层面的支持。再后来朱镕基副总理和邹家华副总理都对上海石化的股份制改革情况做了批示。当年9月，国务院批准上海石化等9家企业为首批规范化股份制改制试点企业。当时的要求很高，要三地上市。于是在1993年7月至11月，上海石化陆续发行了H股、ADR和A股，成为内地第一家在香港、纽约、上海三地上市的公司。

2000年时我已担任中国石化副总经理，因为我有上海石化上市的成功经验，于是中国石化整体上市的事就让我来分管。当时国家层面是希望三大石油央企成为国际化企业。按照国际惯例，就是用市场换战略投资人。中国石化第一次发行H股时，引入了4家战略投资者：埃克森美孚、壳牌、BP和ABB集团，以及香港地区的财务投资者认购。第二次发行A股，又引入了国内9家战略投资者和社保基金。用这些募集来的资金,我们放手搞了产能建设、改扩建、修码头、铺管线、建油站、搞勘探,进一步提高油品销售市场的占有率和上游市场的开发程度。现在回过头来看,当时三大石油央企整体上市,是朱镕基总理站在更高的层面、着眼于我们国家加入WTO以后,为了更好地应对国有大型企业参与国际竞争的形势而做出的高瞻远瞩的决定。

| 王基铭院士近照

唐大麟:当年在石化设备国产化的尝试中,您是如何运用管理手段保障制造质量的?

王基铭:我1994年开始任中国石化副总经理,1995年初正式到北京工作,当时主管基本建设、技术改造和物资装备工作。1995年,大庆石化实施30万吨/年乙烯改扩建工程,因为我了解到当时裂解压缩机国产化的条件已基本成熟,如果此时不做,不知要待何时,所以就决定首先对乙烯裂解装置的重大关键设备——"三机"中的裂解气压缩机、丙烯压缩机这"两机"实施国产化。当时工厂对要不要使用国产裂解压缩机争议很大,因为在此之前,国内18套压缩机全是进口的，进口设备安全风险小，出问题概率低，且乙烯装置投料试车一次成本非常高，一旦出现问题，整个生产线都得全面停工。所以，在大庆最后召开的决策会上，当时大庆石化有一位领导出于责任心当场表示反对，并质问出了问题谁负责？我当时马上就表态"我负责，吃了官司我坐牢"。那次一机部孙昌基副部长和隋永滨司长也在场。我当时的想法很简单，就是想尽快实现国家在石化领域的重大核心设备国产化。

当然，这是种战略上的藐视，战术上必须更加重视。所以，我就跟沈阳鼓风机厂（以下简称沈鼓）刘玄厂长说，你们要进行全员、全过程、全天候的质量管理。同时，我跟中国石化的同志说，我们要"以我为主，参与其中"。后来中国石化组织了一批有经验的老师傅驻场监督，每一道生产工序都由我们的同志把关，前一道工序不达标，进入不了下一道生产程序。而沈鼓则是全员承包抵押合同，他们把自己的家产、工资与设计研制的项目捆绑到一起，共同负责。实践证明，我们当时的决策是正确的，沈鼓不仅出色完成了大庆石化这两台机组的设计制造，更在日后制造了石化用压缩机500多台，并成为世界上少数几家可以制造百万吨级乙烯装置用大型压缩机的企业。

在此，我也呼吁国内一些拿着国家贷款的大型民营石化企业，多用国产技术和设备，我们国产的设备不比进口的差。而国家有关部门，也要加强对这类企业的监管，支持东北老工业基地振兴不能只是一句空话，而是需要实实在在的大项目拉动。

唐大麟：您提出的"一体化项目管理模式"开创了工程管理新模式，这个模式是在怎样的背景下创造出来的？

王基铭：2001年，中国石化、上海石化和BP化工公司共同成立了上海赛科石油化工有限责任公司，由我兼任董事长。赛科成立后，引进了大批石化建设项目。然而，当时国内常用的业主自营管理模式已越来越不适应石化工程项目建设，而BP坚持采用的"PMC（项目管理承包）+EPC（设计采购施工）"的模式，存在业主没有主动权、承包方漫天要价等弊端。在此情况下，我就提出了一个新的管理模式——IPMT（一体化项目管理模式），就是上面是一个业主方领导小组，下面是项目组，这样即发挥了PMC的优势，又把过去我们项目指挥部的优势结合起来了。这个项目管理新模式在上海赛科90万吨/年乙烯工程中首次应用成功，之后推广到海南800万吨/年炼油、青岛1000万吨/年炼油、天津100万吨/年乙烯和镇海100万吨/年乙烯等重大工程建设中。实践证明，这种管理模式能够有效地优化工程组织，确保工程安全，节约工程投资，提高工程质量，成为中国石化工程建设项目管理首选的先进管理模式。

唐大麟： 您曾长期担任大型国企领导人，您认为什么样的企业可以称之为"世界一流"企业？企业"基业长青"的核心是什么？

王基铭： 我认为世界一流企业首先要有一流的领导人，其次要有一流的人才队伍，另外还要有一流的企业文化。企业"基业长青"不能只是一句口号，而是要有具体的措施和规划，其核心还是一种立足长远的责任感。一个企业要想基业长青，肯定要有顶层设计、长远规划。而作为企业的领导人，要考虑企业将来一步步往更高的方向去发展，而不是其在位时做得很辉煌，却留下后遗症、烂摊子。每一届领导班子都只是接力赛跑的中间一棒，当接上这一棒时，就必须竭尽全力把它跑好，但也要为后面的接棒人创造好条件，不能搞丢了交接棒。从长远来看，这个接力赛也可能比马拉松还长。这里面就有一种使命，一种责任，以及一种担当。

唐大麟： 大企业通常都有"大企业病"，作为一名在石油石化行业有丰富企业管理经验的院士，您认为治理"大企业病"的药方有哪些？

王基铭： 现在"大企业病"的问题在于企业纵向很强，横向很弱。我觉得要治理"大企业病"，首先最基本的一点在于完善企业各项规章制度，其次是建立合理的工作流程，再次是建立科学的评价体系，完善奖惩及干部任用机制。此外还有一点很重要，就是监督机制。各种制度和体系建立得再完美，落实不到位也是没用的。当这些制度和管理体系都建立健全之后，一个企业领导人其实所发挥的作用就有限了，因为一切运行都按制度流程进行了。

| 王基铭院士接受作者采访

唐大麟：我国自 20 世纪 80 年代开始推行企业管理科学化、现代化建设至今，企业规模与管理水平都发生了天翻地覆的变化。您作为中国企业联合会的特邀副会长，对参与"管理创新"的广大企业有何建议？

王基铭：企业管理创新要依据企业、行业的实际情况来进行，在创新的实践中要杜绝形式主义，不能为创新而创新，浪费社会资源。在这个过程中可以把握好"三个导向"，即问题导向、目标导向和需求导向，从而真正实现管理创新后的企业发展。

唐大麟：从企业家到院士，您是如何调整这种角色转化的？您这几年的关注点主要在哪些方面？

王基铭：我是 2005 年 3 月从中国石化总裁岗位退下来的，那年我 63 岁。

刚好当年两院院士补选，我被中国科学院白春礼院长等一些院士提名为候选人。当时有人对我当院士有看法，认为我是企业家出身，这时候中国工程院徐匡迪院长出来说话了。他说我们不讨论候选人曾担任过什么职务，而要看他做了什么事，是否具备参选院士的资格。所以那年，院士补选我凭借重大设备国产化和 IPMT（一体化项目管理）工程管理新模式两项成果，当选中国工程院院士。

我当时用三句话给自己定位：咨询不决策，参谋不参政，服务不添乱。除了用这三句话摆正自己的位置，还有两句话作为我与原单位相处的原则，就是"不问不顾，有问必顾；不请不到，有请必到"，以转换好我的角色，从而把主要精力放到参与中国工程院的工作上来。这几年我除了参与中国工程院的一系列重大专项研究以外，主要关注点在海南自贸区建设上。受海南省邀请，由我牵头，2020 年中国石化在海南洋浦开发区建立了"洋浦石化新材料院士工作站"，聚焦于对以洋浦石化为依托的海南石化产业新材料、新能源、智能化发展，以及南海油气资源的开发利用提供咨询与技术支撑。

唐大麟：2021 年 7 月，您曾在第二届"中国能源·化工 30 人论坛"上，针对当前"双碳"目标背景下石化行业产能总体过剩现状，提出过我国石化产业发展战略的"五化"思路，能否详细阐述一下这个观点？

王基铭：我认为在实现碳达峰、碳中和的目标指引下，我国石化产业必须胸怀中华民族复兴的大局，统筹高质量发展主题，坚定走"绿色化、自主化、一体化、多元化、国际化"发展道路，建设具有国际竞争力的石化产业。

一是绿色化，我国领导人关于碳达峰、碳中和的庄严承诺，是石化产业绿色化的动员令和进军号，也是绿色化转型升级的新起点。各石化企业要积极行动起来，根据国家总体要求，产业的总体规划，各企业结合自身实际，制定切实可行的实现"双碳"愿景的思路、路径和措施，使企业真正转型为绿色石油化工企业。二是自主化，我国石化产业作为基础性原材料产业，必须坚持自立自强，立足自身优势，攻克"卡脖子"关键核心技术，调整能源结构、产业结构、原料结构、产品结构，增强核心竞争力，争创世界一流。三是一体化，深度炼化一体化、以化为主，不仅是提高资源综合利用水平的有效途径，也是构建绿色石化产业体系，维护国家产业整体安全的重要手段。当前，应有效控制成品油供应水平，充分保障乙烯、芳烃等化工原料用油。我国石化产业应坚持深度炼化一体化，逐步转为以化为主，最大程度实现原料、产品、能源的互供互用，上下游协同发展，减油增化，将宝贵的石油资源"吃干榨尽"，将石油主要用于生产高附加值的化工材料，增强石化产业整体的竞争力。四是多元化，原料多元化、产品多元化和投资多元化。从原料看，石脑油、乙烷、轻烃及煤炭共同构成烯烃、芳烃原料来源；从产品结构看，应发展高碳 α–烯烃、茂金属聚烯烃等高端产品，向功能化、差异化、高附加值发展；投资主体看，除了中国石化、中国石油为代表央企，以浙江石化、恒力石化为代表大型民营企业，以延长石油为代表地方国企，还有如埃克森美孚、巴斯夫独资在惠州、湛江建设的大型石化企业加上合资企业，已形成"五龙治水"多元投资主体的竞争格局，其实质是争夺中国市场，鹿死谁手，拭目以待！五是国际化，我国石化产业国际化是历史必然，一方面是增强能源安全自主保障能力、实现资源来源多元化、弥补国内资源不足的需要，另一方面是增强石化企业国际竞争力的需要，与国际石油巨头同台竞技，将倒逼我国石化企业提升技术、质量、管理和服务水平，提升企业核心竞争力。

唐大麟： 在新一轮科技革命、低碳革命浪潮下，您认为石化企业该如何在创新驱动下"迈向碳中和时代"？

王基铭： 这个问题很重要。我认为可以分五个步骤来实现。首先，创新是实现"双碳"目标的第一驱动力。通过创新降低原料和能源消耗，减少废弃物生成和排放；通过创新实现原料、生产过程、产品的清洁化、高效化；

通过创新实现二氧化碳的捕获、封存和再利用；通过创新实现以二氧化碳为原料生产甲醇及其有机化学品和高分子聚合物等，让二氧化碳变废为宝，造福人类。

其次，行业数字化、智能化、产业电气化、电力绿色化是必然发展趋势。石化产业的碳排放主要来自于生产过程中的碳排放，以及主要生产产品在终端消费带来的碳排放。一是要努力节能减排，提高能源效率，降低能源消耗强度，大幅减少二氧化碳和"三废"排放，而实现全行业的数字化、智能化是节能减排最有效的手段。二是要大胆实行工艺过程、设备电气化，如烧燃料加热炉改为电加热炉，透平压缩机改为马达压缩机等，充分利用电作为石化的主要能源。三是电力必须绿色化，大力布局风光电项目，有条件的地区充分利用水电、核电，最大限度实现电力绿色化。

再次，要优化调整产业结构、能源结构和原料结构。这个过程中第一要优化调整产业结构。坚决淘汰高耗低效产能，大力推进产业提质升级。大力发展分子炼油，高端化工材料，氢燃料电池材料等，不断提高原料低碳化比例，加快油转化、电气化步伐，促进资源循环利用。第二要调整能源结构。构建清洁低碳能源体系，加快光伏和风电发展，稳步推进水电发展，安全发展核电。推动低碳能源代替高碳能源，可再生能源替代化石能源。第三要调整原料结构。除了满足成品油需求，化工材料原料不再以扩大炼油产能为目标，原油可以直接制烯烃、煤/甲醇制烯烃，也可用轻烃、乙烷等作原料直接制烯烃。

此外，要努力实现低碳技术的重大突破。一是节能减碳技术的突破，如分子炼油、原油直接制烯烃等。二是二氧化碳再利用技术，除了工业排放的二氧化碳捕集、封存和再利用外，理想的是在化工方面的再利用，如二氧化碳与氢反应生成化工产品，这是实现碳中和的有效途径，需要久久为功，长期研发投入的。

最后，要科学制定碳达峰、碳中和方案。实现碳达峰、碳中和是一项复杂的系统工程，涉及能源、社会、环境等众多领域，也涉及政府、行业、企业等多个层面，必须统筹处理好降碳与发展关系，统筹兼顾公平与效率的关系，结合产业、企业实际，制定科学、合理、可行的碳达峰、碳中和行动方案，助推我国绿色石化产业高质量发展。

唐大麟：在本次采访中，您多次提到"人"在企业经营管理中的重要作用，请您再讲讲对这方面的思考。

王基铭：现在国企面临的最大问题是人才流失问题，我总结了三句话，就是三个留人，"*事业留人，感情留人，待遇留人*"。要把有本事的人用在重要岗位上，给舞台，压担子，同时要给一定待遇，使其价值能得到充分体现。事情再难也是靠人做出来的，高素质人才能孕育出一个高素质的企业。其中，很重要的一条就是要调动企业中不同岗位人才的积极性。所以，我觉得人才是企业发展中最宝贵的资源。

■ 采访时间：*2022年11月8日*
■ 采访地点：*上海市长宁区　延安西路728号*

我们需要重新发现石油
——访中国工程院院士、油气田勘探开发与工程管理学家胡文瑞

◎ 人物小传

胡文瑞，油气田勘探开发与工程管理学家，教授级高级工程师，博士生导师。第十届全国人大代表，党的十六大代表。1950年2月出生于甘肃省平凉市，1983年毕业于大庆石油学院。曾任长庆石油勘探局局长、长庆油田公司总经理、中国石油勘探与生产分公司总经理、中国石油天然气股份有限公司副总裁，中国石油企业协会会长，北京能源协会会长、中国矿业联合会副会长，中国企业技术创新委员会副主任委员，中国工程院工程管理学部六届副主任、七届主任。现任全国企业现代化管理创新成果评审委员会主任，中国石油国家高端智库学术委员会副主任，国家低渗透实验室、稠油工程研发（中心）学术委员会副主任，国家自然科学基金委咨询委员会成员，北京大学工学院名誉理事长、中国石油大学（北京）非常规能源研究院名誉院长。主持建成了中国首个大型特低渗透的安塞油田，主持发现了中国唯一超万亿立方米的苏里格气田；创立了非常规低渗透油气田勘探开发的技术体系和工程建设模式、管理理论、工作程序与方法；提出并组织了中国石油十项重大开发技术试验和老油田"二次开发"工程，对长庆油田和中国石油储量、产量快速增长起了关键作用。目前研究方向为非常规油气、新能源和工程造物活动实践。曾获国家科学技术进步奖一等奖、二等奖，国家级现代化管理创新成果一等奖，国家设计金奖，全国五一劳动奖章，以及国务院授予的"突出贡献专家"等奖项及荣誉称号。

2011年当选中国工程院院士。

唐大麟：您在 2018 年出版过一本专著《重新发现石油——石油将缓慢地失去青睐度》，感觉这个书名有点不太看好石油未来的意思，您当时为什么要写这样一本书？

胡文瑞：2016 年，许庆瑞院士邀请我在浙江大学作了一场有关能源的报告，题目是"重新认识石油"，副标题是"石油将缓慢地失去青睐度"，结果反响热烈。上海交通大学饶芳权院士于是建议可否以此报告为基础出版一本书，但我当时觉得可能没有精力完成。这些年来中国在新能源领域大踏步发展，作为搞了一辈子能源的老石油人，我非常高兴能拥有在石油行业工作的经历，这是人生难得的、不可抹去的、令人难忘的记忆，但是面对能源变革，我的心情也十分复杂。在新能源、新技术快速发展的今天，石油行业面临前所未有的挑战，化石能源的未来成为人们高度关注的对象，其大致走向也是人们热议的话题。为此，我决定出版一本有关化石能源走向的书，就是你说的这本书。未来能源是要低碳化、无碳化的，作为中碳能源的石油也要逐渐被替代，但不像有些激进人士所说的石油很快就要被完全替代，请注意"缓慢"两个字。

唐大麟：2020 年底，国务院新闻办发布《新时代的中国能源发展》白皮书，清晰描绘了中国 2060 年前实现碳中和路线图。在中央经济会议上，"2030 年碳达峰"和"2060 年碳中和"被列为 2021 年八项重点任务之一。您认为以上目标的提出，对石油行业而言面临怎样的机遇与挑战？

胡文瑞：碳中和目标是中国为了应对全球气候变化而付出的行动，彰显了大国的责任和担当，对全球可持续发展具有重要的意义。近些年，全球非化石能源异军突起，快速发展，尤其是最近 10 年非化石能源的增速明显超过化石能源的增速（天然气除外），这将大大压缩化石能源的使用空间，加快化石能源利用高峰期的到来，缩短化石能源利用的历史进程。中国能源利用效率的提高，能源消费的减少，对国家和社会都是好事，但是对化石能源行业来讲，面临的挑战就会越来越大，势必影响化石能源的增长，对石油、煤炭等化石能源企业来说，也必须调整结构和转换动力，变被动为主动。

目前，石油作为燃料的老大地位已经开始动摇，动摇石油作为燃料地位的主要因素是全球气候变暖和环境保护的压力。目前二氧化碳排放已经成为刚性约束，特别是"2030年碳达峰"和"2060年碳中和"路线图的提出，石油的燃料地位将遭遇前所未有的挑战。但石油作为化工产品的原材料，其地位在中国则大幅上升，尤其是在乙烯、PX、烯烃等石油化工材料领域，进口依存度高，需求非常旺盛。预计今后一段时间内，石油作为化工材料，尤其是高端化工材料，发展动力依然强劲。

唐大麟：有一种观点认为，石油行业已成为夕阳行业，您怎么看待这个问题？

胡文瑞：对于这个提法，我是有同感的。**我一生都从事石油事业，对石油有着深厚的感情。但是，石油作为传统能源，迟早是会被替代的，这是规律使然，谁也无法阻挡。**壳牌石油公司首席执行官范伯尔登先生说的好："就石油和天然气而言，你必须牢记，如果在顶峰之后出现衰退，那么它并不意味着游戏立即结束。"2014年以来的油价大幅下跌，让石油行业猝不及防、苦不堪言，给石油行业造成巨大冲击，加之替代能源，尤其是电动汽车的快速发展，让业内外人士开始重新审视石油，认为石油行业必将衰落，甚至"衰败超预期"。目前石油行业确实遇到了巨大的困难和挑战，但因此认定石油行业将快速衰落并不妥当。老子说：祸兮福所倚，福兮祸所伏。低油价是一把双刃剑，既给石油行业带来强烈冲击，如利润下滑、甚至亏损，企业关停并转、公司降薪裁员等，但同时低油价又刺激了石油消费增长，逼迫石油行业技术创新、降低成本、优化调整产业结构，也可能会逼出石油产业相对于替代能源的竞争中绝对的、无可替代的比较优势。虽然石油终将变为夕阳产业，但这也会是一个非常漫长的过程。

唐大麟：有新能源汽车企业预测电动汽车将在十年内结束燃油汽车的霸主地位，您赞同这个观点吗？

胡文瑞：尽管当前电动汽车的保有量还很小，但年增速却超过了 50%，如果储能技术、无线充电，氢能汽车等有了重大突破，燃油汽车行业将会快速萎缩。的确，如果一辆充电汽车能够续航 1000 千米以上，谁还会开燃油汽车呢？但大家也不要对燃油汽车前景过于悲观。电动汽车已经出现了近 200 年，困扰电动汽车发展的瓶颈问题（续航和充电），经过 100 多年的技术攻关，到目前虽然取得了较大进展，但仍未获得根本性突破。电动汽车之所以近年快速复苏，不是因为电动汽车技术上的重大突破，而是因为燃油汽车引起的环境污染受到了政策限制。随着发动机技术的进步和成品油标准的提高，燃油汽车的污染也越来越小，因此燃油汽车和电动汽车之间的博弈仍将继续。

| 胡文瑞院士接受作者采访

唐大麟：面对当下传统化石能源行业发展遇到的挑战，石油企业该如何应对？

胡文瑞：俗话说"穷则变，变则通"。面对新能源的迅猛发展，传统化石能源江河日下，石油企业在盈利大幅下滑甚至亏损的形势下，首先必须确保生存，然后改变油气思维定式，迎接新变化，参与新变化，充分利用已有的雄厚技术、人才、资金、组织优势，谨慎决策，走出路径依赖的惯性，快速进入同为能源的风能、太阳能、地热和核能、氢能等新能源领域，拓展石油企业的生存空间，以便在一个更多依赖可再生能源、更少依赖传统化石能源的世界中保持竞争力。

唐大麟：您提到了"路径依赖"，对此该如何理解？石油等传统能源企业该如何破解？

胡文瑞："路径依赖"是诺贝尔经济学奖获得者道格拉斯·诺斯提出的，其特定含义是指人类社会中的技术演进或制度变迁均有类似于物理学中的惯性，即一旦进入某一路径（无论是"好"还是"坏"）都可能对这种路径产生依赖。

我认为传统能源企业破解"路径依赖"，首先要设计新的发展战略。在国家大力主张企业结构调整和实现企业转型升级的今天，传统能源企业一是要认识到所有矿产资源都是有限的，石油更不例外；二是要认识到采掘业衰败定律的必然性，以及资源型城市的"魔咒"，总结汲取煤炭、有色金属为主的城市转型的艰难历程，以及部分老油田错失转型机会的教训。传统能源企业的战略选择，必须立足于传统能源基础，面对能源需求新的变化，涉足电力和可再生能源，并扩大石油化工业务，向可再生能源方向发展，其比较优势是没有脱离能源范畴，可以迅速进入、快速做大、逐步做强，不失为一条操作性强的战略路径选择。

其次要安排新的制度框架。所谓新的制度框架，不外乎是两种基本力量推动，一种是"报酬递增"，使企业和员工都有所获利，以此调动企业和员工积极性，投身新的能源领域；二是利用新能源交易市场和交易费用的不确定性以及市场不完全性，安排和设计新的制度框架。需要说明的是，这两种力量才是制度的基础，体现市场的契约精神，可以使制度持久坚持下去，而不是人为干预和破坏。这两个框架要完全不同于传统能源产业制度，"报酬递增"可以解决动力问题。

再次是制定新的发展计划。在这方面，国家能源集团已经做了表率，该企业不仅在煤炭领域是中国老大，还在发电、电力输送、煤炭运输、风能、太阳能和核能领域都已捷足先登。他们在煤炭价格低廉的市场，仍能获得非常好的利润，成为传统能源企业转型的排头兵和开路先锋。他们靠能源多元化发展，摆脱"路径依赖"的习惯势力和技术演进中的轨迹依赖，没有死死抱住煤炭一条路走到黑，结果走出了一条传统能源企业新的发展道路，我们石油企业应该向他们学习。

最后，还需要建立新的发展规则。有了战略设计、新的制度安排和新的发展计划还不够，必须建立新的发展规则。这种规则是通过人为干预而产生的新的规则、新的组织行为与组织缔约。传统能源企业走出"路径依赖"进入新的能源领域，一定需要一系列新的规则和制度做保障。

唐大麟：您站在顶层设计高度，为传统能源企业的转型发展搭建了框架。在这些年发展中，石油石化企业是否也有成功的实践值得总结推广？

胡文瑞：有的。中国石化在地热领域的探索，为传统化石能源企业进入新能源领域提供了宝贵的实践经验，更为石油企业进入新能源领域起到了探路者作用，他们的做法主要有五点值得借鉴：

一是高层决策超前。业内在十年前没有人能预计，中国石化会进入地热领域。也没有人预测，河北雄县搞了如此大规模的地热开发利用，而且在全国产生了如此大的影响力，成为雄安新区的"香饽饽"。关键在于高层有超前意识，超前决策能力。二是在国家有关部门的支持下，中国石化成立了"国家地热工程研究中心"，并迅速挂牌活动开展工作，从技术上有力地支撑了企业地热工作，并在全国地热领域赢得了话语权。三是迅速成立了中国石化地热开发公司，有了目标，有了组织，就得有公司具体实施先把地热干起来，现场集中了中国石化一批能干工作、会干工作的骨干力量，使雄县地热一年一个台阶，且年年有新的发展。四是在雄县多次召开现场会、研讨会，仅两院院士分别就去了60多人次，我也去过两次，每次去都印象深刻，这些会议也成为了中国地热发展的晴雨表。五是中国石化有一套完整的地热发展规划，这一规划最大的成功之处是为公司找到了一条新的产业发展路线，不失为一条求生存的发展大战略，同时中国石化也赢得了国家地热发展规划、标准制定、技术研发的地位，成为召集人和组织者的角色。

| 胡文瑞院士在论坛作主旨报告

当然，传统能源企业进入新能源领域还有其他路径可走，中国新能源领域规模已十分巨大，除了部分大公司外，还有许多中小公司技术薄弱、资金投入不足、管理问题多、价值成本居高不下、经营困难等问题，这时传统能源企业可以用雄厚的技术、资金、人才组织优势，以合作共赢为大原

则，采取入股、控股，或兼并、并购、购买的方式进入，组织成为混合所有制企业或子公司、孙公司，既符合国家政策，又不吃独食，而且能迅速做起来，也不失为一件两全其美的好事。

■采访时间：2021年1月15日
■采访地点：北京市西城区　中国石油六铺炕办公区

牢记践行"能源的饭碗必须端在自己手里"

——访中国工程院院士、天然气田开发工程与石油地质学家孙龙德

◎ 人物小传

孙龙德，天然气田开发工程与石油地质学家，教授级高级工程师。1962年3月出生于山东省寿光市，1983年毕业于华东石油学院石油地质专业，2000年毕业于中国科学院地质与地球物理研究所，获理学博士学位。先后担任胜利石油管理局现河采油厂副总地质师、东辛采油厂副厂长，勘探事业部第一副主任，勘探开发公司经理；中国石油塔里木石油勘探开发指挥部总地质师，塔里木油田公司副总经理、总经理；中国石油天然气股份有限公司副总裁；大庆油田党委书记、大庆油田有限责任公司执行董事。现任中国石油集团国家高端智库首席专家、中国石油科协主席。主要致力于油气田勘探开发研究与工程实践，是特大型高压气田、凝析油气田、非稳态复杂油田开发理论技术发展和工程实施的主要贡献者，"塔里木盆地大中型油气田勘探开发关键技术研究"项目负责人，创新研发了异常高压气藏开发关键技术，实现了克拉2气田高效开发；研究发现了高含蜡高压凝析气藏相变规律和油气水渗流规律，实现了牙哈等深层高压凝析气田高效开发；首次发现了油藏的非稳态现象，指导哈得等亿吨级油田的高效开发；深入研究塔里木沙漠地下水和沙体的地质运动规律，主导建成了世界上第一条穿越流动沙漠的生态防护林工程。曾获国家科学技术进步奖一等奖2项、二等奖2项、全国优秀科技工作者、何梁何利基金科学与技术创新奖、黄汲清青年地质科技奖、光华工程科技奖等奖项及荣誉称号。在国内外发表学术论文60余篇。

2011年当选中国工程院院士。

唐大麟：孙院士，您好。习近平总书记在视察胜利油田时提出"能源的饭碗必须端在自己手里"！作为我国油气领域的院士，请您介绍一下目前我国油气田开发现状？

孙龙德：油气资源是工业的"粮食和血液"，是国民经济高质量发展的重要基石。加大油气勘探开发力度，实现稳油增气，对保障国家能源安全具有至关重要的作用。过去几十年里，在党的坚强领导和战略指引下，经过几代石油人的艰苦奋斗，我国从一个"贫油国"发展成为世界石油石化大国，建立起现代化的石油工业体系，有力保障了国家油气安全、稳定供应，为经济社会发展做出了重要贡献。同时，我们也应清醒地认识到，国家能源安全形势不容乐观，作为油气进口第一大国，2020年油气对外依存度分别攀升到73%和43%，这对加大国内油气资源勘探提出了更高要求。

我国油田开发已进入稳产攻关阶段。我国原油产量新中国成立初期为12万吨，1978年达到1亿吨，2015年达到2.15亿吨。其后两年，受油价等因素影响，我国原油产量出现回调，2016年和2017年，我国原油产量分别为1.99亿吨和1.91亿吨，分别同比下降7.4%和4.1%。2018年，我国原油产量1.9亿吨，同比下降1.3%，原油对外依存度首次突破70%，升至70.9%。2020年我国原油产量恢复至1.95亿吨，计划到2022年重回2亿吨以上并长期稳产。面临"双高"和"双低"挑战，我国占产量主体的中高渗油田已全面进入"双特高"含水期，提高采收率的幅度下降，增加可采储量难度加大；已开发低渗透和致密砂岩油田进入采收率低、采出程度低的"双低"开采阶段，稳产难度大。特殊岩性油藏经济效益差，多采用衰竭式开发，补充能量难度大。未来我国主体技术，将聚焦中高渗油田、高含水油田、低渗透油田、致密砂岩油藏、稠油油藏、复杂碳酸盐岩油藏大幅提高采收率，以及深层—超深层石油勘探开发高效新工艺新装备，旨在解放难开采的剩余资源，有效推动深层—超深层油气规模效益开发。

我国气田开发已进入上产攻坚阶段。新中国成立初期年产天然气1100

万立方米，1976 年达到 100 亿立方米，2011 年突破 1000 亿立方米，2020 年上产至 1925 亿立方米。我国天然气已进入全面快速发展阶段，建成了鄂尔多斯盆地、塔里木盆地、四川盆地和南海四大天然气生产基地，总体上形成了"东部硬稳定、西部快上产、天然气大发展、非常规大突破"的格局，但实现天然气规模化上产并长期稳产，仍面临复杂气藏提高采收率等系列挑战。我国已开发气田 74% 为低渗透致密砂岩、非均质碳酸岩等复杂气藏，提高采收率难度很大。未来 10～15 年已开发主力气田将全面进入稳产或递减期，要保持稳产必须依靠采收率的提高，老气田低压低产条件下，综合治水提高采收率是面临的新课题。

总之，我们已进入以创新驱动稳油增气的新阶段。站在"两个一百年"的历史交汇点，石油人将牢记习近平总书记的殷殷嘱托，胸怀"国之大者"，以新发展理念的立场、观点和方法指导实践，不断推进绿色低碳转型和高质量发展，建设国家战略科技力量，用科技自立自强创造油气田开发新业绩，扛好石油标杆旗帜，为保障国家能源安全、经济社会高质量发展再立新功、再创佳绩。

唐大麟：您认为我国石油工业加快清洁高效开发利用、提升能源供给质量、利用效率和减碳水平的关键是什么？

孙龙德：低碳清洁化是大势，能源事关国家发展和安全大局。本世纪，石油和天然气在世界一次能源消费结构中将始终占据重要地位，预计本世纪中叶仍占一次能源的半壁江山。我国是世界最大能源消费国和进口国，油气需求仍将保持刚性增长，油气在一次能源中的地位将不断增强，并将为落实碳中和承诺，推进绿色发展做出重要贡献。根据这个基本判断，有三个关键点：一是加快传统油气产业升级发展。通过发展高效采油采气、智能勘探开发等技术，降本增效、降耗减排，提升应对低油价、抗风险和应急保供能力，实现增"量"保"质"。二是加快天然气产业规模化发展。在供应侧，通过高效勘探和"常非并举"多找气、多产气，夯实资源基础；在需求侧，通过多用气、多储气来优化消费结构，推进天然气产业发展。三是加快新能源利用和接替发展。充分发挥传统油气工业技术与基础设施优势，实施新能源清洁替代工程、多能融合发展工程、新材料储能创新工程，推进石油业与新业态、新技术跨界融合发展。

唐大麟： 近年来，国内许多油田CCUS技术应用和页岩油勘探开发都取得了长足进展，您对此有何展望？

孙龙德： 自然界中产生的二氧化碳有四大去向：大气、陆表、海洋和地下，地下埋存是四大场所之一。CCUS（Carbon Capture，Utilization and Storage）主要是指将二氧化碳注入油层提高采收率，并在油气藏、油水过渡带、盐水层等封存二氧化碳，实现驱油与碳埋存双赢。油气产业在二氧化碳的捕集、驱油、埋存等环节具有技术和产业比较优势，我国吉林油田和大庆油田二氧化碳驱油已处于工业试验与推广阶段。可以预见，利用枯竭油气藏等地下空间和基础埋碳，将使油气田成为碳埋存的战场。CCUS作为一种实现化石能源大规模低碳利用的技术，是全球气候解决方案的重要组成部分，也是我国实现"双碳"目标，保障能源安全和可持续发展的重要手段。石油业要争做兑现碳中和承诺的主力军。

现在页岩油炒得很热。实际上，页岩油不是一个新事物，有近百年的历史了。1929年石油先驱谢家荣先生在其出版的《石油》专著中就预测到了其价值。但是页岩油大发展是本世纪的事，更确切地说是最近10多年来的事，这就是美国的"页岩油气革命"。它大幅度提高了美国油气自给率，并且改变了全球油气供需格局，对世界地缘政治产生了深刻影响。近几年，页岩油在我国大多数主要含油气盆地中都获得发现和重大突破。这同样得益于理论认识创新和科学技术的进步，也包括重大实验观测条件应用。但与美国不同的是，我国以陆相页岩油为主，美国以海相页岩油为主，这根本的不同，也必然带来开发理念、路径、手段的不同。我国陆相页岩油资源丰富，大规模开发尚处于起步阶段。但我国有体制优势，就像60年前以大庆为代表的陆相生油理论指导实现了中国石油工业的重大转折一样，陆相页岩产油理论，也将引领我国石油工业的重要方向。可以预料，我国石油能源革命，将首先在陆相页岩油中实现突破。

唐大麟： 您49岁当选院士，如此年轻就获此殊荣，实属不易。能与石油战线的广大青年科技工作者分享一下您从事科学研究的心得体会吗？

孙龙德： 您过奖。青年是国家的希望、民族的未来，是企业发展的生力军，更是科研战线的攻坚力量。当今时代，新一轮科技革命和产业变革突飞猛进，科技人才梯队呈现专业化、年轻化趋势。在高新技术行业和重要科研领域，青年一代发挥着举足轻重的作用，涌现出一大批年轻的科技英才。*心中有梦想，脚下就有力量，未来才有方向。青年科技工作者，要树立科技报国的远大理想，只有这样才能耐得住寂寞、守得住清冷、坐得住板凳，才能不负青春韶华，在一次次创新突破中实现自我价值。*石油是一个大舞台，在石油战线从事科技工作，青年人也必将大有作为、大放异彩！

我想与广大青年工作者分享三点从事科研的体会：*一是用科学理论武装头脑。*要深刻领会总书记对石油战线的重要指示批示精神及对青年人的殷切关怀，从中汲取营养、智慧和力量，坚持用正确的世界观、人生观、价值观来指导工作。*二是以实干苦干践行使命。*要时刻牢记"我为祖国献石油"的初心和使命，要"沉下心来、扑下身子"，要以"艰苦奋斗、实事求是"的作风，一切行动从干事创业、为国找油找气的初心出发，坚持把科学研究与油田生产实践紧密结合，把奉献写在科研生产一线岗位上，用奋斗浇灌梦想。*三是以青春创新赢得未来。*既要有"咬定青山不放松"的韧劲、"不破楼兰终不还"的拼劲，又要有谦虚谨慎、不骄不躁的态度和开放进取、合作共赢的理念，时刻保持对石油科学研究的好奇心和敏感性。要能够跨出专业界限、拓展国际视野，以开放包容、兼收并蓄的心态拥抱人类最新的研究成果。

新时代赋予石油人新的使命和要求，广大青年石油科技工作者要志存高远、勇担重任，砥砺前行、接力奋斗，以"亦余心之所善兮，虽九死其犹未悔"的豪情，以"十年磨一剑、砺得梅花香"的韧劲，在新时代石油工业高质量发展实践中奋勇争先、建功立业，为国家强盛、民族复兴做出应有贡献。

唐大麟： 请谈谈您心目中的"石油科学家精神"？

孙龙德： 谈到"石油科学家精神"，我想首先要充分理解"石油精神"和"科学家精神"。

| 孙龙德院士近照

2016年6月，习近平总书记作出重要批示，强调"石油精神"是攻坚克难、夺取胜利的宝贵财富，什么时候都不能丢。2019年9月，习近平总书记致信祝贺大庆油田发现60周年时指出，大庆精神、铁人精神已经成为中华民族伟大精神的重要组成部分。总书记关于石油精神的系列重要论述，给百万石油员工以巨大的鼓舞和鞭策，为新时代我国石油工业发展提供了根本遵循、注入了强大力量。

2020年9月，在科学家座谈会上，习近平总书记指出，"爱国、创新、求实、奉献、协同、育人"的科学家精神是科技工作者在长期科学实践中积累的宝贵精神财富。2021年5月，在两院院士大会上，习近平总书记希望广大院士做胸怀祖国、服务人民的表率，做追求真理、勇攀高峰的表率，做坚守学术道德、严谨治学的表率，做甘为人梯、奖掖后学的表率。

结合学习总书记的重要批示和讲话精神，我认为"石油科学家精神"是"石油精神"与"科学家精神"的融合，是以爱国主义为底色，以大庆精神、铁人精神为核心，以"苦干实干""三老四严"为准则，以创新精神为动力，概括起来就是爱国求实、崇德博学、笃行求真、育人奉献、创新图强。这是一种初心不改、矢志报国的伟大情怀，这是一种淡泊名利、献身科学的崇高境界，这是一种勇攀高峰、不断超越的价值追求，体现了伟大的民族精神和时代精神，体现了石油科学家致力于科技自立自强的意志品质。我们广大石油科技工作者要大力发扬石油科学家精神，胸怀祖国、服务人民，勇于创新、顽强拼搏，以高度的责任感和使命感，肩负起保障国家能源安全的历史重任，为建成世界科技强国、实现中华民族伟大复兴做出新的更大贡献！

- 采访时间：2021年12月—2022年1月
- 采访方式：线上访谈

当前我国页岩油发展中面临的问题与对策
——访中国科学院院士、石油地质学家金之钧

◎ 人物小传

金之钧，石油地质学家，教授。1957年9月出生于山东胶南，1981年获山东科技大学学士学位，1992年获俄罗斯莫斯科石油与天然气大学副博士学位，2007年获俄罗斯联邦教育科学部地质矿物学博士学位。现任北京大学能源研究院院长、国家能源页岩油研发中心学术委员会主任，中国石化科技委资深委员。兼任中国地质学会石油地质专业委员会主任、页岩气行业标准委员会副主任。长期从事石油地质理论与油气战略选区评价的研究与勘探实践。在有机无机复合成烃、"突发式"成藏、油气资源定量评价方法等方面取得了重要研究成果。特别是针对我国海相碳酸盐岩层系油气形成与勘探实践，建立了"源—盖控烃、斜坡—枢纽富集"油气选区评价方法。创建了地质广义帕莱托油气资源评价方法和海外油气项目快速评价方法与软件平台。20世纪90年代初期将沉积盆地波动过程定量分析方法引进国内并持续研究至今。他较早关注美国"页岩革命"。近十余年来，聚焦页岩油气富集机理与"甜点"预测研究。曾获国家发明奖二等奖1项、国家科学技术进步奖二等奖2项、李四光地质科学奖、孙越崎能源大奖、中央组织部等六部委留学回国人员成就奖等奖项及荣誉称号。已出版专著15部，并在国内外学术期刊发表论文400余篇；申请发明专利34项。

2013年当选中国科学院学院士，2008年当选俄罗斯自然科学院外籍院士，2022年当选俄罗斯科学院外籍院士。

唐大麟：金院士，您好。页岩油气开采技术的发展带来了世界能源格局的巨大变化，在您的建议和助力下，十多年前，我国在四川盆地取得了页岩气勘探开发的巨大突破，近年来页岩油的勘探开发也开始不断取得新的进展。请您介绍一下我国页岩油勘探开发的历史与现状。

金之钧：我国的页岩油资源主要是陆相，其勘探开发大致经历了"常规石油"兼探、"非常规页岩油"探索，以及针对性技术攻关和新一轮评价、部署三个阶段。2010年以前是与"常规石油"兼探阶段。这一时期在鄂尔多斯、渤海湾、江汉等盆地烃源层系均发现了泥页岩裂缝型油气，但总体上储产量规模有限，发展较为缓慢。2010—2014年是"非常规页岩油"探索阶段。中国石化和中国石油选取了若干典型盆地，在凹陷边缘构造高部位部署了一批页岩油专探井。2014年至今，是针对性技术攻关和新一轮评价、部署阶段。2014年以来，在国家"973计划"和国家科技重大专项支持下，陆相页岩油地质评价及开采关键技术攻关全面启动，并取得了可喜进展。

据美国EIA估算，我国页岩油技术可采资源量为43.7亿吨，但这一评价明显偏低。中国石化石油勘探开发研究院研究团队初步估算，中国陆上主要盆地页岩油资源量为186亿吨。根据目前新疆油田页岩油实际生产数据统计，划分初始产能高于30吨/天为Ⅰ类，低于10吨/天为Ⅲ类，中间则为Ⅱ类，当前吉木萨尔凹陷Jx23井最高页岩油日产88.3吨，Jx25井最高日产油108.3吨，玛湖凹陷MY1井最高日产量可达31吨，都具有非常大的资源潜力。2018年以来，中国页岩油发展战略研究专家组完成了全国几大盆地的调研，一致认为各盆地都获得了勘探上的重大突破。从准噶尔盆地吉木萨尔凹陷到鄂尔多斯盆地中部，再到江汉盆地潜江凹陷，以及渤海湾盆地的黄骅坳陷和济阳坳陷均有突破，近期在松辽盆地北部的古龙凹陷白垩系下部青山口组一、二段深湖相页岩中也获得了大于30吨的单井日产量。2020年5月30日古龙凹陷YP1井日产油35.3立方米，日产气11992立方米，油嘴6.3毫米，套压8.3兆帕。然而，这只是单井的突破，整体来说，当前页岩油勘探开发面临的挑战之一仍然包括单井产量低、效益差，尤其是在低油价背景下，规模开发遇到了极大挑战。

我们在《中国陆相页岩油资源发展战略研究报告》中已明确提出，中高成熟度页岩油是中国页岩油战略突破的重点领域，加强陆相页岩油气勘探开发是保障国家能源供应安全的重要途径。我国多套湖相泥页岩层系具有分布范围广、时代较新、有机质丰度高、厚度大、埋藏浅、成熟度低、以生油为主的特点，且陆相富有机质页岩黏土矿物含量高、基质渗透率低、碎屑含量和可压性变化大，因此规模有效勘探开发面临资源规模不清、富集规律不明和可动用资源分布预测困难等重大挑战。当前我国陆相页岩油勘探中单井产量普遍较低，且高产、低产井分布极不均匀，页岩油富集主控因素不清，甜点评价标准不一，预测评价难度大，制约了中国陆相页岩油的勘探部署和规模化开采。

唐大麟： 目前国际上页岩油开发的现状如何？我国与之相比差距在哪？

金之钧： 全球页岩油资源丰富，在美国、俄罗斯、阿根廷等都有开发，我重点介绍一下美国页岩油勘探开发的情况。2019年，美国页岩油产量为3.85亿吨，占其原油总产量的65.2%。页岩油已经成为原油产量增长的主体。美国海相页岩油成功勘探与经济效益开发首先得益于基础地质认识的不断提高，理论上突破了传统的圈闭找油模式，极大地扩展了找油区域，实现了全盆地勘探开发的"革命"。

美国海相页岩油勘探开发历经长期探索。1953年，在威利斯顿盆地巴肯组发现了Antelope油田，但是由于长期低产无人关注。1987年，受页岩气探索影响，在巴肯组上段打了页岩油第1口水平井，但产量低，无经济效益。2000年转向巴肯组中段的致密层段，获得巨大成功，该层系平均厚度为15~20米，盆地中心是碳酸盐岩，盆地边缘是碎屑岩，在盆地中心发现了美国第1个页岩油田Elm Coulee，总体处在盆地的中央部位，具有低缓背斜背景。2007年巴肯组产量突破110万吨，距离第1个油田发现共用了7年的时间。继巴肯组产量突破之后，美国页岩油勘探开发先后在南部鹰滩（Eagle Ford）、中部二叠盆地等地展开，页岩油产量迅速上升，最高峰时期每年增长5000万吨，2019年美国页岩油总产量达3.85亿吨。巴肯组在2009年之前的单井产量低，2012年实现平均日产量约8.22万吨，2017年以来平均日产量超过20.55万吨；鹰滩组日产量也超过54.8万吨。美国目前高产页岩油井多分布在威利斯顿盆地、二叠盆地和海湾盆地鹰滩组。

我国页岩油气资源丰富，初步评价结果位居世界第三位，是建成千万吨级产量油气田最现实的战略接替资源。但是，我国主要为陆相页岩油气，具有不同于美国海相页岩油气的显著特点，美国技术在我国难以完全复制。我国能否像"陆相生油理论"一样，掀起一场"陆相页岩油气革命"，关乎国家能源安全，关乎百万石油人就业岗位，也关乎能否在世界"页岩革命"中抢得先机并从海外获取页岩油气资源的战略问题。

| 金之钧院士在办公室（受访者供图）

唐大麟：当前我国页岩油发展面临的主要问题是什么？

金之钧：当前我国页岩油发展存在的最主要问题，还是陆相页岩油与美国海相页岩油在地质条件上的巨大差异，这决定了我们无法完全复制美国地质理论与技术模式。具体来说，一是陆相页岩油富存机理认识不清，评价手段需完善。我国陆相页岩沉积相变快、非均质性强、热演化程度低、成岩作用弱，难以借鉴北美资源评价方法。二是陆相页岩油"甜点"构成要素不清，预测技术尚未建立。矿物成分和储集体孔隙结构类型复杂多变，微观复杂性在宏观尺度上的地震响应特征和规律不清，常规均匀各向同性的等效介质理论与方法不能有效描述；储层"甜点"关键参数的地球物理测井识别与评价，特别是岩电关系认识与含油性评价十分困难；非均匀各向异性页岩油目标层的高精度成像与"甜点"要素精确反应十分困难。三是陆相页岩油储层流动机理不清，有效动用条件不明。页岩油以游离、吸附或溶解等多种形式赋存于微裂缝、纳米孔隙，有机质内部等多种孔隙空间中，不同赋存状态的原油流动机理和流动条件不明；缺乏针对页岩油储层的流体运移数学模型、分析计算方法和手段，无法有效预测单井生产动态和产量递减规律。四是陆相页岩油储层压裂困难，难以形成有效支撑缝网。与海相页岩油储层相比，陆相页岩油储层塑性强，地层压开难度大，难以形成有效的压裂缝网，人工裂缝波及体积小；页岩油储层塑性强导致压裂支撑剂嵌入严重，裂缝长期导流能力低；页岩油储层水敏性强，对储层伤害大，现有压裂技术不适应。五是陆相页岩油黏度较高等因素导致流动能力差，采出困难。陆相页岩油存在有机质成熟度低、流体黏度高、驱动能力不足等难题，目前缺乏提高页岩油流动性能的成熟工艺方法，相关研究急需开展。六是井深、异常高压、储层强敏感、盐间储层失稳带来系列工程问题。深层泥页岩岩性致密、可钻性差、钻井速度慢、钻井周期长；盐间页岩储层特殊岩性造成井筒损坏严重，措施有效期短、累计产油量低、经济效益差。

唐大麟：针对以上存在的问题，我们发展页岩油的思路是怎样的？

金之钧：针对目前我国页岩油发展过程中存在的这些问题，结合国家对能源的需求，以及常规油气资源的整体情况分析，我们提出了针对页岩油发展的四大原则，即"坚持政策引导，科技先行的原则""坚持自主创新，开放合作的原则""坚持先易后难，有序推进的原则""坚持国企主导，多方参与的原则"。

在以上发展思路指导下，根据我国陆相页岩油的特殊性，针对页岩油产业未来发展，我们以油价 70 美元/桶为测算值，也制定了三个阶段的发展目标。首先是战略准备阶段，即在"十四五"时期，集中科技攻关，制定相关政策，形成高成熟度页岩油勘探开发关键技术，落实高成熟度页岩油技术可采资源量 20 亿~30 亿吨；探索中低成熟度页岩油原位改质技术，落实中低成熟度页岩油原位改质技术可采资源量 30 亿~40 亿吨；全国页岩油年产量达到 500 万~800 万吨。其次是战略突破阶段，即在"十五五"期间，继续强化科技攻关，形成关键技术系列；落实高成熟度页岩油技术可采资源量 5 亿~10 亿吨；突破中低成熟度页岩油关键技术，落实中低成熟度页岩油原位改质技术可采资源量 40 亿~50 亿吨；全国页岩油年产量达到 1000 万~1500 万吨。再次是战略展开阶段，即在"十六五"期间，完善中低成熟度页岩油关键技术，有效动用中低成熟度页岩油资源；落实中高成熟度页岩油技术可采资源量 5 亿~10 亿吨；落实中低成熟度页岩油原位改质技术可采资源量 30 亿~40 亿吨；全面展开页岩油开发，实现全国页岩油大规模工业化生产，年产量达到 2000 万吨以上。美国"页岩油气革命"使得美国实现了能源独立，改变了世界能源版图。中国"页岩油革命"正处于起步阶段，页岩油开发应成为国家战略，通过政策引导、金融支持、技术进步与管理创新，实现中国页岩油气的有效开发，保障我国能源安全。

唐大麟：您认为我们在实现这些发展目标的实践中具体该拿出什么措施？

金之钧：加强页岩油勘探开发是保障原油稳产两亿吨的重要举措，也是老油田及百万石油人可持续发展的关键。要实现以上目标，我们一要提高认识，摸清家底，尽快制定页岩油发展战略规划，充分认识页岩油资源在我国能源领域的战略地位和重大意义。在理论研究的基础上，尽快组织专门队伍开展全国页岩油资源评价工作，进一步摸清家底，制定我国页岩油发展战略和相关规划，从总体上对其开发进行战略部署，进而确保该产业的健康稳定和可持续发展。二要加强基础理论及勘探开发关键技术的研究，"十四五"期间重点突破陆相页岩油"甜点"预测技术、水平井多分段压裂技术，从而有效动用我国中高成熟度高压区页岩油资源。2030年前要重点突破陆相页岩油水平井增能驱油压裂技术，从而有效动用我国普遍存在的常压低压中高成熟度页岩油资源。在2030—2035年，要重点突破陆相页岩油储层高效原位改质开采技术，具备规模化工业产能，以保证能够有效动用我国中低成熟度页岩油资源。为保障上述技术攻关快速形成成果，建议部分基础研究及关键技术列入国家重大基础研究项目计划和国家自然科学基金重点研究项目计划，并给予优先安排；建议国家科技部持续支持页岩油勘探开发进入国家科技重大专项；部分前沿技术攻关进入颠覆性技术计划。三要加强实验室与人才队伍建设。建议国家发改委给予重大装备研发支持，包括大型压裂设备，旋转导向钻井，地下原位加热工具等，通过走出去与请进来相结合，研究与实践相结合的办法，加大加快人才队伍建设，加强国家重点实验室建设。四要推进勘探开发重点示范工程，重点开展准噶尔盆地、渤海湾盆地、江汉盆地、鄂尔多斯盆地、松辽盆地等五大领域先导试验区建设，先行先试。

此外，还要完善相关配套政策。在体制机制上探索成立独立的页岩油公司或页岩油项目经理部，实行一体化管理，提升开发效益。考虑引入混合所有制，联合外企，民企等，共同推进陆相页岩油商业开发，探索页岩油勘探开发领域的金融创新，考虑多方向资本引入，共同推进陆相页岩油商业开发。在财税政策方面，建议国家出台鼓励和支持页岩油开发的税收减免或补贴政策，比照页岩气给予500元/吨的补贴，也可以从特别收益金里核减。

- 采访时间：2022年7月21日
- 采访方式：线上访谈

新时期油气储运行业发展与挑战
——访中国工程院院士、油气储运工程专家黄维和

◎ 人物小传

黄维和，油气储运工程专家，教授级高级工程师，博士生导师。享受国务院政府特殊津贴。1957年11月出生于上海市，1982年6月毕业于华东石油学院油气储运专业，1996年6月获华中理工大学管理工程与科学硕士学位，2005年1月获石油大学（北京）储运专业博士学位。曾任中国石油天然气股份有限公司总工程师、副总裁等职，现任中国石油学会石油储运专业委员会主任、全国天然气标准化技术委员会主任。长期从事油气储运设计、发展战略、规划、建设和运行管理工作，主持了"西气东输"等我国多条重大管道关键技术攻关和工程建设管理，构建了管道工程协同创新模式，解决了大口径、高压、高强钢输气管道断裂控制和易凝高黏原油输送等难题；创立了我国大型油气管网基于信息化安全管理系统，全面提升油气管网运营水平；提出了构建基于复杂开放的大型油气网络可靠性评价方法，应对碳中和愿景下智慧管网体系建设。曾获国家科学技术进步奖一等奖2项、光华工程科技奖、全国五一劳动奖章等奖项及荣誉称号。

2013年当选中国工程院院士。

黄维和院士近照

唐大麟：黄院士，您好。您长期从事油气储运规划、设计、建设和运行管理工作，主持了"西气东输"等我国多条重大管道关键技术攻关和工程建设管理，构建了管道工程协同创新模式，解决了油气储运中的诸多技术难题。作为我国油气储运领域唯一的院士，请您简要介绍一下我国油气储运工业当前的发展现状及在国际上的地位。

黄维和：在石油工业体系中，我们通常会说勘探开发是上游产业，炼油化工是下游产业，上下游中间这一块就是油气储运，所以它很重要。它的作用不仅仅是连接石油工业中的上下游产业，还连接着下游市场，包括成品油市场、化工品市场、天然气市场等；随着未来产业结构的调整优化，还会面临氢和氢的衍生品等，所以，油气储运在整个石油工业里占有十分重要的地位。

油气储运主要解决的是石油和天然气运输问题，缓解运输过程中或者生产过程中的不均衡性及部分储存问题。关于储存，可能大家较为熟悉的就是液体储存中的油罐、油库。在气体储存中，有这几年我们国家发展较快的LNG储存，及天然气的地下储气库等。

过去20多年是我国油气储运事业发展最快的一个时期,国民经济整体的快速发展有效推动了油气储运本身在石油工业中的发展。储运事业的快速发展不仅满足了我国油田产业链和石油经济产业链的需求,而且保障了我国在油气对外依存度持续高位运行情况下的国家能源安全。在这个发展过程中,我国不仅成为了一个油气生产大国,也成为了一个油气消费大国。从油气储运规模来看,我国更是当之无愧的大国。从目前管道里程和运输能力来看,我国位居世界第三。从油气储备能力来看,我国也位居世界前列。

2000年以后,我国管道工业在科技领域取得了突飞猛进的进步,解决了易凝高黏原油运输问题,保障管道运输过程中的流动安全同时又节能降耗,在此我们是处于国际领先地位的。在天然气管道方面,我们的技术也进步很快,当然我们是站在别人肩膀上攀登的,欧盟和俄罗斯天然气管网主要在8兆帕,我国天然气干线管网在10~12兆帕,是世界上压力最高的管网。要达到这种输送条件,首先要解决管道本身的设计、制造、施工和运行等问题,这样才能保证天然气管道安全高效运行,在这些技术领域,我国是走在世界前列的。

我能成为院士,应该说是时代发展赋予的机会。我毕业至今已40年,非常荣幸参与了几乎我国油气储运发展过程中的全部重大项目,并做了一些微不足道的工作。因此,我既是我国油气储运事业发展的参与者,也是见证者。我不认为我是这个领域唯一的院士,油气储运是技术集成度高的系统工程,许多同行为油气储运事业发展做出了贡献。我相信随着油气储运事业的发展,未来还会有很多我的同行成为院士。

唐大麟: 作为全国天然气标准化技术委员会主任,您如何评价"双碳"背景下我国天然气工业的发展前景?其在我国能源体系中将发挥怎样的作用?

黄维和: 随着能源消费由化石能源向新能源转变,电力来源向低碳化发展,未来油气在终端消费中的燃料属性将被大幅弱化。交通用油、生活用气等传统油气利用模式,将逐步被电气化方式所替代。天然气作为碳排放强度最低的化石能源，其等热值二氧化碳排放量较煤炭低40%，较石油低24%，因此其生命周期会更长，在未来能源低碳转型近中期仍将发挥重要作用。

未来，我国天然气需求峰值仍有较大空间，预计达峰将在2035年前后，天然气占一次能源比重将升至15%。从天然气利用结构来看，我国发电用气量仅占利用总量的16.9%，远低于世界35%的平均水平，发展潜力很大。中长期来看，随着新能源技术发展带来的成本下降和应用场景提升，发电将成为支撑用气增长的主要方向。

天然气与可再生能源融合发展将是我国风、光等资源进一步规模化开发的现实选择。风能、太阳能等可再生能源供能不连续、不稳定、不可预测的特性，对电力安全稳定供应带来极大挑战。大规模低品质可再生能源接入，建设调峰和储能设施是保障我国电力系统安全运行的必要条件。当前我国主要依靠煤电、水电参与调峰，灵活电源占比不足5%，规模较小，无法满足电网实时功率平衡要求。欧美等国家和地区的抽水蓄能、天然气发电等灵活电源占比则均达30%以上。天然气发电具有清洁、高效且灵活的特性，可有效弥补风光发电的不确定性和间歇性，在现有储能技术不具备大规模商业化应用、抽水蓄能电站对地理条件要求苛刻的条件下，发展气电可为电网提供更多具备分钟级调节速度的灵活电源。因此，构建天然气与可再生能源融合发展新产业，是现实条件下的最优选择。

在碳中和背景下，构建以可再生能源为主的能源体系已是大势所趋，石油和天然气作为传统能源在低碳深度转型要求下必须重新定位。尽管未来全球将有部分油气资产被搁置，但在相当长一段时间内，我国油气储量和产量仍无法满足国内发展需求。因此，稳定国内2亿吨原油产量，持续推进国产天然气增储上产，仍是保障国家能源安全的主要任务；优化和完善油气进口通道，同样是保障国家能源安全的重要手段。在油气仍对能源安全发挥重要作用的前提下，传统油气行业需从产业链整体出发，针对能源转型开展研究并采取相应的策略。对于石油而言，目前我国"减油增化"转型趋势明显。对天然气而言，我国天然气行业除了以节能降耗为基础，充分挖掘可再生能源以及 CCUS 技术在天然气全产业链的利用潜力外，还需重新定位其在未来能源系统中所发挥的作用，推动天然气与可再生能源融合发展。

唐大麟：您刚才提到未来的天然气在城市燃气、交通等终端用能领域的利用规模将有一定程度的降低，在规模化的集中利用领域将出现增长，这种变化的出现是否意味着城市燃气等行业将迎来寒冬？

黄维和：会有一些影响，这个过程就像我们今天的新能源汽车和传统汽油车的替代关系。目前以电动汽车为代表的新能源汽车发展速度非常快，欧盟提出 2035 年后将不再生产汽油车，完全向新能源方向发展。我相信在实现"双碳"目标过程中，能源利用领域的发展也将是一个不可逆的过程，这是谁也替代不了的，因为技术本身的发展会朝这个方向前进。未来天然气规模化的集中利用，将有利于向 CCUS 的发展，我认为这个方向是不会改变的，但这并不是说城市里不用天然气了。这将是一个被缓慢替代的过程，在这个过程中，氢能参与度将是多少？是不是能够解决现有的氢渗透隐患？一切都有待解决。所以还是让子弹再飞一会儿吧，未来这颗子弹将落在哪儿？还需要观察，但这个方向不会改变。

唐大麟："双碳"政策的提出对我国能源结构调整具有重大影响，可以预计在石油消费达峰后，原油和成品油管输量将呈现下降趋势，现有管道将面临适应低管输量、弃置报废或改输其他介质等新挑战。在此背景下，油气储运未来还面临哪些挑战？

黄维和：您提了一个非常重要的问题，也是近年来我们油气储运行业一直在思考和准备的一项工作，这项工作的开展对于我们而言没有参照对象，完全需要我们依靠自己的力量去应对这些改变。

针对未来的油气储运发展，我们提出了三个需要研究和探索的问题。第一是原油管道低输量及间歇运行的流动保障问题。目前中国自产原油 80% 以上属易凝、高黏原油，且呈现进一步劣质化倾向。不同油田所产原油的蜡、胶质、沥青质组分不同，导致油品物性的多样性。原油低管输量或以可再生能源为主体的电力供应峰谷电价等引发的管道间歇运行，都将使原油管道流动保障安全面临新的问题。尽管我国在易凝、高黏原油流动机理研究及管道输送工程应用领域曾处在国际领先水平，但近几年并未在原油管道数字化水力热力仿真模拟、新型纳米材料原油流动改进剂、原油改性输送工艺优化等方面取得新成果，因此需要组织开展易凝、高黏原油管道低输量及间歇运行流动安全保障可靠性研究。

第二是成品油管道混油跟踪及优化运行问题。由于石油将回归原料属性，成品油消费量下降，减油增化进程的推进将会影响中国石油化工布局，成品油管道输送量降低，同时产生化工中间产品管道输送需求。由此使成品油管道呈现小批量、多品种及间歇输送等特点，造成管输介质流动状态不同于管道原设计的流动状态，需组织开展以保证油品质量为前提的混油量跟踪控制及管输系统仿真模拟优化技术研究，以适应未来成品油管道输送的精细控制。

第三是输油管道的安全废弃处置。在满足安全环保的条件下，输油量下降或到达寿命期在役输油管道的废弃处置成为新的课题。为了最大限度提升存量资产的利用效率，在组织开展报废管道安全处置技术研究的同时，也在探讨输油管道改输其他介质的可行性及安全可靠性分析方法。

在天然气储运发展方面，天然气作为低碳化石能源，在碳达峰、碳中和目标过程中将是可再生能源长期融合发展的伙伴。为实现天然气全产业链净零排放，天然气消费将逐步向电力、工业及有利于 CCUS 规模化利用的方向发展，天然气气田、管道、储气库、LNG 终端等构成更加灵活的能源供给系统。利用天然气管网与电网、物联网等网络化结构优势，形成时空互动互补的技术特征。

我前面说过，在未来新型能源系统中，可再生能源，尤其是风能、太阳能等的资源禀赋在利用时间和品质上存在间歇性、不确定性、不稳定性等问题，因而影响能源系统供给的稳定性，天然气管网的重要任务将是弥补可再生能源的上述缺陷，保证能源连续稳定供给，这给天然气管网的运行也带来新的挑战：满足客户不稳定用气量需求，管道的管容、装机功率冗余能力需适应系统要求，重新定义管道设计输量；管道动力设备间歇运行常态化，给管网节能降耗、优化运行提出新课题；管道与设备失效、事故维修与抢修等依靠管道完整性管理已不能适应未来需要，研究复杂、开放管网系统可靠性评价和管理方法可能成为必须解决的问题。因此，应用智能化技术建设以管网在线仿真引擎为核心的数字仿真平台，加载系统优化、可靠性等计算方法是未来的发展方向。

唐大麟："双碳"目标下，油气储运行业该如何应对以上这些变化带来的挑战？

黄维和：油气及其产品是多种碳氢化合物的混合物，除燃烧利用过程中产生二氧化碳排放外，在储存、运输、销售各环节也会产生甲烷泄漏、逸逃、排放。据调研统计，目前我国油气储运过程中二氧化碳排放量约1400万吨，甲烷排放量约6万吨，折合二氧化碳当量128万吨，合计排放量1528万吨/年二氧化碳当量，这都将成为化石能源利用净零碳排放重要对象。

目前原油管道加热炉、天然气管道燃气轮机产生二氧化碳分散且规模小，难以实现CCUS利用，需要探索寻求替代解决方案。利用电网峰谷电价差，就地制氢储氢替代加热炉、燃气轮机用原油、天然气作为燃料，将可能是一种选择。因此，应关注相关行业加热炉、燃气轮机以氢为燃料的技术进步，适时在管道输送领域推广应用。当然，易凝、高黏原油改性输送，取消加热炉将是更大的技术进步。

油气储运过程中，油罐呼吸、油罐密封、管道和设备泄漏及管道维修抢修期间，均会产生不同程度的油气泄漏和逸逃，需要依托各环节技术进步，系统加以治理。无论是管道自身输量需要，还是能源系统峰谷价格差需要，管道间歇输送将会广泛存在，在能源利用形式、管道运行优化，提高管输经济竞争力等方面，将出现更加多样性的问题，需逐一解决。与此同时，LNG 冷能、燃气轮机余热、天然气管网余压利用等，也将提升油气储运系统的能源利用效率，其本质是对碳减排的贡献。

近年来，我国为解决天然气冬季调峰问题，在地下储气库及 LNG 终端建设方面取得了长足进步，但仍然是目前我国天然气产业链短板。随着以可再生能源为主体新型能源体系建设的推进，季节性调峰矛盾将更加突出，可能形成冬夏两峰，预计占年消费量 20%。因此，在继续加大地下气藏型储气库建设的同时，进一步探索大型地下含水层储气库、盐穴储气库尤为必要。建设大型 LNG 储罐，不仅有利于支撑季节性调峰，而且对天然气对外依存度偏高条件下国家能源安全将产生积极影响。在我国能源结构转型进程中，大型储气库及 LNG 储罐有关技术在储氢、碳捕集、储氦等环节中将扮演重要角色。

在碳中和目标下，构建能源互联网，适应清洁低碳安全高效的智慧能源体系，使得各能源品种有机融合，从而进一步优化和完善能源生产体系和能源消费结构。我国能源互联网建设将以物联网、电网、油气管网为骨干网络，将化石能源及可再生能源等的生产、运输、存储、贸易深度融合，构建能源产业发展新模式，实现信息流、能源流、价值流有机融合。油气储运的智能化建设，将融入智慧能源体系，支撑治理能力现代化和能源战略转型，通过将人工智能引入油气储运行业，构建 AI 环境下的油气储运运行感知体系，建立管道实时数字孪生体，研究在线仿真和可靠性计算分析模型，形成基于机器学习和大数据分析应用的知识库，在实现智能化油气管网与未来智能能源体系等有机融合的同时，也能全面提升油气储运安全和高效水平。

此外，CCUS 作为实现缓解气候变化目标不可或缺的关键性技术之一，其整个流程包括捕集、输送、利用、封存。CCUS 作为新兴产业，技术尚不成熟，费用高昂是制约其大规模应用的重要因素。因此，解决 CCUS 技术成本、能耗、安全等问题，是推动 CCUS 发展的重点研究方向。而二氧化碳输送作为 CCUS 规模化应用的重要环节之一。目前在我国输送规模较小，除车运外，吉林油田和齐鲁石化已通过管道输送气态二氧化碳。国际上，欧美国家长距离、超临界二氧化碳输送管道建设，预示了未来大规模管道运输二氧化碳的发展前景。

与此同时，氢能作为一种清洁、零碳二次能源，且能量密度高，在未来可再生新型能源系统发展中有潜力。可再生能源电解水制氢与石油化工副产氢将是氢能主要来源，我国西北地区制氢成本相对较低，未来若依托以"西气东输"为主的天然气管输系统，可以一定程度解决我国能源分布不均衡的问题。当前，氢储运安全、效率、成本是制约氢能产业规模化发展的主要瓶颈问题，也是国内外研究热点。

唐大麟：请问乌克兰危机，以及北溪天然气管道爆炸事件，对我国维护能源安全有何警示意义？

黄维和：我们非常关注乌克兰危机的发展，因为和欧盟一样，我国油气对外依存度长期高位徘徊。实际上这并不是一个新问题，过去十几年，国家高度关注能源安全。若从全球角度来看如何保障中国的能源供应问题，这部分的研究其实已经做过很多了。当然能源安全是一个多维度要素构成的，我们要综合评价它是不是一个安全的保障体系，比如说原油储备的问题，油气进口多通道的问题等，这些都是基于一旦大环境发生变化时，我们如何提升油气保障能力来思考的。

这次乌克兰危机也给我们提供了一些新的启示。如欧盟在十几年前着手开始研究建立基于其整个天然气网络的数学模型。实际上在 2014 年"克里米亚事件"时，就开展了定量分析和研判。这一次，我个人认为欧盟应对能源危机的表现优于我的想象，这也得益于过去的研究和准备。之前俄罗斯对欧盟的油气出口占比达 50%，现在连 10% 都不到，虽然在一定时间内导致了欧洲各地油价、气价上升，但是欧洲整体应急能力和基础设施的完善，在应对此次能源危机中发挥了巨大作用。所以在油气储运中，"储"这部分实际上是核心。

| 黄维和院士为作者题字

"北溪管道事件"对系统能力的影响是我们下一步的研究工作。因为这不仅会影响到公共安全，也会影响到能源安全。过去我们更关注自然环境对储运设施的影响，如何抵御或避免这种非人为的破坏，不要让其导致重大的公共安全灾害。我们通过多年努力，能力提升许多。但对于类似北溪管道事件，如何提升防御能力和保障区域的能源供应，也是需要研究和解决的问题。

唐大麟：您当年作为"西气东输"管道这项世纪工程的负责人，面对千头万绪的各项管理工作，有什么成功的经验可以分享？

黄维和：油气储运是一个集成应用工程，也是一个系统工程，当年在组织实施西气东输管道项目建设时，我曾提出"油气管道建设要坚持协同创新驱动"，因为早在"西气东输"工程建设初始，由于我们能力缺乏，曾考虑过对外合作，但因外方要价太高，合作难以继续。我们面临的核心问题还是技术问题，所以就提出了"1+N"管道科技产业化模式，即依托重大工程，业主主导工程设计，通过合同与N个技术优势企业共同分解工程科技目标，快速突破核心技术并形成N个配套技术，形成中国石油联合N个相关行业的协同创新体系，围绕一个核心技术进行突破，走自主创新之路。

凭借"西气东输"工程这个平台，国内企业积极参与包括管材、制管、管件和施工机具等方面的开发与研制，通过自主创新、集成创新和消化吸收再创新，攻克了多项关键难题，推动了工程顺利进展。在"西气东输"二线工程中，我们又组织开展了一系列科技攻关，干线设计压力12兆帕，X80高钢级钢管应用等主要技术指标达到当时世界领先水平。正是通过这种"1+N"开放协同式自主创新模式，我国的管道建设和运行能力显著提高，从而实现了我国石油管道的技术飞跃。在这个过程当中，我自己实际上是一个组织者的角色，所有的工作都是大家一起完成的，我的作用就是通过协同创新来优化资源配置，以使这项工程的效果达到最优。

唐大麟： 回顾您自己的成长史，有什么心得体会？

黄维和： 我是一名普通工程师出身，从成长经历来看，最大的体会就是要在着眼未来时，立足当下做好手中的每一件事情，因为现在所做的每一件事情都是在为未来的长远目标打基础。作为一名工程技术人员，在这个过程中我们需要刻苦，需要脚踏实地，需要创新，更需要持之以恒。而作为一名管理者，其核心素质在于有自己的创新想法，并且能够将不同的资源要素整合在一起，为实现一个共同的目标服务。

■ 采访时间：2023年2月1日
■ 采访地点：北京市海淀区　中国石油规划总院办公楼

以超深钻采工程推动我国挺进气态能源时代

——访中国科学院院士、油气钻探与开采专家高德利

◎ 人物小传

　　高德利，油气钻探与开采专家，教育部"长江学者奖励计划"特聘教授。享受国务院政府特殊津贴，入选首批国家跨世纪"百千万人才工程"，首批中国石油天然气总公司学术带头人。1958年4月出生于山东省禹城市。1982年本科毕业于华东石油学院开发系，1984年获西南石油学院硕士学位，1990年获石油大学博士学位。先后赴美、俄、英等国访学交流。1992年在清华大学工程力学系完成博士后研究并被晋升为清华大学固体力学副教授，1993年受聘为石油大学（北京）石油工程系教授、系主任（正处级）兼石油工程研究所所长。现任中国石油大学（北京）石油与天然气工程国家重点学科负责人、石油工程教育部重点实验室主任、校学术委员会主任等。长期从事油气井工程科学研究与实践，在井下管具力学与控制工程、定向钻井、井筒完整性、深水钻井及工程作业极限等方面取得了重要研究成果，独立或合作发表期刊论文600多篇（SCI收录190余篇），出版学术专著6部并主编多部，授权发明专利80余件。曾获国家技术发明奖二等奖1项、国家科学技术进步奖二等奖3项及省部级或全国行业协会科技成果奖多项，首届孙越崎能源大奖、第四届中国青年科技奖、全国留学回国人员成就奖、首都劳动奖章等奖项及荣誉称号。作为学术带头人的科研团队入选首批教育部创新团队，后又入选国家自然科学基金委员会创新研究群体并获2次延续资助（共计9年）。

　　2013年当选中国科学院院士。

唐大麟：高院士，您好。您长期从事油气井工程科学研究与实践工作，随着定向井、水平井、大位移井及复杂结构井等井型技术的创新与应用，我国钻井领域的变化也举目可见。请您简要介绍一下我国在这一领域的发展现状。

高德利：1975年至今，我国在钻井技术方面的攻关研究一直没停止过，如"七五"期间的定向井、丛式井钻井技术研究，"八五"期间的石油水平井钻井成套技术，"九五"期间开始重视大位移钻井技术，以及"十一五"开始重大攻关复杂结构井工程设计控制技术等，我国油气钻井技术就是沿着这样的时序和路线创新发展的。定向钻井，就是控制钻头按照设计轨道或地质导向定向破岩钻进，要求安全高效钻达地下目标，是油气井工程的核心技术之一。通过实施定向钻井，可以基于同一个作业平台有效扩大油气田的开发控制半径及泄流面积。我作为"井眼轨迹控制技术"专题负责人，连续10年参加了"七五"和"八五"的两个项目均是国家重点攻关项目，分别获得了1991年度和1997年度国家科学技术进步奖一等奖。

非常规页岩油气丛式水平井"一趟钻"作业关键技术，也属于定向钻井技术，但它要求一趟钻完同一尺寸的井眼，特别是水平井眼，对定向钻井的要求更高。这里面包括一些关键因素：比如钻头、导向钻具组合、钻井液及钻井参数等，在国内外应用实效显著。

定向钻井技术由来已久，主要包括三个方面，分别是随钻测量、随钻数据传输和导向控制。随钻测量分为几何测量、地质测量和力学测量。几何测量主要是对井斜、井斜方位、邻井距离等方面进行测量；地质测量是对伽马、电阻率、孔隙压力、声波等参数测量；力学测量是针对流体循环压力和温度、钻压、扭矩及振动等进行测量。随钻数据传输技术经历了电缆传输、钻井液脉冲传输，现在试图发展到智能钻杆传输。此外，钻头在地下的导向控制也很重要。从20世纪50年代到90年代，主要是滑动导向控制；进入21世纪后，旋转导向控制工具越来越受到重视。

大位移钻井是挑战定向钻井极限的前沿技术。所谓大位移井是指水垂比大于 2 且测量深度大于 3000 米的井，或水平位移大于 3000 米的井。在大位移钻井方面，我带领团队创建了大位移钻井延伸极限的理论概念、预测模型及控制计算方法，与团队协作自主研发了相应的设计控制技术体系，研究成果在海洋、滩海等油气田获得显著应用实效，特别是在南海边际油气田开发中获得超百亿元经济效益，并获得 2020 年度国家科学技术进步奖二等奖。

| 高德利院士在办公室

双水平井、U 型井、丛式水平井等以水平井为基本特征的复杂结构井，是高效开发非常规、海洋、深地等复杂油气田的先进井型技术。"十一五"以来，我带领团队针对非常规油气田高效开发问题，主攻复杂结构井工程优化设计理论与钻完井控制技术，提出了复杂结构"井工厂"开发工程模式及其设计控制理念，在磁导向钻井、井下管柱作业、钻井液体系、钻井参数优化及钻完井降本增效等方面实现了技术突破，这些技术在我国页岩气、煤层气等非常规天然气高效开发工程中取得良好应用实效，并获 2016 年度国家技术发明奖二等奖和 2020 年度国家科学技术进步奖二等奖。

我还带领团队做了海洋深水钻井创新研究，建立了一套深水钻井安全高效作业设计控制理论方法与技术体系，助力我国海洋钻探实现了从浅水到超深水的跨越，牵头项目"海洋深水钻探关键技术创新及产业化"获2017年度北京市科学技术奖一等奖，是典型的校企协同创新研究成果。现在，我们团队正在探索如何拓展钻采工程技术的应用领域，试图通过跨界交叉融合加快我国气态能源发展，助力"双碳"目标的实现。

| 高德利院士与作者亲切交谈

唐大麟：您曾提到油气钻井技术在煤炭行业的应用问题，请谈谈您对这一关注背后的认识和思考？

高德利：这是基于我国能源资源禀赋与能源安全需要进行的思考和探索。目前我国的能源结构仍以煤炭为主。2021年，煤炭在我国能源消费中的占比为56%以上，加上石油和天然气，化石能源在国内能源消费中的占比仍高达80%以上。

据相关资料，我国煤炭资源丰富，特别是深层煤炭资源丰富，但难以进行常规采掘。例如我国陆上1000~3000米的煤炭资源量达3.77万亿吨，预计可气化煤炭(40%)折合天然气资源量为（272~332）万亿立方米，是常规天然气资源量的3倍，且其理论采收率100%。我国深层煤层气资源也很丰富，其中埋深小于2000米的陆上煤层气资源量约为30万亿立方米，埋深大于2000米的陆上煤层气资源量超过40万亿立方米；近海煤层气资源量为（7~11.5）万亿立方米；我国整个煤系气资源量加起来超过190万亿立方米。

煤炭资源虽然丰富，但是污染排放量很大。数据显示，2020年，我国煤炭的二氧化碳排放量占到总排放量的67.4%；油气排放占到27.8%；非化石能源以及其他能源的排放占到4.8%。

我国的能源禀赋和能源结构决定了要实现"双碳"目标，不能简单地把煤炭替代掉，否则能源安全会受到极大威胁。所以既要保障能源安全，又要保证低碳排放，我们就思索是否能把煤炭、石油等化石能源变成低排放的清洁能源。于是"地下工厂"的想法应时而生。当时我们在想，是不是可以把原本建在地面的煤制气、煤制油、煤电厂等能源化工厂"搬到"地下去。这样的话，化石能源排放的污染物就不会在地面排放到大气中，而是可以直接排放到地下合适的储层。例如，让煤炭在地下实现低碳转化，产出氢气、甲烷气等气态能源，而包括煤灰、煤渣等在内的固体废物则可全都留在地下。这样我们国家能源消费结构就可以跨越石油时代，从目前的煤炭时代直接进入到未来的气态能源时代。

"地下井工厂"往往建在地下数百米甚至数千米的地层深处，只能依赖精准的定向钻掘技术，可以控制钻头"想去哪就去哪儿"，使得地下井工厂所需的管道、反应室等按照需求钻出来。地下井工厂建成后，我们首先把煤层气采出来，等到煤层气开采得差不多了，剩下的煤炭再进行气化。即"先采气后采煤"，这不仅能减少煤矿开采过程中瓦斯（煤层气）灾害、保护大气环境，而且还能增加天然气供给，缓解我国天然气供求矛盾。所以我们提出，应该积极探索与创建深地煤炭与煤层气一体化绿色开发模式及其技术装备支撑体系，此举有望成为中国特色能源绿色低碳转型的重大战略举措之一。

唐大麟： 什么是"地下井工厂"，有哪些应用场景？对我国能源安全有怎样的积极意义？

高德利： "地下井工厂"就是在地下建设真正的工厂，或者叫复杂结构井工厂，有别于地面上搭建的工厂。"地下井工厂"具有立体化、多功能、多井型丛式井等基本特征，其应用领域非常广泛，除了煤气化之外，稠油、油页岩、页岩油气等非常规油气领域都有需求。例如稠油、中低成熟度页岩油等非常规石油资源，需要进行原位加热转化开采；页岩气多层富集并具有吸附性，需要分层原位改造或加热解吸开采；煤层气更是具有多层叠加吸附的基本特征，需要原位改造或加热解吸开采。如此等等，都对复杂结构"井工厂"提出了重大需求，急需建立相适应的设计建设理论基础。

"地下井工厂"也有利于提高油气采收率。国内外稠油热采实践证明，稠油 SAGD 双水平井可以大幅度提高稠油单井产量及采收率。此外，"地下井工厂"还可以和可再生能源电力相结合，可以做到因地制宜、就地取材。比如开采煤炭的矿场恰好风很大，就能利用风能发电；光照条件好，就可以采用光伏发电。风能和太阳能虽然清洁，却不稳定。但这些不稳定性对"地下井工厂"的影响不是特别大。只要再加一些储能设施，就可以有效调节。

目前在非常规油气工程领域，地下井工厂还有很多前沿技术难题需要研究解决。比如，如何根据主客观约束条件优选复杂结构"井工厂"作业平台位置、优化设计三维井眼轨道等；如何实现立体化井丛约束下邻井距离随钻精准测控并避免发生邻井交碰事故；如何实现复杂结构井工厂立体井网完井优化设计控制；如何建立适应这类井工厂的井下加热系统等。

唐大麟： 美国"页岩革命"已经完成，中国"页岩革命"是否已经到来？"页岩革命"的核心是什么？我国能否复制美国"页岩革命"？

高德利： 所谓"页岩革命"，实质上是油气钻采工程领域的一场技术革命，使原本没有开采价值的页岩气、页岩油等非常规油气资源得以经济有效的开发。事实上，北美的"页岩革命"主要依赖于水平井与丛式水平井工程，其关键核心技术包括：水平井目标段和丛式井网的优化设计，水平井定向钻井，水平目标井段分级压裂完井，以及先进的"井工厂"作业模式等。这里的页岩气"井工厂"不同于上述的"地下井工厂"，是指在同一个井场里集中布置和建设多口甚至一大批相似井（如水平井），形成以丛式水平井为基本特征的一个"井工厂"，虽然在井场地面诸多井口之间相距很近，但每口井欲钻达的地下油气藏目标则相互偏离井场较远，从而有效扩大了油气田的开发控制范围。所谓"井工厂"作业模式，就是围绕同一井场里众多相似井的建设目标任务，采用标准化的工程装备与技术服务，以流水线方式（批量）实施钻井、完井、压裂等主要工程环节的一种高效作业模式，由此可以节约大量的工程作业时间和成本。

我国受北美"页岩气革命"影响较大，十分重视页岩油气开发，相关研究已经开展了十多年，在实践方面也取得重要进展，但与国际领先水平相比仍存在差距。

2022年，我国页岩气产量仅为240亿立方米。其实，我国页岩气资源量和美国相差无几，但是技术水平有待提高、装备有待优化与强化，经济效益有待于进一步提高。否则我国页岩油气的产量很难有大规模增长。在技术装备方面，我国缺乏像贝克休斯、哈里伯顿那样的国际化油气技术装备服务公司，其主要症结在于体制机制不够完善。虽然我们大型油公司下属的油气钻探公司有好多个，但同质化现象严重，竞争与激励机制不完善，创新积极性不够高。我认为，国家应该对国有企业在科技创新方面提出明确的考核指标和要求。

唐大麟： 您现在的关注点是什么？

高德利： 我目前关注的重点是"超深钻采工程"。随着我国浅层的、常规的油气资源开采程度越来越高，深地、深水、非常规等难开采能源矿产资源对于保障能源安全的重要性愈加凸显。这对超深钻采工程提出了更高要求，需要通过持续创新突破加以有效解决。

现在我国石油公司正在打造陆上"深地工程"。2022年3月，中国石油塔里木油田所属的富满油田果勒3C井完钻，井深（测深）达到了9396米，是目前亚洲最深的水平井。富满油田是我国在7500米以下超深地层发现的最大油田，超8000米的超深井累计达到72口。中国石化也宣布顺北油气田的顺北84斜井测试获高产工业油气流，日产油气当量达1017吨，成为顺北油气田第22口千吨井。该井垂深达8937.77米，是亚洲陆上垂深最大的千吨井。

在海洋领域，我国也在进军海洋能源开发深水区。在海洋油气开发领域，深水一般是指超过500米水深的水域，超过1500米称之为超深水。我国在深水钻探方面，南海钻探水深已超过2600米（LW22-1-1井，作业水深达2619米），在开发方面，南海陵水17-2气田是我国首个1500米深水自营大气田，相应的生产平台被命名为"深海一号"，它是由我国自主研发建造的全球首座10万吨级深水半潜式生产储油平台。去年年底，"深海一号"二期工程全面开工，目标钻深达到5000米。

此外，包括页岩气在内的非常规油气的钻采井深也越来越深。例如在四川盆地，足203H2-1井，完钻井深7318米，垂深4306.84米，水平段长达2852米；焦页147-2HF井日前顺利完钻，井深首次突破7000米，未来我们还要向万米目标进军。

针对超深钻采技术还需要解决更多问题。比如，为了提高水平钻井的"一趟钻"作业能力，我们要在高效PDC钻头、导向钻具组合、钻井液体系及钻井参数等方面加强学科交叉研究，打造"一趟钻"作业关键技术利器。

唐大麟：能否为我们分享一下您的求学与科研之路？这一路走来，有哪些让您难忘的人和事？

高德利： 我是 1958 年出生于山东省禹城市，1972 年底参加中考，1975 年高中毕业。1977 年全国恢复高考后，我是有幸考上大学的第一批大学生。由此，我的命运和成千上万人的命运一样，发生了改变。

1982 年 1 月，我 23 岁时从华东石油学院开发系大学毕业；1984 年，获西南石油学院矿场机械硕士学位，并入职华东石油学院开发系；1990 年，我获得油气田开发工程博士学位，也是我国该学科领域第一位博士学位获得者；1992 年，在清华大学力学站完成博士后研究并晋升为清华大学固体力学副教授，年底入职石油大学（北京）并当选为钻井研究所所长。在博士后研究期间，我负责承担了"江汉油田定向井轨迹控制技术研究"，初步得到油田企业的关注认可与项目支持，作为一名初出茅庐的年轻人，我感到鼓舞。

1993 年，我晋升为石油大学（北京）石油工程学院教授、系主任。期间，我开始参与南海油气钻采和塔里木盆地深层钻探的相关研究项目，如今十多年走过来，南海所取得的国家奖都和我们团队有关系。例如，我与中国海油深圳分公司合作完成的项目"中国近海高水垂比大位移钻井关键技术研究及应用"，获得了 2007 年度国家科学技术进步奖二等奖，这也是我国南海油气勘探开发领域获得第一个国家级奖项项目。

2006 年至今，我开始担任石油工程教育部重点实验室（中国石油大学）主任；2008 年至今，我担任油气资源与探测国家重点实验室学术委员、油气钻探方向带头人；2013 年当选为中国科学院院士（技术科学部）。可以说，改革开放 40 多年来，我是中国油气产业发展的亲历者、参与者，也是贡献者和分享者。

唐大麟： 您不仅搞科研、获了很多奖项，而且还写文章，发表的期刊论文超过了 600 篇（SCI 收录近 200 篇）。请问您的时间是怎么安排的？

高德利： *首先，我的目标比较集中。除了当了两年系主任（相当于现在的*

学院院长），行政的事情做得很少，主要是做学术研究和人才培养，全身心致力于相关科研教学工作。**其次，我每天工作时间比较长，过去晚上 12 点前没睡过觉，现在年纪大了，不能像以前那样熬夜，但每天仍然工作较长时间。有时候遇到紧急的事情，一干就是四五个小时。再次，我比较专注、喜欢思考，平常走路、坐在车上的时候都在思考专业相关的内容。最后，就是要具备较强的学习能力，善于抓住问题要害。** 学习能力是逐渐练出来的，我们培养学生也是希望其形成良好的学习能力，而不是简单地死记硬背一些知识。当然，在这个过程中，我们会碰到很多困难，因而需要具备良好的意志品质去坚持，这样最终才可能会达到目标。

| 高德利院士接受作者采访

■ 采访时间：2022 年 7 月 6 日
■ 采访地点：北京市昌平区　中国石油大学（北京）

绿色低碳开发是油气生产方式的变革

——访中国工程院院士、油气田开发地质与开发工程专家李阳

◎ 人物小传

李阳，油气田开发地质与开发工程专家，教授级高级工程师。1958年10月出生于山东省东平县，1982年毕业于华东石油学院石油地质专业。曾任胜利油田总地质师、总经理、中国石化油田事业部主任、中国石化副总工程师等职。现任中国石化科协主席、中国石油企业协会副会长、石油工业标准化技术委员会副主任委员、SPE中国南方分部主席。长期从事油气藏开发基础理论和关键技术研究工作，提出了复杂断块油田"分隔控油"剩余油富集规律认识，创建了以油藏地球物理及大幅度提高采收率为核心的高含水油田稳产技术，为我国东部原油持续稳产做出了突出贡献。作为两期国家"973计划"首席科学家，研究揭示了碳酸盐岩缝洞型油藏流体流动规律，建立了超深层缝洞储集体识别与建模、数模方法，形成注水开发关键技术，为此类油气藏高效开发提供了理论和技术支撑。近十年来致力于二氧化碳捕集输送与利用技术的研究与应用，在二氧化碳捕集、驱油和产出二氧化碳回收利用技术方面取得重大研究进展，为我国首个百万吨碳捕集、利用与封存项目——齐鲁石化—胜利油田CCUS示范工程提供了技术支撑。曾获国家科学技术进步奖二等奖6项，国家发明二等奖1项，以及李四光地质科学奖、孙越崎能源大奖、何梁何利基金科学与技术创新奖等奖项及荣誉称号。出版专著6部，发表论文70余篇，获授权国家发明专利11件。

2013年当选中国工程院院士。

唐大麟：李院士，您好。很高兴采访您。您长期从事油藏开发基础理论和关键技术研究，在胜利高含水老油田、海相碳酸盐岩缝洞型油藏、低渗透油田等油藏开发领域都做出了突出贡献。在当前技术条件下，您觉得以上类型老油田是否能做到绿色高质量开发？

李阳：在直接回答这一问题之前，我想先就油田开发技术的发展情况做一个回顾。

胜利油田是我国比较复杂的陆相沉积油田，断层发育被喻为"一个摔碎的盘子又踢了一脚"，开发难度大。陆相油田注水开发理论和技术为油田的注水开发提供了支撑。进入高含水开发阶段，油田递减加快，怎样攻克控制含水上升、实现稳产的技术成为重大需求。为此，我们研究提出了"分隔控油"剩余油富集机理的认识，围绕剩余油分布规律，研究形成了水平井等挖潜技术，打开了油田开发新局面，实现了胜利油田持续稳产。

塔河油田是我国发现的第一个特大型深层海相油田，储集空间为裂缝和溶洞型碳酸盐岩，流体流动规律不同于碎屑岩，怎样开发好这类油田，国内外罕见成功实例和经验。为了开发好这一新类型油田，我们自主创新、原始创新，开展了超深层碳酸盐岩缝洞型油藏开发理论和开采技术的研究工作，揭示了缝洞体成因机制和自由流—渗流耦合的流体流动规律，形成了超深层缝洞储集体识别与建模、数模技术，研究了注水开发和注氮气开发关键技术，为此类油气藏高效开发提供了理论和技术支撑。

从上看出，油田的开发技术是不断进步的。目前这些油田经过多年的开采，油田含水高，产量递减大，设备设施老化，能耗物耗高，尾废排放量大，实现绿色高质量发展面临诸多挑战。

我国经济正向高质量发展阶段迈进，油气田绿色高质量开发是必然趋势，这就要求油气行业不仅要多提供绿色能源，同时要发展绿色低碳开发技术，通过技术创新，构建绿色、清洁、循环的油气开发技术体系。

对于怎样实现绿色低碳开发的问题，近年来，我们开展了一些研究工作。2015—2016年，开展了碳约束条件下我国油气开发利用优化研究，聚焦油气藏绿色低成本开发工程前沿技术，探寻能源革命和低油价背景下，油气产业可持续发展之路；2018年，开展了油气藏绿色低成本开发关键技术项目研究。2022年，又在中国工程院支持下，开展了重大战略研究与咨询项目"油气资源评价及绿色低碳油气田建设战略研究"课题。从研究成果来看，油田绿色低碳开发是一场油气生产方式的变革，其发生与发展是国家能源安全战略的要求，也是油田企业可持续发展的内生动力，还是建设美丽中国的必然选择。

油田绿色低碳开发受多因素机制的驱动和约束，既要以多产油气保障国家油气安全为责任，提高资源动用率、采收率，又要降低成本、效益开发，同时实现节能减排、绿色低碳。如何绿色发展，实现稳油增气与减排目标，三者应整体优化，协同耦合，重点做好以下工作：

一是聚焦油气开发主体，实现产量最大化。以开发油藏为研究对象，揭示不同类型油藏流体流动及其演化机制，明确油藏高效动用潜力及治理策略，保持效益产量规模。二是变革油气生产流程。剖析开发全流程能耗热耗痛点，找准绿色能源替代着力点，治理效率低下的难点，提高能源利用效率，降低吨油能耗和生产成本。三是强化生产过程中尾废的综合利用。基于"产量—生产尾废—资源利用"循环模式，实现油气开发过程中的"气、水、热、固"资源化循环利用，变废为宝、化害为利，减少甚至消除对环境的影响。四是加快推进二氧化碳驱油与埋存技术发展。二氧化碳驱作为可以大幅度提高采收率的技术，即可以大幅度增加原油产量，又可实现二氧化碳埋存与增油的双赢。五是加强技术创新，研发一批新的技术。一方面创新发展微生物、纳米等新的绿色开发技术，另一方面创新一批节能减排、尾废利用等工艺技术和设备，提高尾废资源化利用率，减少对环境影响。

总之，我非常有信心，通过新技术创新应用，能够将"黑油"转变为"绿油"，实现油田绿色高质量开发。

唐大麟：请您谈谈国内陆上油田开发是否能借助大数据和人工智能东风，实现跨越式发展？

李阳：石油行业是应用信息技术最早的行业之一，20世纪70年代便开始了计算机应用，目前信息化、互联网技术已广泛应用于油气勘探和开发过程中，建成了数据库、数字模拟、专家辅助决策及生产指挥系统，数字化建设取得了丰硕成果，为油气勘探开发领域的拓展、新油气田发现和开发水平的提高提供了支撑。

但由于油气深埋地下，地质条件非常复杂，直接取得资料的手段非常有限，因此油气生产数据多为生产状况的综合反映，难以精准反映油层和井间的产出情况。所以，在油田数字化和智能化发展过程中，存在瓶颈制约和挑战。对于陆上油田来说，由于多为老油田，制约因素更多一些。

目前大数据和人工智能随着第四次工业革命的浪潮蓬勃发展，为地下油气分布认识、地面生产管理和协同优化决策提供了新手段。我们已经看到其应用，提高了地质分析、测井解释、地震解释、"甜点"预测、地质建模、油藏模拟的精度和效率，展示出广阔的应用前景和解决问题的能力，取得了好的应用效果。

但在大数据、人工智能与油田开发的融合和应用中，面临来自数据、算法和地下油藏未知因素的诸多挑战，特别是国内陆上油田开发已经走过了60多年历程，地下流体分布和演化更加复杂，新找到的储量品位劣质化，同时面临绿色转型问题，这些都需要大数据和人工智能提供解决问题的手段。我们坚信在大数据、人工智能、5G、云计算、物联网等技术推动下，油气田智能化水平将会快速发展，这既是油气技术发展规律的必然趋势，也是油田降本提质增效的有效途径。我们需要借其东风，顺势发展，我们认为要做好三个方面的工作：

一是持续提高数据采集和泛在感知能力。从油田开发数据源头出发，不断扩大传感器范围，提高采集数据的精度；加快互联网建设，扩大感知范围，基于机器学习算法对真实油藏物理问题进行建模，实施油田数字化转型；优化智能分析、智能操控的路径，实现数据挖掘与多元信息耦合，提高数据采集和感知能力。二是提高认知能力。加强数据治理、知识图库建设，利用获取的大数据对模型进行训练，实现机器认知，机器学习，推进更新和重构专业知识库；发展边缘计算的新方法，提升在油藏表征、智能优化、生产决策、实时预警等方面的认知水平。三是提升协同优化能力。建立内在统一的地质模型和油藏模型，实现油气藏的透明化、精细化；建立油田开发全过程的数字孪生油藏，仿真模拟油气开采，增强计划准确性、工程技术合理性以及油藏与工程协同性，不断提高采收率；建立分层次和整体优化模型，实现开采自动化、模型化、可视化和智能化，方案设计、实施、生产管理一体化。

唐大麟：当前"双碳"背景下的 CCUS 技术可谓炙手可热，您如何看待其在国内发展应用前景？

李阳：正如你所说的，国际社会都把 CCUS 技术列入应对气候变化的关键技术之一，我国也把 CCUS 作为实现"双碳"目标的重要技术措施。为了推动 CCUS 技术发展，许多国家出台了 CCUS 技术专项支持计划，因此 CCUS 技术已经成为区域、国家间合作的重要技术领域，也成为技术竞争的高点。

我国实现"双碳"目标，任务重，时间紧，减排强度大，发展 CCUS 技术和产业是必然选择。从 2012 年开始至今，陆续开展了"CCS/CCUS 技术前景与在新能源中的定位及应用""环境容量对煤油气资源开发的约束""二氧化碳捕集与提高油气采收率前沿工程技术发展战略研究"等工程院战略咨询课题，同时开展了碳捕集技术、驱油埋存一体化技术研究。随着研究工作的进展，我们对 CCUS 在碳减排中的作用、技术和产业化发展的认识不断加深，研发了一批新的技术。

一是 CCUS 在碳中和战略中的地位更加清晰。CCUS 技术的定位已由单纯的二氧化碳减排技术发展为支撑能源安全和经济发展的重要战略性技术，为化石能源转型提供支撑。我国能源消费结构中化石能源占到 80% 以上，并且以煤炭为主，CCUS 与煤电结合，可以实现煤炭低碳利用，还可以防止大量的基础设施废弃而导致投入沉没；CCUS 是实现钢铁、化工等行业深度脱碳的技术，能保障实现近零排放；CCUS 技术耦合新能源发展，形成多能互补模式，保障国家能源体系稳定安全。对于 CCUS 对碳减排贡献度，我们课题组在研究工作中建立了基于能源生产、消费及 CCUS 之间的交互关系模型，形成了 CCUS 固碳的计算方法和模型，预测 2030 年碳达峰后 CCUS 技术将进入大规模应用阶段，2060 年，CCUS 技术减排贡献量可达到 10 亿吨。

二是经过数十年研发，CCUS 技术发展步伐加快，具备了规模示范应用条件。在捕集技术方面，形成针对不同浓度排放源的捕集技术，成本不断下降，在煤电、石化等行业开展了示范应用。在驱油利用技术方面，这是目前最为经济可行的大规模碳利用和埋存方式，技术成熟，在油田驱油和页岩油压裂等领域开展了示范应用。在咸水层封存方面，开展了地质评价研究及现场实验工作。在化学化工利用技术方面，新技术不断涌现，工程化项目不断增加，CCUS 产业呈现集群化发展趋势。

在 CCUS 发展过程中，要做好两个方面研究。一是做好利用"U"这篇文章，通过利用技术的研发引领，建立二氧化碳利用技术的理论和技术体系，既可以变废为宝，增加收益，又可以实现减排。二是抓住"捕集、利用和产业"三个关键环节，加快技术的研发和产业发展。二氧化碳捕集技术研发方兴未艾，第二代技术在加快研发。以离子液吸收剂、相变吸附剂、膜分离吸附等新一代捕集溶剂研究进展加快，生物质能—碳捕集与封存（简称 BECCS）、直接空气碳捕集和封存（简称 DACCS）等颠覆性技术研究成为热点。在利用方面，二氧化碳驱油技术研究重心逐步向着驱油封存协同转变；生产流程重塑、全链集成拓展二氧化碳化工利用、生物利用、矿化利用等多途径技术方向逐步明朗，部分技术进入中小型示范阶段。中国石化齐鲁石化—胜利油田百万吨CCUS示范项目初步建成，对国内CCUS规模化应用起到示范效应，石油石化、煤炭电力、水泥钢铁等行业均已加快CCUS产业化部署。在产业发展方面，以含油气盆地为中心具有驱油和封存利用的优势和条件，我国渤海湾盆地、苏北盆地、准噶尔盆地、鄂尔多斯盆地等CO_2驱油和封存发展前景广阔，将会率先形成产业集群。随着国家"双碳"目标的实施，在有关政策、法规和金融的支持下，CCUS产业化必将快速发展，成为一项新兴的产业，为国家碳达峰、碳中和目标完成做出重要贡献。

| 李阳院士接受作者采访

唐大麟：目前全球新发现油气田不断向深层、深水发展，请您介绍一下我国目前深层油气勘探开发的现状及发展前景？

李阳：深层已成为我国油气增储上产的重要领域。以塔河油田、库车山前克拉2气田为标志，在四川盆地、塔里木盆地、鄂尔多斯盆地均发现了大型油气田，为我国石油工业发展拓宽了领域。目前，我国深层油气勘探开发进入了规模增储上产阶段。

据 2020 年全国油气矿产储量通报数据统计，我国已发现深层油田 30 余个，累计探明石油地质储量近 40 亿吨；已发现深层气田 50 余个（含海域），累计探明天然气地质储量近 5 万亿立方米。中国石化顺北特深断溶体油气藏埋深达到 8000 米，现已建成产能 102 万吨/年。

深层油气勘探开发离不开工程技术的支撑。近年来，我国深层钻井、测试、开发技术不断突破深度界限，30 余口井深度超过 8000 米。研究表明，深层、超深层具有丰富的油气潜力及增储上产前景。根据国土资源部资料，深层油气资源量分别占全国待探明储量的 30% 和 65%。由于深层含油气盆地油气埋藏深、经历了复杂的构造运动改造，储量品位较低、产能较低，储层超高温、超高压等因素，高效勘探和有效开发存在诸多挑战：一是资源主要分布在叠合盆地，储层埋藏深、地层时代老、储集类型多，地震波场复杂，构造和储层识别难度大。塔里木盆地大于 5000 米埋深的油气探明储量占总探明储量的 80% 以上。储集类型发育碳酸盐岩和碎屑岩，深层海相碳酸盐岩地层时代老，主要为发育古生界储层，一般分为礁滩相、岩溶、白云岩和裂缝 4 类，构造、层序、岩相、流体与时间等多因素控制了储层的形成与发育；深层碎屑岩储层受埋藏史、地温场、压力演化和成岩作用等多因素控制，孔隙类型多样，以残余粒间孔为主。复杂的油气藏特征造成地震波场复杂，给储层预测、目标评价、开发方式研究提出了极大挑战。二是压力系统复杂，建井难度大。深层油气钻探普遍存在复杂的地形地貌、地层岩性、压力系统、储层流体和工程力学的挑战，钻探工程面临钻速慢、周期长、成本高、风险大和工程质量控制等难题，对钻井提速、钻井液和固井提出了更高要求。大多储层需改造才能获得有效产能。有效改造是提高单井产量与经济效益的关键，在深层油气勘探开发中发挥着越发重要的作用。

因此，必须加强深层勘探开发技术研究。一是油气勘探理论及评价技术研究，攻关多期叠加改造条件下油气形成的地质条件、赋存富集机理及地质评价技术。二是油气开发技术攻关。加强储集空间、岩石物理、流动规律研究，形成适合油藏特点的高效开发模式，提高开发效益。三是工程技术与装备研发。加强深层地震采集与处理技术、地质工程环境因素预测、钻完井及储层改造技术的研究，形成支撑深层油气高效勘探开发的关键工程技术。

上游板块的发展正由"资源扩张型"转向"降本增效型"。随着勘探开发理论的发展和探测技术的进步，向更深、更古老层系寻找油气资源已经成为国际油气公司的重要目标，深层勘探开发技术也成为国际石油技术研发的热点，我们应统筹布局，协同攻关，占领技术制高点。

唐大麟：您目前的科研关注点有哪些？为什么会关注这些？

李阳：我国油气工业肩负着保障国家油气安全和油气田绿色高质量开发的重任。作为一名石油开发科技工作者，时刻关注和推动提高油气资源动用率、油气采收率、油气绿色开发的科学技术研究工作，为稳油增气、减排降本提供技术支撑，这也是我科研工作的重点。

一是战略新领域提高储量动用率技术，这是稳油增气的基础。油气行业属于资源性行业，资源型企业的发展必须不断地增加资源量。我的体会是必须把增储和建产放在工作的首位，持续增加地质储量、可采储量，增加油气产量。近年来深层、深水、非常规已成为我国增储上产的新领域，支撑原油稳定、天然气快速发展。但这些领域油气藏类型多，储层岩性复杂，储层识别、油气开发难度大，储量动用率低。怎样有效开发这些油气田，提高储量动用率、提高单井产能，需要新的技术。

二是提高老油田采收率基础理论和技术研究，这是保障国内原油产量2亿吨的基础。我国东部老油田历经50多年开采，由于陆相油田的非均质特性，整体采收率较低，2018年底平均采收率为29.2%，70%的油未被采出，提高采收率潜力大。虽然我国的注水开发和化学驱技术处于国际领先水平，但进一步提高采收率需要新的理论和技术的支撑。为了加强技术的研发和应用，应注重先导实验工作，这是油气发展规划、成果转化的重要环节。我在中国石化油田部工作期间，组织了 17 项大幅度提高采收率先导实验，有些试验达到"采收率突破 50%、挑战 60%"的目标。

三是绿色开发技术。刚才已经提到，绿色低碳开发是油气生产方式的一场革命。如何构建绿色低碳开发技术体系，如何建设绿色低碳油气田，需要从节能降耗、用能方式、开发模式、生产体系、工艺优化、产业发展、政策生态等多个方面进行创新研究，才能把油气上游业务建设成绿色低碳的行业典范。

四是前沿工程技术与装备发展，这是降本提效和减排的技术保障。工程技术是降本减排的关键，非常规开发需要新技术，节能减排需要新技术，固废的资源化利用也需要新技术。目前我们的技术距需求仍有很大的差距，特别是与世界先进国家相比，我国在核心技术和关键装备上有着明显差距，需加快核心技术研发，解决"卡脖子"难题，服务于勘探开发和绿色开发。

当然，做好这些科学研究需要科研人才，不管是基础研究，还是核心技术、关键装备以及新材料等研究，都需要人才。我在胜利油田工作期间，深刻认识到无论是科研岗位，还是管理岗位，都应把人才培养放在工作的中心位置，推进科技人才，特别是顶尖人才的成长。要注重搭建平台，加强科技创新实验室和工程中心建设。当时胜利油田建成了提高采收率工程中心、石油微生物中心，以凝聚企业内外部的科研力量，解决制约发展的瓶颈技术。同时要鼓励科研人员专心投入研发，特别是让年轻人承担科研项目，给他们出题目，引领他们思考发现问题，解决问题，培养造就一批年轻科技创新团队。

唐大麟：您如何定义石油科学家精神？您对新时代的石油人有何寄语？

李阳：这个问题，让我回忆起发生在工作上的两件事。

一件事发生在我1982年大学毕业后，在孤岛采油厂作业队的事。孤岛油田是我国最大的普通稠油疏松砂岩油藏，由于储层疏松，油田出砂严重，几乎所有生产井都要防砂治理。那时队上接到了一口高产停产井的防砂修井任务，这口井已经过了3次防砂作业，生产时间都很短，制定修井方案成为修井关键。当时队上负责技术工作的是一名参加过多个油田会战的老技术员，工作严谨，特别认真。为了能够确保修井成功，他打破常规工作流程，带我主动去采油队拜访，了解井的情况。在认真分析后，提出了加大砂量，减少顶替液量的增强防砂强度的修井方案。这个方案一提出，便受到很多人质疑，因为从施工角度，两个设计参数都会增加施工中管柱被水泥固住而拔不出的风险。本着为油井负责一辈子的强烈责任心，老技术员叫我一起再查井史，逐层核算参数，最后确定了加大用砂量和减少顶替液20%~30%方案。为了确保按方案施工，他始终坚守在施工现场。方案实施后取得了成功，这口井日产油30多吨，连续生产超过1000多天。这位老技术员为油井负责的精神深深感动了我。

另一个是关于顾心怿院士。顾心怿院士主持研制了我国第一艘浅海坐底式钻井船"胜利1号"和极浅海步行坐底式钻井平台"胜利二号"，为我国浅海油田的开发做出了巨大贡献。20世纪90年代初，我被调到我国第一个大型浅海油田——埕岛油田，负责油田开发工作，期间有了向顾院士请教的机会。当时，他在胜利钻井院工作，我去钻井院学习时，有两件事"想不到"。一是顾院士作为一名大科学家，亲自给我们讲解海上钻井及海工技术的发展，在浅海海工工程实验室演示实验情况；另一个想不到是他在认真聆听我们的需求，并提出了针对性建议后说他"总感到时间不够用，有许多想法没有时间去完成"。从他身上，我看到了老一辈科技工作者的无私奉献和诲人不倦的精神。正是在他的指导和教育感召下，我们通过深化研究，创新测井约束地震反演储层预测技术，提出"大井距、大压差"开发策略，形成了"以陆地设施为依托、中心平台与卫星平台相结合"的浅海油田建设模式，实现了稀井高产目标，平均单井日产油达到50多吨，是孤岛油田的两倍，高速高效地建成了我国浅海第一个年产油超过百万吨级的大油田。

从这两件事情，特别是顾心怪院士身上，我们看到了石油科学家精神。我国石油工业从无到有、由弱到强，形成完整的现代石油工业体系，是一代代石油科技工作者共同创造的辉煌成就。老一辈石油科技工作者用实际行动诠释了"三老四严""埋头苦干"的石油精神，是"爱国、创新、求实、奉献、协同、育人"的科学家精神的践行者。

| 李阳院士在实验室

目前石油工业进入新的发展阶段，怎样保障油气安全供给和绿色低碳转型，解决"卡脖子"技术问题，把能源的饭碗牢牢地端在自己手里，需要进一步继承和发扬石油科学家精神。

一是坚守。头顶蓝天，脚踏荒原是石油工作的写照。目前生产和生活条件虽然已发生巨大变化，但我们不能忘记这种精神，**要坚守闻油则喜、闻油而起的初心**，像当年发现和开发大庆油田、胜利油田、塔河油田、长庆油田那样，不断发现和开发好油田。

二是创新。勇于探索，敢于突破。目前我们面对的地质条件更加复杂，储量的品质也在变差，怎样发现和开发好这些资源，必须创新。在科研过程中，要尊重客观规律，坚持辩证唯物主义和历史唯物主义的观点、方法来观察问题，研究问题，创造性解决问题。

三是奉献。"有条件上，没有条件创造条件也要上""宁肯少活二十年，拼命也要拿下大油田"，铁人王进喜的铮铮名言，诠释了石油科学家的奉献精神，这也是鼓励我们不断前进的动力。目前我国面临"少油贫气"的状况，影响国家的能源安全，需要我们发扬奉献精神，为国家能源安全多贡献油气。

四是引领。我国在勘探开发技术方面仍存在诸多制约因素，存在很多"卡脖子"技术，必须迎难而上，立足于勘探开发需求，立足于世界前沿技术发展，形成适合中国油田特色的开发理论和技术，引领油气勘探开发技术的发展。

新的时代有新的使命，我们要在当今的技术竞争中创造出更加辉煌的成就，更需践行石油科学家精神。

■ 采访时间：2022 年 6 月 17 日
■ 采访地点：北京市西城区　中国石油六铺炕办公区

为我国深层和非常规油气资源高效钻完井提供理论与技术支撑

——访中国工程院院士、油气钻井与完井工程专家李根生

◎ 人物小传

李根生，油气钻井与完井工程专家，教授。1961年9月出生于安徽省石台县。第十四届全国政协委员。国家杰出青年科学基金获得者，国家"973计划"首席科学家和国家自然科学基金重大项目负责人。曾任中国石油大学（北京）副校长，兼任国务院学位委员会第八届矿业工程、石油与天然气工程学科评议组联合召集人，第八届教育部科技委地学与资源学部副主任委员，中国机械工程学会常务理事、流体工程分会主任委员，中国石油学会石油工程专业委员会副主任，北京能源协会、北京碳中和学会副理事长，《流体机械》第七届编委会主任，ASME Journal of Energy Resources Technology 副主编等。现任油气资源与探测国家重点实验室主任。长期从事油气钻井和完井工程理论与技术研究，率领团队发展了围压下自振空化射流理论，创新研发了深井空化射流钻井系列技术；开拓了水射流钻完井增产理论与技术研究领域，发明了水力喷砂射孔与分段压裂联作技术，首创了空化射流处理地层解堵技术。在石油工程中初步形成了射流钻井、完井、压裂的理论与应用技术体系。研究成果在国内外20多个主要油气田推广应用，效益显著。曾获国家科技奖励5项，省部级科技进步一等奖10余项。共同出版中英文专著3部、教材1部，第一和通讯作者发表学术论文100余篇，授权中外发明专利20余件。

2015年当选中国工程院院士。

唐大麟：李院士，您好。作为我国钻井领域第一个"973 计划"的首席科学家，请您介绍一下该项目立项研究的背景是什么？取得了哪些成绩？对我国钻井工业产生了怎样的影响、发挥了怎样的作用？

李根生："973 计划"是老一辈科学家向国家建议发起的一项具有明确国家目标、对国家发展和科技进步具有全局性和带动性作用的基础研究发展计划，旨在解决国家战略需求中的重大科学问题，以及对人类认识世界将会起到重要作用的科学前沿性问题，它对提升我国基础研究自主创新能力、国民经济和社会可持续发展提供了科学基础，为未来高新技术的形成提供了源头创新。过去，钻井普遍被认为偏工程技术，其基础研究该如何开展？这对于我们而言一开始也是个挑战。在此之前，油气领域已有相关专家在做前期研究工作了，所以我很幸运能在他们研究基础上开展工作。当时我们依托中国石油和教育部，由中国石油大学（北京）牵头，联合中国科学院、中国石油、中国石化、中国石油大学（华东）和西南石油大学 6 家单位，一起承担了"深井复杂地层安全高效钻井基础研究"这个研究项目。之所以要开展这项研究，是因为我们认识到深层油气资源已成为我国油气资源战略接替的重要领域，加快深层油气勘探开发已成为保障国家能源安全的重大需求，而钻井是油气资源勘探开发必不可少的关键环节和手段。由于我国深部地质条件的复杂性和特殊性，深层安全高效钻井面临前所未有的技术挑战，国外没有可借鉴经验。因此，急需开展深井复杂地层安全高效钻井基础研究，为我国深井复杂地层安全高效钻井提供理论基础和科学依据。

该项目研究历时 5 年，我们在地层岩体力学特征识别、破岩机理与方法、压力系统与井眼稳定、风险控制机制等基础科学问题上取得了突破，形成了一系列创新成果。总结起来，它在我国钻井工业发展中主要发挥了四方面作用：一是形成了深井复杂地层岩体力学特征预测与识别理论；二是形成了深井复杂地层钻进过程的控制理论及方法；三是建立了深井复杂地层钻井设计平台和风险调控机制；四是建立了一套风险预测、评估和控制的模型方法。本项目在研究过程中共发表 SCI/EI 论文 234 篇，授权国家发明专利 49 项，申请 PCT 专利 2 项；登记国家计算机软件著作权 9 项；形成企业技术规范 1 项，成果编入国家标准《石油天然气钻井工程术语》和《钻井手册》，获国家级和省部级科技奖励 9 项，同时我们以该项目为平台，也培养了一批优秀人才。总之，针对"复杂深层油气资源勘探开发"这一国家重大战略问题，我们通过研究，系统回答了深井复杂地层安全高效钻井的岩体力学特征识别与表征方法、钻井载荷与井眼围岩作用机理、钻井设计平台与风险控制机制等三个关键科学问题并取得突破，建立了深井复杂地层安全高效钻井的理论体系，为我国陆上和海外深井复杂地层安全高效钻井提供了科学决策依据。同时，也建立了国内一流综合性深井钻井基础研究平台和研究团队，为深井超深井钻井研究的持续开展奠定了基础。在理论突破的基础上，直接带动了一批相关钻井技术的产出，促进了相关学科基础理论的发展，显著提高了我国钻井技术的自主创新能力和核心竞争力。

| 李根生院士近照

唐大麟：作为重组中的油气资源与工程全国重点实验室主任，请您介绍一下该实验室的建设情况。

李根生：油气资源与工程全国重点实验室，是依托油气资源与探测国家重点实验室重组的实体化实验室。油气资源与探测国家重点实验室是2007年经科技部批准建设成立的，2010年评估为"良好"，2015年进入"争优考察行列"。我是2016年开始担任实验室主任的，贾承造院士是学术委员会主任。目前，"双碳"背景下的油气资源绿色智能勘探开发，是国家重大战略需求，深层、深水、非常规等复杂油气已成为我国重要战略接续资源，但其地质环境与工程条件极为复杂，勘探开发面临前所未有的挑战。地质—工程多学科交叉、一体化智能化是实现增储上产、提质增效和绿色低碳发展的重要途径，也是国内外油气行业发展的必然趋势。

油气资源与工程全国重点实验室重组后，将以"油气资源与智能工程"为主攻任务开展应用基础研究工作，聚焦"非常规油气资源与工程"，贯通油气成藏、油气探测、油气井工程、油气藏开发、清洁地质能源等油气上游技术链，构建地质—工程一体化协同机制和油气人工智能生态，重点围绕非常规油气地质—工程一体化、智能油气工程与智慧油气藏、清洁地质资源与碳封存利用等方向，打造国家战略科技力量，致力于取得原始理论创新与技术突破。目前实验室拥有16万平方米的独立物理空间，是油气领域重大科研仪器自主研发的重要基地，具备行业领先的开放通用实验平台。油气资源与探测国家重点实验室于2021年4月设为独立二级实体单位，实施"主任负责制"，具有人、财、物自主管理权。我们创新了矩阵式多学科交叉科研组织模式，与中国石油、中国石化、中国海油等签署了战略合作协议，共建"产学研"创新联合体，推动科技成果快速落地转化，为保障国家能源安全和实现"双碳"目标提供战略支撑。我们汇聚了一批本领域杰出领军人才和中青年科学家，这股力量应该说是我国石油工业上中游科技研发的领头团队之一。目前，我们正聚焦油气增储上产、提质增效的科技重大难题，聚焦多学科交叉协同创新，并已成为本领域重要的原始理论策源地、国家重大科技任务组织和战略咨询的主导力量，形成了深井/复杂结构井钻井、非常规油气增产等12项标志性成果，并以第一完成单位获国家科技奖励8项，为保障国家油气安全做出了实质性贡献。

唐大麟：您当前关注的研究领域是什么？

李根生：我现在关注的研究领域，应该说也是我们国家重点实验室重组后下一步发展的主要目标和方向，主要有三个关注点：第一点还是我们传统专业方向——新型水射流钻井完井，这是在地质—工程一体化背景下持续深入研究进行的。在这种情况下，我们创新发展高压水射流径向水平井钻井技术，对致密油气、页岩油气、煤层气这些非常规油气的增产增效将有非常广阔的前景。第二点是智能钻完井，这种基于大数据和人工智能等前沿技术的智能钻井技术，未来有望实现钻井过程的超前探测、智能导向、闭环控制和智能决策，从而大幅提高油气井产量和采收率，降低钻井成本，为实现石油行业数字化转型和智能化发展，以及为我国复杂油气资源高效勘探开发和油气发展战略提供技术支撑。2018年12月，我们学校在全国能源高校里已率先成立了人工智能学院，2020年12月，我们又发起成立了油气人工智能产学研创新联盟，现在都发展得很好。我们主持承担了国家重点研发计划"变革性技术关键科学问题"重点专项的第一个智能钻井项目"复杂油气智能钻井理论与方法"，将有望为复杂油气高效安全钻井探索变革性技术理论和方法。在人才培养方面，第一届学生已经毕业，实现了"产、学、研、用"的深度融合。第三点是"双碳"与清洁能源发展，包括CCUS、地热、干热岩等。我们依托油气资源与探测国家重点实验室，在2017年成立了地热研究中心，2021年9月我们学校成立了碳中和未来技术学院和碳中和示范性能源学院，同年12月成立了碳捕集利用与封存研究中心（简称CCUS中心），同时也申请成功了我国地热领域首个高等学校学科创新引智基地项目"深部地热资源开发基础研究"和国家自然科学基金重大项目"干热岩地热资源开采机理与方法"。这样在将来学科发展上，我们一方面会继续保持在石油与天然气工程、地质资源与地质工程等学科上的优势，另一方面也将拓展在人工智能、地热、CCUS等领域的发展空间。这三个关注点都和我的本行钻井完井有关系。我现在做得更多的是战略研究、顶层设计和组织推动方面的工作，大量具体工作还得靠我们这个领域里的教授，以及年轻的优秀教师来完成。

唐大麟：能源界一直都很关注地热特别是干热岩地热发展，能否请您谈谈这方面研究情况？

李根生：地热能作为一种重要的清洁可再生能源，具有低碳环保、稳定高效等特点，与风能、太阳能等能源相比，不受季节、气候、昼夜等外界因素干扰，发电利用效率达73%，约为太阳能的5.2倍、风能的3.5倍，是一种现实并具有竞争力的新能源。地热能主要包含水热型（含水）和干热岩型（不含/少含水）两类，目前我国地热能开发仍以水热型为主。我国中低温地热直接利用技术居世界首位，而高温干热岩地热开发尚处于起步探索阶段。干热岩是指埋深位于3000~10000米、温度高于180摄氏度、含有少量或不含水的低渗岩体。我国干热岩地热能储量丰富，据预测其资源量合约为856万亿吨标煤，约占世界资源总量的1/6。其中，3000~10000米深干热岩资源约为150万亿吨标煤，为我国化石能源总量的80倍。按万分之二资源开采量计算，3000~10000米干热岩地热能即可贡献"碳中和"减排目标的17.7%，开发潜力巨大。实现干热岩地热能的高效开发利用，对于改善我国能源结构、减少温室气体排放和控制环境污染具有重大意义。

目前我们主要使用增强型地热系统（Enhanced Geothermal Systems，简称EGS）作为干热岩开发的主要手段。即首先在干热岩钻出注入井和生产井，然后通过水力压裂等方法在高温地层中人工造储，形成裂缝网络沟通注入井和生产井，之后循环工质取热，进行发电和综合利用。干热岩EGS已成为国际能源领域的研究热点，美、英、日、法、德等相继实施了多个EGS地热项目，但尚未规模化应用。从1974年全球首个干热岩EGS示范工程至今，世界范围内已陆续开展了60余项EGS开发示范项目，其中仍在运行及在建的有29个，法国Soultz是目前公认的商业化运行最为成功的EGS工程。近几年，美国能源部可再生能源办公室资助了多个 EGS 示范项目，2015 年正式启动了全球最大的干热岩示范项目"地热能研究前沿瞭望台"（FORGE）计划，致力于 EGS 现场应用、钻完井技术测试等前沿研究，这说明干热岩资源的优越性和 EGS 开发的可行性得到了国际认可。我国干热岩地热资源分布广泛，但研究起步较晚。近年来在藏南、滇西、川西、东南沿海等地区相继取得了勘探突破，并已开始着手建立首个干热岩 EGS 示范工程。2012 年初，在中国科学院组织起草的《科技发展新态势与面向 2020 年的战略选择》报告中，"深层地热能将成为主要可再生能源之一"被列入其中，成为"十二五"和"十三五"期间着重突破的科技重大问题之一。同年，国家"863 计划"启动了"干热岩热能开发与综合利用关键技术研究"项目。2013 年，制定了《全国干热岩勘查与开发示范实施方案》，在青藏高原、东南沿海、华北平原和松辽盆地开展了干热岩资源调查，初步拟定了我国干热岩地热勘察开发的关键技术体系。2016 年开始实施"全国地热资源调查评价与勘查示范工程"，先后在青海共和、海南琼北、福建漳州等地区钻遇优质干热岩体，干热岩资源潜力得到验证。然而，根据国际地热协会（IGA）数据，截至 2021 年，全球累计地热发电装机容量为 15.85 吉瓦，而中国地热发电能力约为 45.46 兆瓦，占比仅为 0.29%，排世界第 18 位。因此，我们急需研究形成干热岩高效钻采与调控技术，以推动我国深层高温地热开发利用进程。为此，2021 年国家自然科学基金委启动了由我校牵头的地热领域首个重大项目"干热岩地热资源开采机理与方法"，旨在借鉴油气行业成熟的钻采理论和技术，超前部署，开展多学科交叉和综合性研究，提升我国干热岩地热基础研究的源头创新能力。

在研究中我们发现，相比于油气和中低温地热储层，干热岩储层地质条件复杂，具有典型的"四高"特征，即：高温度，其温度高于 180 摄氏度，美国大部分干热岩储层温度基本都在 200 摄氏度以上，美国 Geysers 及冰岛 EGS 示范项目部分储层甚至高达 400 摄氏度；高硬度，干热岩资源主要赋存于高温坚硬的花岗岩和变质岩中，埋深大部分超过 3000 米，部分地层岩石单轴抗压强度在200兆帕以上，可钻性达10级，研磨性极强；高应力，因构造运动活跃，最大水平主应力当量钻井液密度超过2.8克/立方厘米，是常规泥页岩的2倍以上；高致密，地层岩石密度大、孔隙度和渗透率极低。上述复杂地质条件，使得干热岩地热开采在钻井建井、压裂造储和流动取热等关键环节面临重大难题和技术挑战。形成上述挑战的客观原因是地层环境异常复杂，但其根本原因是干热岩开采基础理论缺乏，且国内外无成熟经验可借鉴。针对干热岩开采中面临的建井、造储和取热三大挑战，我们项目研究团队正在以"岩体表征—钻井建井—压裂造储—流动取热—集成调控"为主体思路进行五方面的基础理论攻关研究，力争早日为干热岩地热经济高效开发奠定理论基础，推动国家能源转型和绿色低碳高质量发展。

| 李根生院士接受作者采访

唐大麟：回顾您求学以来的经历，是否有非常难忘的人或事？

李根生：我永远也忘不了我的恩师沈忠厚院士对我的栽培与指导。我1983年大学毕业后，有幸考取了沈老师的硕士研究生，师从他学习高压水射流新技术。毕业后，我留校在射流研究中心给他当助手。1994年，我又考取了他的博士研究生，毕业后继续留在他身边工作。多年来，沈院士高尚宽厚的品德修养、科学严谨的治学态度、实事求是的工作作风、诲人不倦的师德风范都深深影响和教育着我。

在工作中，沈老师是大家的良师益友，他带领我们所从事研究的高压水射流技术，是20世纪70年代初在国外发展起来的是一门多学科交叉渗透的新技术，基础理论涉及力学、材料、机械等众多学科。多年来，沈老师一直教导我们科学研究要重视基础理论，脚踏实地、坚持不懈，即从理论研究入手，提出新思想新观点，理论上取得突破，然后再进入设计实验，推广应用，转化成生产力，一项成果往往需要经过七八年甚至更长时间的艰苦努力。沈老师的第一代、第二代、第三代钻头和处理地层、径向水平井钻井新技术等一批有影响的成果，都是这样艰苦攻关研究出来的。他经常教导我们，搞科研要有点傻劲、韧劲，而好高骛远、投机取巧、急功近利、急于求成、走捷径者是不会取得最后成功的。他经常引用马克思的一段话来勉励我们：在科学上是没有平坦的大道可走的，只有不畏艰险勇于攀登的人才有希望到达光辉的顶点。

在学习上，沈老师是我们的榜样。"书山有路勤为径，学海无涯苦作舟"，这是沈老师经常勉励我们的话。他是这么教育我们的，也是这么身体力行的。我至今仍对1987年暑假的一件事记忆犹新，当时已年近60岁的他，冒着酷暑和我们一帮二十几岁的小伙子一起在徐州的中国矿业大学参加英语培训班，练习口语、背诵单词，给我们年轻人做出了极好的榜样。1991年2月到8月，63岁的沈老师带着我东渡日本，在当时日本水射流学会会长、后来的国际水射流协会主席、著名水射流专家小林陵二教授的实验室考察研究水射流技术。半年的研修，沈教授抓紧点滴时间，早出晚归，沉浸在图书馆、实验室，完成了5篇学术论文。他这种刻苦学习和努力钻研的精神不仅给我，也给日本同行留下了深刻的印象。

在为人上，沈老师是我们的慈父与益友，我们团队就像个大家庭，他既是我们学习工作上的导师，也是我们为人处世的师长。他不仅指导我们工作学习，而且教我们如何做人。他经常教导我们：一个人仅仅能干是不够的，还要有远大的志向和抱负，要讲奉献，淡泊名利，甘于寂寞。要求我们要"登山"，不要"下海"。教育我们要依靠集体，团结协作，以诚待人。他常说，在今天的科技发展中，一个人单枪匹马很难有大作为，发挥集体优势，不同年龄、专业、层次的人员团结协作、取长补短，在团队中往往更能充分体现个人的价值。他认为团队中，老教授高瞻远瞩、思想深邃，中年老师年富力强、承上启下，年轻人思维敏锐、精力充沛，接受新知识快。大家结合在一起工作，依托学校、学科、重点实验室平台的支撑，必然能发展壮大。他所说的这一切，都让我受益终身。

唐大麟：作为校园里成长起来的院士，在疫情环境下，您认为石油学子应该如何度过宝贵的校园时光？

李根生：大学校园应该是一片蕴育知识文化和学习本领技能的沃土，同时也应该是锻造思想和打磨智慧的殿堂，校园里的学习生活本就该拥有一个静谧的文化氛围和学习环境，疫情的到来从客观上创造出了这样一种安静的氛围和环境。我认为在当前疫情环境下，无论学校还是学生，都还是要科学理性地认识疫情带来的复杂性和国家根据国情制定的疫情防控政策。在这方面，学校和老师要跟学生多宣传、多引导、多交流。同学们也要积极地支持、配合和适应这样的疫情防控环境，我们大家都要随时做好线下线上教学与学习方式转换的准备。这对学生而言其实也是一种锻炼，可以培养和提升大家适应在各种复杂环境和条件下完成学习任务的能力。当然，疫情也对我们的正常学习造成了影响，比如开展实验，以及与校外的学术交流，这对学校和团队的组织保障能力提出了挑战。我们实验室团队这方面做得还是不错的，我们在落实疫情防控要求的同时，也在多措并举减少疫情对教学和科研的影响。所以，如果这几年同学能够在这种相对封闭的环境中静下心来学习的话，我相信大家的收获肯定是会非常大的。

> 学好石油
> 热爱石油
> 献身石油
>
> 李根生
> 2022.6.22

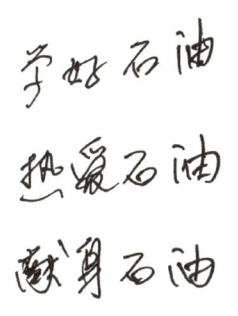

|李根生院士寄语

唐大麟：您如何定义石油科学家精神？

李根生：我还真关注和考虑过这个问题，去年中办、国办印发了《关于进一步弘扬科学家精神，加强作风和学风建设的意见》，总结起来科学家要有"爱国、创新、求实、奉献、协同、育人"的精神。作为一名石油高校出身的科研工作者，结合我在实际工作中的体会，我觉得石油科学家首先要"爱国奉献"，其次要"求实创新"，另外还需要"科教融合、协同育人"。中国石油大学的校歌是《我为祖国献石油》，作为一名黄大年式教师团队成员和油气能源领域科技工作者，我觉得最需要坚持的是爱国奉献、求实创新、协同育人的科学家精神，树立"能源强国、能源报国""为国家分忧、为民族争气"的理想，以实际行动，践行"学好石油，热爱石油，献身石油"，让"我为祖国献石油"的梦想熠熠生辉。

- 采访时间：2022年6月22日
- 采访地点：北京市昌平区　中国石油大学（北京）

人工智能赋能油气行业向高质量跃升
——访中国工程院院士、能源与矿业工程管理专家刘合

◎ **人物小传**

刘合，能源与矿业工程管理专家，教授级高级工程师。1961年3月出生于黑龙江省延寿县。1982年毕业于大庆石油学院，曾任大庆油田有限责任公司采油工程研究院院长，大庆油田有限责任公司副总工程师，中国石油勘探开发研究院副总工程师。多年来致力于采油工程技术及装备研发、工程管理创新与实践，是我国采油工程领域的领军人物之一，创建了采油工程技术与管理"持续融合"工程管理模式，攻克了精细分层注水、分层注入聚合物等核心关键技术，加快了新技术升级换代及工业化应用，推动了技术与管理跨越式发展，实现了尾矿与劣质资源的有效开发利用。曾获国家科学技术进步奖特等奖1项、二等奖3项，国家技术发明奖二等奖1项，光华工程科技奖，孙越崎能源大奖等奖项及荣誉称号。

2017年当选中国工程院院士。

唐大麟：刘院士，您好。您是油气勘探工程领域的专家，曾经创建了采油工程技术与管理"持续融合"工程管理模式，攻克了精细分层注水、油气储层增产改造等一系列采油工程中的关键技术，现在您又担任了中国石油人工智能项目技术总师，这和您之前的研究方向并不一致，为什么您要将研究领域拓展到人工智能领域？

刘合：我国能源安全的核心在于油气。近年来，我国油气对外依存度大幅攀升，大力提升国内油气勘探开发力度，确保能源安全是我国今后一段时期重要的工作。2010年我国原油产量突破2亿吨，2015年达到历史最高产量2.15亿吨。受资源、低油价等因素影响，近年国内原油年产量在2亿吨以下波动，2019年全国原油产量为19150万吨。在现有理论技术条件下，预计2035年将降至1.8亿吨以下。目前全国石油资源探明率39%，已进入勘探中期偏后阶段。勘探对象面临"井深、块小、层薄、低孔、低渗、低产"等特点，发现新的大油田将愈发困难。而我国油气勘探开发正由陆相砂岩转向深层、深海、致密油气/页岩油气等非传统领域，目前的技术尚不能解决领域变化所带来的巨大挑战。针对以上新领域，在理论支撑如页岩储层孔隙分布规律、流体流动机理、"甜点"识别与评价、提高钻井钻速与钻遇率等方面，现有技术面临很大挑战。我们必须要跨学科、跨领域开展研究，借助数字化和智能化手段解决来自非陆相砂岩领域的挑战。

唐大麟：您能介绍一下目前国内外油气行业在数字化与智能化方面的发展现状吗？

刘合：应该说，是数字化和智能化技术革命开辟了油气工业持续发展的新途径。当前新一轮油气科技革命和数字革命正以前所未有的广度和深度席卷全球石油工业，大数据、人工智能、新材料、新能源等新技术、新产业与油气工业的跨界融合成为创新的重要途径。油气行业当前信息化程度仅为19%，远低于全球产业平均值的31%，是目前全球信息化程度相对较低的行业之一。

而通过大数据、人工智能等新技术，实现数据自动采集、实时监控、智能生产优化与智能决策，建设智能油气田已成为必然趋势，国内外油气公司都在抓紧行业布局。

在国外，道达尔、BP、壳牌、挪威国油等国际领先的石油公司已将数字化纳入公司未来发展的战略导向，数字化转型已经成为油气行业重要的战略选择。特别是新冠肺炎疫情全球爆发导致原有需求剧烈萎缩，2020年4月20日WTI5月交货的轻质原油期货价格跌至历史性的负37.63美元/桶。在石油公司削减总体支出情况下，对数字化投入仍有增无减，甚至在一定程度上，新冠肺炎加速了油气行业向数字化、智能化方向发展的节奏。挪威国油正在加快海上平台无人化，2018年投产的Oseberg H无人平台建设伊始即无生活区，由陆上油田中心远程操作，CAPEX节省21%，巡检维护成本节省30%。2019年投产的Johan Sverdrup油田，通过数字化手段投资降低了30%，桶油成本从35美元降至17美元。

| 刘合院士参加会议作主旨演讲

在国内，三大国有石油企业也已纷纷加大数字化转型力度，推进数据共享、业务协同，智能化应用开始起步。中国石油不仅组建了新的机构（昆仑数智），而且启动建设了认知计算平台（E8），并在大港油田、大庆油田、长庆油田等开展试点应用。按照"两统一、一通用"（统一数据湖、统一技术平台、通用业务应用）原则建立了梦想云平台，开展了人工智能顶层设计，全面推动人工智能技术的探索性落地；中国石化于2012年开始开展智能制造探索工作，陆续启动了智能工厂、智能油田、智能化研究院的规划、设计和建设工作，并建成油田智云工业互联网平台，将新一代信息技术与企业业务深度融合，推动了企业数字化转型升级；中国海油在2020年3月正式下发《集团公司数字转型顶层设计纲要》，提出数字化转型总体蓝图，打造智能油田技术平台，重点致力于智能油田建设和勘探开发数据治理。

唐大麟：目前油气行业在应对智能化变革方面存在哪些问题？

刘合：这些年我们在油气行业数字化建设方面取得了一些成绩，但在应对智能化变革的过程中确实也存在不少挑战。从客观方面来讲，主要有四大问题，一是由于储层的非均质性，导致石油地质问题具有多解性，难以获得供机器学习的"教材"，即训练样本缺失。二是不同于互联网数据，大多数地质数据获取成本往往较高，因而多为"小样本"，数据量无法满足深度学习要求；三是石油行业具有极强的专业性，现有人工智能（AI）算法大多无法直接套用，需根据具体应用场景设计模型；四是目前智能化在油气行业探索性研究多，可落地应用少，一定程度上制约了企业级推广。从主观方面来讲则存在三个问题，一是数据标准不一致、数据质量参差不齐、数据信任体系不完善，导致我们虽然拥有庞大的数据量，但数据大不等于大数据。二是我们缺乏既懂石油又懂信息的复合型人才，石油专业人员与IT人员缺少共同的语言。三是AI研究遍地开花，但管理较为分散，没有发挥出行业的整体优势。

此外，还存在四大急需解决的具有共性的科学问题。一是如何提高装备智能化水平，实现数据自动采集和处理。当前，上游业务各个领域中的智能装备初步应用，井下智能注、采工具实现生产状态实时监测与控制，地面无人机、机器人等代替人类进行巡检，无人值守平台也已实现等，未来如何进一步提高装备和仪器的数据采集广度、密度，以及智能化水平，实现数据的自动采集和处理是人工智能应用的基础保障。二是如何利用人工智能技术，实现数据的智能化分析。目前深度学习在地震解释、岩石物理分析等领域已有初步应用，并显现出巨大潜力；机器学习、数据挖掘等技术在测井解释、生产运行分析与监控等方面应用有所成效，但这些专业领域的数据链接渠道不通畅、数据规范不统一、评价标准不一致，没有实现真正意义上的数据共享，影响了AI的应用效果，另外数据采集依赖于手动输入，难以保证数据准确性和及时性，数据在使用和流转过程中容易被篡改，数据格式不一致，数据冗余、数据值冲突、模式不匹配等突出问题也影响了数据的智能化分析。三是如何通过智能专业软件，实现协同研究和一体化分析。对于AI应用，算法是核心，软件是载体，如何通过智能化专业软件，实现协同研究和一体化分析是关键。四是如何建立高质量的训练数据集和标签数据库。机器学习大都是"照着葫芦画瓢"，需要先给机器准备好"教材"（标注数据），然后才能使用人工智能算法去建模，然而油气行业问题多具有多解性，不同的盆地与探区，针对探井、地震、地质等不同类型数据的标签数据集都不一样，因此，如何构建高质量的训练数据集和"共享、智能、分级管理"的标签数据库成为人工智能在油气行业应用的关键问题。

唐大麟：您刚才谈了这么多问题，那油气行业当前是否有明确的顶层设计与清晰的发展路径来应对以上问题？

刘合：应该说我们的应对之策是比较周全的，油气行业面对智能化浪潮，其顶层设计包含三个层面，即运算智能、感知智能和认知智能。以中国石油为例，按照"一个整体、两个层次"总体分工，实行了数据、平台、应用三级划分。运算智能以基础环境应用为主，提供全公司集中统一的计算能力、存储能力、网络能力，目前由信息管理部负责搭建技术平台，以 E8 为基础，打造开放、可扩展的人工智能通用计算平台。感知智能以数字油田建设为主，实现勘探开发生产数据的实时采集、生产监控、设备运维分析，由油气与新能源公司负责数据湖建设，达到数据自动采集、智能入湖、智能治理、智能分析与共享应用的数据智能生态。认知智能以技术创新为主，基于感知和运算智能，从海量数据资产中洞悉数据规律，形成算法和模型，推动基础理论研究和技术创新，目前由科技管理部负责人工智能与业务的深度融合，并在勘探开发方面开展智能化应用。

从发展方向来讲，人工智能技术必将为实现油气全产业链突破提供新动能。结合行业发展需求及人工智能技术研究现状，未来的应用发展方向主要包括以下三个方面：一是智能生产装备。随着深度学习、自然语言处理、语音识别、强化学习等技术在机器人中的不断成功应用，工业机器人逐渐走向成熟。越来越多的石油公司开始使用机器人代替人类进行危险作业。目前，机器人已经成功应用到了管道巡检、深水作业、高危作业等领域。无人机技术逐渐在石油勘探开发领域应用，尤其是物探领域，可实现地质探测、数据采集、视频监控、物资投放、工程救援等工作。同时，由于专业软件的嵌入应用，石油勘探开发生产装备的智能化水平越来越高。未来，嵌入物联网、机器视觉、深度学习等技术的智能生产装备将大大降低生产成本，提高生产效率。二是自动处理解释。数据挖掘和数理统计等分析技术在石油勘探开发领域的应用较为成熟，广泛应用到测井曲线解释、储层参数预测等领域。近几年，随着深度学习、集成学习、迁移学习等技术的不断发展，其在图像处理、分析预测等方面展现出较为显著的优势。未来，深度学习、集成学习、迁移学习、强记忆学习等技术有望在岩石物理、地震图像、测井曲线、数字岩心、生产运行等数据的自动分析处理方面得到深度应用。三是专业软件平台。人工智能技术的载体与核心是勘探开发专业软件和信息系统。专业软件是最主要的研究工具，也是专家智慧的结晶和成果，是石油公司和服务公司的核心竞争力。随着人工智能算法在数据自动采集、智能分析处理等方面的应用，一些专业软件利用机器学习、机器视觉、数据挖掘等算法进一步提高软件的智能化分析水平，并致力于在数据共享的基础上，实现协同研究。

| 刘合院士给学生们做指导

从发展重点来讲，人工智能应用应该以点带面、逐步推广，结合油气行业发展的实际需求，未来智能化技术应用的重点发展方向包括智能盆地、智能测井、智能物探、智能钻完井、智能压裂、智能采油等。未来5年的发展重点包括数字盆地、快速智能成像测井仪、智能化节点地震采集系统、智能旋转导向钻井、智能化压裂技术装备、分层注采实时监测与控制工程技术等。

唐大麟：您认为油气行业在应用人工智能过程中应该树立怎样的科学理念？

刘合：人工智能在油气行业展现出巨大潜力，然而，我们对人工智能的理念和概念认识还不透彻，这阻碍了智能化应用。我认为首先要强化认识、统一思想，这是人工智能应用的必备条件，特别是提升各级管理层和专业技术人员对人工智能的认识，做好知识补充；其次要以业务为驱动，需求为导向，以业务需求为主，基础研究为辅，立项前开展充分的可行性研究，避免技术应用的盲目性；再次，针对 AI 算法筛选与优化、数据治理与共享等基础共性问题，应统一规划和布局，专业领域开展更具针对性和专业性的应用研究；此外，还要强调创新，注重实效，用 AI 新技术、新算法解决制约油气行业发展的瓶颈问题，要讲究应用实效，切忌"新瓶装旧酒"。

唐大麟： 您提的这几项理念非常务实，针对人工智能在油气行业的应用，您有更具体的建议吗？

刘合： 我认为一是要继续强化顶层设计，将油气技术智能化贯穿于行业主业的不同层面，实现场景重现，避免碎片化；二是要努力实现算法自主，加强对核心算法的研究攻关，形成具有自主知识产权的算法体系，为油气技术智能化提供基础支撑能力；三是要加大人才培养，油气企业可以与高校合作设立油气人工智能学科，加强基础理论和技术研究，共同培养既懂油气又懂人工智能的复合型人才；四是要推进合作共享，聚焦核心智能技术，由油气企业与国内外 IT 巨头联手，在不同专业、企业、行业间形成创新融合体，实现跨界融合、边界突破，在这方面行业协会应该发挥协调引领作用；五是要加强生态建设，人工智能建设要与油田发展同步，合适合理的应用场景十分必要，根据需求新建一批国家和企业级油气智能技术研发中心和油气人工智能技术示范区，完善和发展数据—上线—云计算—大数据的信任体系，推动技术成果推广应用。

■ 采访时间：2021 年 3—4 月
■ 采访方式：线上访谈

我国已初步形成石油工程高端技术与装备集群

——访中国工程院院士、油气钻井工程专家孙金声

◎ 人物小传

孙金声，油气钻井工程专家，教授级高级工程师，博士生导师。入选国家百千万人才工程，获得"国家级有突出贡献中青年专家"、享受国务院特殊津贴。1965年1月出生于江西省于都县。现任中国石油天然气集团有限公司科学技术协会副主席、关键核心技术攻关技术总师，中国石油国家卓越工程师学院执行董事、院长，中国石油集团工程技术研究院有限公司党委委员、总工程师，油气钻完井技术国家工程研究中心主任，"超深特深油气钻采流动调控"国家基础科学中心主任。兼任中国石油学会工程技术委员会副主任、钻井液学组组长。长期致力于油气井工程理论与技术创新，先后承担国家自然科学基金基础科学中心、重大基金项目和重点基金项目，国家"863计划"、国家科技重大专项和省部级重大科技项目50余项。承担完成2020—2035国家油气科技重大专项战略规划、国家中长期能源科技油气子领域规划。获国家科学技术进步奖二等奖2项，国家技术发明奖二等奖1项，省部级特等奖1项、一等奖10项，何梁何利基金科学与技术进步奖，孙越崎能源大奖，中华国际首届杰出工程师奖等荣誉。获授权发明专利50余件，出版专著5部、发表学术论文140余篇，指导硕士、博士、博士后90余名。

2017年当选中国工程院院士。

唐大麟：孙院士，您好。作为钻井工程领域的院士，您能谈谈在刚过去的"十三五"期间，我国石油行业工程技术与装备发展的总体情况吗？

孙金声：总体来讲，我们在"十三五"油气重大科技攻关中取得了一系列标志性成果，常规技术与装备实现了全面国产化，多种高端技术与装备相继涌现，地震勘探由常规二维、三维发展为"两宽一高"高精度三维地震勘探，常规测井方法发展到一体化测井技术，常规钻机、转盘驱动钻井发展到自动化钻机、顶部驱动钻井，弯螺杆与随钻测量工具组成的常规定向钻井技术发展到以旋转导向钻井系统和随钻地质导向系统为代表的"一趟钻"技术装备，过平衡钻井发展到精细控压钻井，7000米钻井技术趋于成熟，8000米深层钻探取得突破，常规钻完井液发展为环保型、抗高温和高性能钻完井液，常规水力压裂发展到大规模体积压裂，滞后调控注水发展为实时优化精细分层注水，适应浅海的自升式钻井平台发展到超深水双钻塔半潜式钻井平台。目前已初步形成我国石油工程高端技术与装备集群，在替代进口、平抑价格、提质增效等方面发挥了重要作用，也标志着我国石油工程技术与装备正在由低技术含量、低附加值产品为主的常规技术与装备体系，向着高技术含量、高附加值的高端技术与装备体系跨越式发展。

唐大麟：我们知道石油工程技术划分其实是很细的，您能否跟读者详细介绍一下各细分领域当前的发展状况？

孙金声：好的。石油工程技术大体可分为七大方面：物探、测井、钻完井、压裂、采油采气工程、海洋石油工程和地面工程。

物探是提高地质认识的关键技术手段，在国家支持下，我国地球物理核心装备、软件实现了全面国产化。并已形成以 EV56 宽频高精度可控震源、G3i 大型地震仪器、eSeis 节点仪、GeoEast 软件等为核心的自主物探装备软件系列和国际领先的"两宽一高"陆上高精度地震勘探技术，其中海底节点勘探技术，占领了中东 40% 以上的高端市场，陆上业务收入连续 15 年位居行业第一位，基本满足现阶段油气勘探的需求，为未来发展打下了良好的基础。

测井是评价地层，特别是油气层性能的重要手段，目前已突破万米电缆自适应高速传输、高温电路集成及高精度信号采集等关键技术，提升了国产成像测井仪器的性能指标和组合能力，其耐温耐压达到175摄氏度/140兆帕，井下连续工作时间20小时，在塔里木油田8882米深井测井成功，创造了亚洲陆上最深测井记录。

钻完井是构建油气通道，保障井筒—地面屏障安全的重要手段，目前我们以解决现场急需的"卡脖子"难题为导向，坚持面向勘探开发主战场、面向国际技术发展前沿、面向油气钻采工业整体进步，逐步打造先进适用与前沿储备技术，并已形成6大代表技术系列，有力支撑了勘探开发的需要，提升了我国油气工程技术自主创新能力和核心竞争力。

压裂是改善油气在地下的流动环境，使油气井产量增加的有效措施。目前以解决低渗透、非常规、海上、深层储层开发难题为重点，以开发"卡脖子"软件设备为导向，以实现人工智能压裂为目标，形成了完备的液体体系、4大类24项压裂设计技术，其压裂设备、工具、软件已逐步实现自主创新及应用，压裂技术已经成为我国油气工程技术的"杀手锏"。

采油采气工程技术与装备的核心任务是建立和维护油气开采通道，构建油气田开发的生命线。目前已形成适合我国油气藏特点的采油采气工程技术体系，其中新型无杆举升技术满足泵挂2500米生产需求；同井注采适应了含水率不小于93%的 $5\frac{1}{2}$ 英寸及以上套管井井况，分离效率达到98%以上。

此外，我国海洋石油工程技术取得长足发展，已由浅海逐步走向深海，深水动力定位系统、深水双梯度钻井技术、深度钻井设备及工具、大位移井和分支水平钻井技术、随钻测量与环空压力监测技术、动态压井钻井技术等深海勘探开发核心关键技术已逐渐走向成熟，推动了我国海洋油气资源安全高效经济开发。

唐大麟：您介绍了这么多我们在油气工程技术领域取得的成绩，能否谈谈该行业目前面临的问题与挑战？

孙金声：目前，全球油气勘探正向深层特深层、非常规油气、低渗透低品位进一步拓展，但我国现有石油工程技术装备难以应对低油价、复杂油气、复杂国际环境等多重挑战，我们与国外先进技术的差距进一步拉大，因此急需加快创新步伐，使我国从石油工程技术大国变成强国，从而形成一批高端自主技术品牌，大幅提升油气勘探开发规模和效益。石油工程技术装备是石油工业上游的核心技术，是规模巨大的急需深入开发的产业，我们应向着更深、更高效、更精确、系列化、自动化、智能化、多专业交叉集成、多技术融合一体化、高效低成本的方向发展，以满足日益苛刻的油气勘探开发要求。然而，我国石油工程技术装备还存在多个受制于人的重点领域和薄弱环节，在高端技术、装备、材料与软件等方面与国外差距明显，需谋划长远，在防范关键技术装备"卡脖子"等方面下功夫，加大自主创新力度，加速国产化。

唐大麟：您认为国内石油工程技术与装备企业在与国际先进对标中，哪些环节还存在差距？

孙金声：在物探领域，我们在部分高端处理、面向油田开发技术应用的关键指标等方面还与国外存在较大差距。在测井领域，多专业融合存在明显差距，急需测—录—导一体化、测井—地震—地质一体化技术。在钻完井领域，一是国内自动化钻井刚起步、智能化钻机空白、高端测控装备差距明显；二是国外连续管钻井工具配套完善、自动化程度高、规模应用，国内则处于起步阶段；三是尚不具备9000米以上特深油气井钻完井技术能力；四是井筒工作液及工具仪器的环保、储存保护、复杂地质工况处理技术无法满足储层多元化需求；

五是国外长水平段水平井、高效井网、一趟钻等高效开发技术装备完善，国内尚处于发展完善阶段；六是国外大型丛式井、高级别分支井等钻完井技术配套完善，国内差距较大；七是国外储层地质力学一体化技术已应用现场，生产、钻录测震一体化技术正在形成，从而达到优化设计、科学施工、提高油藏开发效率等，国内则刚起步；八是国外高温地热发电钻完井技术基本成熟，已形成20余种地下储库技术，国内高温地热钻完井技术则刚起步，储库工程技术有待发展；九是国外深水超深水钻完井技术与装备已成熟，国内在加快发展。在压裂领域，国内压裂技术与装备进展显著，支撑了低品位资源开发动用，但在作业效率、稳定性、连续作业能力、耐温耐压指标方面与国际先进水平仍有较大差距。在采油采气领域，我们在精细分层注水、聚合物驱及堵水调剖技术上一直处于国际领先地位，但其他技术处于跟跑地位。

唐大麟：针对以上这些问题，您有何建议？

孙金声：目前，国家比任何时期更重视技术发展与创新，我们急需利用新型"举国体制"制度的优势，建设"世界一流石油工程技术体系"，解"卡点"、补"短板"、铸"重器"，掌控影响油气安全的"关键核心技术"，快速提升技术装备水平，占领技术制高点，提高国际竞争力，保障国家能源安全战略。目前，国际石油公司正抓住大数据、云计算、物联网、人工智能、智能制造等高新技术快速发展机遇，投入巨额资金研发精细可视化勘探技术、高效高速钻井系统、高性能智能导钻技术、智能化井下流体与识别分析技术、油气储层精准改造技术、地质工程一体化决策技术等一批高端石油工程技术，期望把握颠覆性变革的契机。我国物探、测井、钻完井、压裂与采油采气等工程技术领域也急需借此技术发展浪潮，强强联合，优势互补，开展多学科大跨越、多专业大融合，实现工程技术由"勘探开发配套需求"到"人力促进勘探开发进程"的重大转变，推动技术创新与变革，产业重大转型升级，实现"工程技术进步一小步、勘探开发进步一大步"。

|孙金声院士在实验室

唐大麟：在"十四五"规划背景下，您作为中国石油核心关键技术攻关技术总师，对未来我国石油工程技术与装备发展有何展望？

孙金声：在石油工程领域，高端技术不仅代表着高效率高收益，更是市场争夺的重点，谁有技术谁占优，谁占有高端市场谁受益。高端石油工程技术研发不仅关系着油田服务企业的生存与发展，更是关系到油气勘探开发和保障国家能源安全的关键问题。我们有必要借"十四五"规划的东风，深入剖析制约我国石油发展的"卡脖子"技术瓶颈，立足自主创新，加快突破关键核心技术，力争高造斜率旋转导向技术、恶性漏失控制技术、高性能可控中子源等技术取得重大突破，形成智能化超大道数地震采集、随钻地层评价成像、超深井钻完井、低渗透油气高效开发钻完井、非常规油气经济高效开发钻完井、连续管钻完井、复杂地层钻完井液、深海钻完井高端技术与装备、超深超长水平井分段压裂、分层注采大数据分析决策系统等关键技术，抢占能源科技制高点，高效推进国内复杂油气藏勘探开发进程，具备在遭遇极端封锁条件下，保障国家能源安全的能力。通过持续攻关，到"十六五"末期，我们应培育一批支撑油气勘探开发的重大工程技术装备，包括12项重大技术、12套重大装备、2套重大软件、4大标志性成果，开创应用新领域，满足复杂油气勘探开发需要，形成高端自主品牌，保障国内市场、开拓国际市场，全方位支撑"提质增效"，技术整体水平比肩国际。

唐大麟：您当选院士的时候只有52岁，是什么力量促使您不断攀登科学的高峰？您对石油行业的青年科技工作者有何寄语？

孙金声：3年前我回乡时，家乡的媒体曾问过我类似问题，我记得当时我说过，做科研是自古华山一条路，做一个科研项目你可能设计出了20条路，但最终只有一条路是通的，而且你不知道哪一条是正确的路，只有自己去想，努力去突破，一条路一条路去实验，这条路走不通了，换一条再走下去，一直走到最后，才有可能走到成功。*青年时播种并付出辛劳，才会有收获和成功，经历磨难与挫折，方能获得荣耀与辉煌*。正如我的恩师陈如玉先生经常勉励我们时说马克思先生的那句名言：*在科学的道路上，没有平坦的大道，只有不畏艰险沿着陡峭山路攀登，才有希望达到光辉的顶点*。

希望石油系统的广大青年科技工作者们有理想，*理想是成功的基础*。这三十多年一路走来，我看到了许许多多成功的人，但凡科学界取得成功的人士，都是从小树立了理想。有了理想，*还要依靠勤奋和踏实*，这是我们取得成功的保证，所有的成功，都是踏踏实实、持之以恒的结果。好高骛远、投机取巧、急于求成、走捷径，都不可能取得成功。与此同时，*青年人最应该融入集体，要有团队精神*，一个人的成功离不开集体、离不开团队，一滴水只有融入大海才不会干涸，一个人只有把自己的事业、集体的事业、国家的事业融合起来才能获得更大的成功。另外，*青年人要学会珍惜和感恩*，感恩是一个人的基本品质，要感恩父母、感恩领导、感恩团队、感恩老师、感恩同学、感恩每一位帮助过我们的人，只有学会感恩，别人才会尊重你，才会支持你，才会帮助你，你才会有力量。

成功的路上并不拥挤，坚守的人并不很多，希望石油系统的广大青年科技工作者们都有一个美好的前程。

■ 采访时间：2021 年 5—6 月
■ 采访方式：线上访谈

以科技创新推动"双碳"目标稳步实现
——访中国科学院院士、石油化工专家徐春明

◎ 人物小传

徐春明，石油化工专家，教授，博士生导师，国家杰出青年基金获得者，国家"万人计划"领军人才。1965年2月出生于山东省寿光市，曾任国务院学位委员会第六届、第七届学科评议组成员，教育部第六届、第七届科学技术委员会化学化工学部委员。现任中国化工学会副理事长、中国发展力促进协会副理事长、中国化学学会常务理事、中国石油学会理事、中国石油大学（北京）学术委员会副主任。担任中国石油大学（北京）重质油全国重点实验室主任、碳中和未来技术学院院长，山东石油化工学院院长。带领研究团队建立了重油"超临界精细分离＋高分辨质谱表征"新方法，取得了复杂多层次化学组成结构新认识，引领了国际重油化学基础研究，开发了"重油梯级分离"新工艺，建成了世界上首套20万吨/年重油梯级分离工业装置；建立了重油催化裂化反应器的流动反应耦合模型，对工业反应器及相关设备计算得到了大量以往未知的流场、温度场和浓度场等工程信息，指导开发了2项具有重要影响的"贯通性"工程技术，替代了国外产品；发明了"双阴离子"型复合离子液体碳四烷基化技术，解决了清洁油品生产的重大需求，实现了产品和工艺的双绿色化，打破了国外公司清洁汽油生产的技术垄断。目前重点致力于石油分子管理、储能、氢能相关研究与应用。曾获国家技术发明奖二等奖1项、国家科学技术进步奖二等奖2项、全国优秀教师等奖项及荣誉称号。

2019年当选中国科学院院士。

唐大麟：徐院士，您好。俄乌冲突已持续一年多了，全球能源格局发生了巨大改变。您认为这对我国"双碳"目标的实现与能源转型的进程将带来哪些影响？

徐春明：自 2022 年 2 月以来爆发的俄乌冲突，进一步加剧了因为能源转型带来的欧洲能源危机，国际石油和天然气价格持续暴涨，给全球能源安全带来了巨大冲击，甚至延伸到了民生和社会领域。呼吁绿色能源转型最激进的欧洲意识到，在可再生能源方兴未艾的时候，传统化石能源对保障能源安全仍然至关重要。对于处在发展中的中国来说，俄乌冲突更加坚定了在推动"双碳"目标的进程中，应该更加科学、冷静、客观地分析，实事求是地规划我国能源转型路径，不论是国家、地方政府还是企业，绝对不能冒进，不能进行运动式的、口号式减碳。

"双碳"目标自提出以来一直是一个热门话题。这不仅是科技教育问题，更涉及政治、经济、科技、教育和文化等方方面面。其中，对我国带来最长远的根本性变化就是能源结构调整。

2021 年，国务院发布《关于完整准确全面贯彻新发展理念做好碳达峰碳中和工作的意见》提出，2030 年我国非化石能源消费比重要达 25% 左右，2060 年这一占比要达到 80% 以上。这意味着化石能源占比要大幅下降。

十年来，我国能源结构以煤炭、石油和天然气等化石能源为主。国家统计局数据显示，2022 年，煤炭占我国能源消费总量的比重由 2012 年的 69% 降至 56.2%；石油占比由 2012 年 17% 升至 18%；天然气占比由 2012 年的 4.8% 升至 8.5%。目前，化石能源消费量仍占能源消费总量的 80% 以上。虽然，十年来煤炭在能源消费总量中的占比降幅较大，但仍是基础性能源。可是从"双碳"目标的实现来讲，又不得不去从根本上调整这一能源结构。这意味着煤炭作为能源属性，在能源消费中的占比还要继续大幅降低，腾出来的空间会留给天然气和可再生能源；作为资源来讲，煤炭还有很大的发展空间，比如从煤制油到现代煤化工。

十年来，石油在我国能源消费中的占比几乎没变。从目前演变的趋势来看，未来 10~20 年，石油占比变化不会太大，上下最多相差一两个百分点。2021 年 12 月，中国石油发布的《世界与中国能源展望》预计，中国的石油消费将在 2030 年达峰，消费总量是 7.8 亿吨。2021 年，中国的石油消费量为 7.2 亿吨。这意味着在相当一段时间，石油还将保持一定的消费比例。对此，我们应该保持乐观态度。

未来，天然气在能源消费中的占比肯定会继续上升。根据政府规划，到 2030 年天然气占比预计提至 15% 以上。天然气的消费峰值预计在 2040 年，即还有近 20 年的发展黄金期。这种能源结构是由我国资源禀赋决定的，短时间内很难做出根本性调整，否则就容易出问题。过去两年，多地出现的"运动式减碳""一刀切式减碳"所带来的"煤荒""拉闸限电"等极端现象，就说明了这一点。国家相关政府机构也认识到了这些问题，并及时做出了调整。比如去年中央多次强调，煤炭仍是我国能源安全的"压舱石"。虽然和煤炭相比，我国油气占比不高，但仍然有着不可替代的作用。

唐大麟：您如何评价这两年来我国在推进"双碳"目标实现过程中取得的成绩？

徐春明：这两年我国围绕"双碳"目标展开的工作，成绩显著。很多地方政府就此制定了"十四五"目标，有些地方和企业甚至提出提前完成 2030 年"碳达峰"目标。此外，我觉得有更深层次的成绩需要给予关注，比如在实现"双碳"目标过程中既要努力争取"双碳"目标的实现，又要发展经济，这就对我们的管理和政策提出了更高要求。在这方面我们也做出了很多调整和完善。党的二十大报告提出，完善能源消耗总量和强度调控，重点控制化石能源消费，逐步转向碳排放总量和强度"双控"制度。从"能耗双控"转向"碳排放双控"，这是很大的成绩。这项政策调整就是未来能源发展的指挥棒，意味认可经济发展需要能源，鼓励大家从高碳能源转向低碳、零碳能源的使用。

| 徐春明院士接受作者采访

　　2022年11月，国家发改委表示，原料用能不纳入能源消费总量控制，也不纳入节能目标责任评价考核。这是完善能源消耗总量和强度调控的重要举措，是政策上的调整。此外，我国在绿色金融方面也做了积极探索。2021年7月，全国碳排放权市场上市，截至目前运行平稳。2022年全年全国碳市场碳排放配额（CEA）总成交量逾5088.9万吨，总成交额28.14亿元。目前，全国碳市场已经建立了基本的框架制度，打通了各关键流程环节，初步发挥了碳价发现机制作用，实现了预期目标。

　　在绿色能源技术创新方面，成绩也很突出。比如利用绿电、绿氢替代传统化石能源发电。2022年，全国风电、光伏发电新增装机突破1.2亿千瓦；可再生能源装机突破12亿千瓦，首次超过全国煤电装机，占全国发电总装机的47.3%；可再生能源发电量达到2.7万亿千瓦时，占全社会用电量的31.6%。

　　在人才培养方面，也有不错进展。国家鼓励复合型人才，未来要培养更多能够完成"双碳"目标的人才。为此，中国石油大学（北京）成立了碳中和未来技术学院，提前为人才培养做谋划；2023年2月初，中国石油大学（北京）国家储能技术产教融合创新平台项目正式获批，建设周期计划为3年，将依托新能源与材料学院、碳中和未来技术学院、重质油国家重点实验室相关领域教学科研师资力量，围绕电化学储能、氢能储能、储能系统应用三个领域，促进储能技术领域教育链、人才链与产业链的融合发展。

除了各地政府、企业提出"双碳"目标规划路线和时间表之外，刚才谈到的政策完善、绿色金融的探索、绿色技术创新和"双碳"人才的培养等，这些是更深层次的成绩，会带来很多深远的变化，会使经济发展更有后劲儿。

唐大麟： 作为我国重质油高效转化和清洁油品生产研究领域的权威专家，您如何看待目前全球能源地缘形势下，我国重油工业发展面临的机遇和挑战？

徐春明： 在目前全球能源危机下，我认为重油产业面临的机遇多于挑战。从石油本身发展趋势看，不管作为能源还是资源，石油在相当一段时间依然不可替代，汽油、柴油和航空煤油作为三大动力燃料仍将占有很大权重。

2021年4月，中国石油经济技术研究院发布的《国内外油气行业发展报告》显示，预计2025年成品油消费量为3.76亿吨。其中，汽油需求维持低速增长，预计2025年前汽油消费将达峰，峰值为1.6亿吨左右；柴油需求进入峰值平台期，未来将稳中趋降，预计2025年约1.7亿吨；煤油需求仍保持较快增长，预计2025年我国煤油需求将增至5200万吨。但在这一过程中，石油行业需要未雨绸缪，加快推动转型升级，以更高的质量和标准满足新需求。否则按照这个趋势，总有一天石油可能会被电和氢替代。

近年来，石油行业开始布局各种转型技术，炼油开始向化工品和新材料转型，业内称为"油头化尾"，这样石油的能源属性和资源属性都可以充分发挥出来。从已经探明的储量来看，重质油在石油总储量中占据很大比例，特别是加拿大油砂和委内瑞拉超稠油为主的重质油，其储量在全球位居前列。美国《油气杂志》于 2022 年 12 月发布的《全球油气储量报告》数据显示，2022 年委内瑞拉石油储量位居世界第一，为 415.7 亿吨。我们所说的重油不只是天然重油，还包括常规原油加工过程中产生的渣油。比如大庆油田、胜利油田、新疆油田的原油等经过粗加工后，将近一半是渣油，这也属于重油范畴。所以，我国的重油产量很大。2022 年，我国原油产量重回 2 亿吨，虽然天然重油在其中的占比不会太高，但是渣油加工量应该会增多，这对我们来说也是机会。重油不仅可以生产汽油、柴油和煤油，还可以生产特种润滑油、基础油等，甚至可以产生碳材料。

重油加工难度比较大，需要更先进的工艺和装备。在石油仍将在相当长时期内不可替代的背景下，重油的技术和产业发展依然会有较大的发展空间。这次中国石油大学重质油国家重点实验室（简称国重）重组，依然保留了"重质油"这一名称，就是因为未来较长时间内，重质油将依然是我们科技研发的主战场之一。

唐大麟：近年来，重质油国家重点实验室在科技创新方面取得了哪些重要突破？

徐春明：这些年，以中国石油大学（北京）重质油国家重点实验室为主，包括中国石油、中国石化和中国海油等相关研究机构，为了顺应分子炼油的发展趋势，在分子表征方面取得了一些成绩。

我们建立了重油"超临界精细分离＋高分辨质谱表征"新方法，取得了复杂多层次化学组成结构新认识，引领了国际重油化学基础研究。现在，我们能够把重油里面有多少分子个数数清楚，这在十多年前是不敢想象的。我们甚至可以利用这种方法把煤焦油、大气中的有机物质、海水里的有机质等分子组成搞清楚，这些将对资源化、无害化处理提供最重要的分子信息。现在，实验室除了做重油研究外，合作伙伴还扩展到了海洋有机质分析、空气和水污染治理、煤制油等领域。

我们开发了"重油梯级分离"新工艺，建成了世界首套20万吨/年重油梯级分离工业装置；依托该工艺开发了催化裂化油浆生产高附加值针状焦新技术，解决了我国针状焦原料短缺及产品长期依赖进口的"卡脖子"问题，为锂离子电池行业的快速发展提供了优质负极材料。近几年，新能源汽车发展迅速，锂离子电池是核心组成部分。锂离子电池正极负极需要很多材料，针状焦是锂电池负极必不可少的成分之一，是生产超高功率电极、特种碳素材料、碳纤维及其复合材料等高端碳素制品的原料。目前，山东有家企业专门做针状焦，已经成为亚洲最大、世界第二的针状焦生产企业。未来，随着新能源汽车、锂电池的快速发展，针状焦的需求会保持快速增长。

我们还建立了重油催化裂化反应器的流动反应耦合模型，对工业反应器及相关设备计算得到了大量以往未知的流场、温度场和浓度场等工程信息，指导开发了2项具有重要影响的"贯通性"工程技术，替代了国外产品；研发了"双金属复合阴离子"型离子液体碳四烷基化新技术，解决了清洁汽油生产的重大需求，实现了产品和工艺的双绿色化，打破了国外公司清洁汽油生产的技术垄断，其最新一套工业装置已于2022年8月在中国石油大港石化顺利投产，为经济社会发展提供了高质量超清洁汽油。

唐大麟：作为中国石油大学（北京）重质油国家重点实验室和碳中和未来技术学院的负责人，请您介绍下该实验室和学院研究的重点课题涵盖哪些方面？

徐春明：目前重质油国家重点实验室正在重组，我们对定位进行了较大调整。此前，该实验室主要定位在学科领域，偏重应用基础研究；重组后，将改为全国重点实验室，主要针对某一领域、某一两个方向里面核心的、终端性问题，以技术路线为主布局实验室的发展。

对于重质油国家重点实验室，我们确定了三个重点任务。第一，搞清楚重油里面所有的分子组成，这是基础性任务；第二，基于重油里面的分子组成结构特点，最大限度研制特种燃料。在这个过程中会根据行业需要，满足油品升级需求，也要适应转型要求，比如针对高寒、高空、远海等地区特征研发特种燃料、新的化工品、新材料等。第三，基于绿电应用的工艺变革。"双碳"目标推出后，节能、电气化等成为题中之义。如果通过绿电供热方式能够替代传统烧煤、烧油、烧气的加热炉，就会带来新的变革，可以消耗同样等能量，却没有 CO_2 排放。所以我们在这个阶段也是跨行合作，跟有关行业合作开发新的供热方式，用绿电功能的专用装备，实现对传统加热炉供热方式的变革。这里面会有一些配套工艺和专业装备来满足绿电功能的需求。

现在，碳中和未来技术学院设立了两个专业，一个是储能科学与工程，与绿电、绿氢、储能密切相关；第二个专业碳储科学与工程，以二氧化碳 CCUS 为主。该学院志在服务于国家碳达峰、碳中和的重大战略需求，助力于能源行业向清洁低碳、智能化等方向转型升级，打造引领未来技术科技发展和培养未来能源技术领军人才的教学科研高地。

唐大麟：您在治学和研究领域耕耘 30 多年，最大的感想是什么？

徐春明：首先要选准研究方向。同样努力情况下，如果方向选择不一样，研究成效可能存在较大差异。其次，对于石油类学校或者解决具体问题的院校来讲，非常重要的一点是要有自己的研究团队。现在简单问题基本已经解决完了，剩下都是难啃的骨头，越往后任务越艰巨。这个过程中，靠单枪匹马是不可能的，甚至是一个团队都不行，至少需要一个集团军。这次重质油国家重点实验室重组的调整之一，就是希望将全国重点实验室打造为一支国家战略科技力量，从而通过集团军作战来攻克更多任务。这么多年来，中国石油大学（北京）能取得较大成绩，基本都是团队作战为主。所以，团队之间的支撑很重要。再次，做研究需要有跨学科的视角，现在学科领域越来越多，问题越来越复杂，研究过程中把其他学科的优势特长拿来为我所用，这非常重要。我们目前就在和做电力、储能研究的团队进行合作。最后，**一旦选准了研究方向，就要持之以恒。科研工作看起来很轻松，其实并非如此**。现在科研问题越来越复杂，期间难免会有磕磕绊绊。有些研究人员做了几年，坚持不下去，就放弃了；可是如果能坚持下来，也许再进一步，就是柳暗花明。

唐大麟：对年轻一代石油学子，您有哪些冀望？

徐春明：除了学术方面提到的上述几点，可以再加一点，就是要劳逸结合。在科研领域要想持之以恒，得有一副好身板，因为关键时刻得熬夜、加班。旺盛的精力和强壮的体魄，可以使我们走得更远。对个人而言，如果健康出现了问题，所有的一切都失去了意义。

■ 采访时间：2023 年 2 月 13 日
■ 采访地点：北京市昌平区 中国石油大学（北京）

理论突破撑开非常规油气开发新空间
——访中国工程院院士、石油与天然气勘探专家郭旭升

◎ 人物小传

郭旭升，石油与天然气勘探专家，教授级高级工程师。享受国务院政府特殊津贴，入选国家"万人计划"领军人才、国家"新世纪百千万人才工程"。1965年4月出生于山东省聊城市。毕业于中国科学院地质与地球物理研究所地质学专业，博士学历。现任中国石油化工股份有限公司总地质师，中国石化石油勘探开发研究院院长、党委副书记，中国石油学会副理事长，国家地热能源开发利用研究及应用技术推广中心第四届技术委员会主任，页岩油气富集机理与高效开发全国重点实验室主任，国家能源页岩油研发中心管理委员会主任，国家创新人才推进计划重点领域"海相天然气勘探创新团队"负责人。长期从事石油地质综合研究及勘探工作。主持完成了"海相碳酸盐岩大中型油气田分布规律及勘探评价""页岩气区带目标评价与勘探技术"等国家科技重大专项科研项目，在页岩气和超深层天然气勘探理论技术研究和实践方面取得重要进展和突破。深化了复杂构造区高成熟页岩气成藏机理研究，发现了我国首个大型页岩气田——涪陵气田。针对超深层天然气勘探领域，提出海相碳酸盐岩超深层天然气富集模式，发现了我国首个超深层生物礁大气田——元坝气田。应用这些理论技术，带领团队陆续发现了一批大中型油气田。曾获国家科学技术进步奖一等奖3项，省部级科技进步特等奖1项、一等奖4项，李四光地质科学奖，中华国际首届杰出工程师奖，何梁何利基金科学与技术进步奖、全国优秀科技工作者等奖项及荣誉称号。获得发明专利6项，出版专著4部。

2019年当选中国工程院院士。

唐大麟：郭院士，您好。您作为我国首个商业开发的大型页岩气田——涪陵气田和全球首个超深层生物礁大气田——元坝气田的主要发现者，以及我国首个海相整装大气田——普光气田的发现者之一，请介绍一下这些"超级"大气田的发现过程及其价值。

郭旭升：回顾我国南方海相页岩气的勘探历程，主要经历了两个阶段。

第一阶段是学习和探索时期。我国在 20 世纪油气勘探过程中，曾在许多盆地发现过泥页岩油气藏，部分学者对此还进行过研究，一般按泥岩裂缝性油气藏进行评价。1982 年，张义纲教授在《多种天然气资源的勘探》一文中，首次阐述了页岩气气藏特征及工程工艺技术。不同机构评价认为我国页岩气资源丰富，估算可采资源量 10 万~36.1 万立方米，位居世界前列。2011 年底页岩气成为我国第 172 个独立矿种，国内外各界纷纷涌入页岩气区块招标，16 家中标企业包括 6 家中央企业、8 家地方企业及 2 家民营企业。借鉴北美勘探经验，我们重点对我国海相页岩进行选区评价研究，主要对页岩层段生气、储气和易开采性 3 个方面进行评价，先后实施钻探页岩气井 120 余口，勘探效果不理想，页岩气勘探开发进入低谷。北美以生烃能力和可压裂性为核心的页岩气勘探理论，是基于页岩处于生烃高峰期和相对稳定的地质条件为背景。而我国对南方海相页岩气成藏的基本条件与关键要素缺乏了解，没有现成的勘探指导理论，也没有形成适用的地质评价方法与关键技术手段，仅通过照搬北美的成功经验开展页岩气勘探，未能获得规模商业发现。"准备不实"是早期钻探失利的主要原因。

第二阶段是突破与发展时期。2000 年，中国石化进入四川盆地东北地区开展勘探工作。我们调整了该地区过去以构造为主的勘探思路，以海相理论为指导，在加强基础地质研究的前提下，以构造岩性复合圈闭为勘探对象在达州地区部署实施的普光 1 井，完井测试获天然气无阻流量日产 103 万立方米高产工业气流，取得了勘探重大发现。随后我们又相继发现了大湾、毛坝、清溪、双庙、老君等气藏，形成了一个大的含气区，统称为普光气田。到 2006 年，普光气田累计探明天然气储量达到3560亿立方米，三级混合储量达到6000亿立方米。2006年7月4日，国务院领导正式听取了中国石化关于普光气田勘探开发及天然气外输项目的汇报，将其命名为"川气东送"工程，并将它作为与"西气东输""南水北调""三峡工程""青藏铁路"同等重大的工程。

普光气田是"川气东送"工程的资源基础。"十二五"期间，针对我国南方海相页岩的热演化程度高、后期经历多期构造改造、地表条件复杂等特点，中国石化勘探分公司系统开展南方海相页岩气的理论与技术攻关，发现了五峰组—龙马溪组深水陆棚相优质页岩气关键参数耦合规律，形成中国南方海相页岩气"二元富集"理论认识。2012年11月，中国石化勘探分公司在重庆焦石坝地区部署的首口海相页岩气探井焦页1井测试获产页岩气20.3万米^3/天，继而发现涪陵页岩气田。该气田探明地质储量6008亿立方米，成为除美国之外首个获商业开发的页岩气田，实现了我国页岩气战略突破。截至2020年底，国内石油公司相继在四川盆地及周缘地区发现威远、长宁、昭通、威荣和永川等多个具有商业规模的页岩气田，合计探明地质储量1.81万亿立方米，建成约200亿立方米年产能。近期又陆续在盆缘复杂构造区和盆外常压区等南方外围地区试获页岩气工业气流，展示出我国页岩气的快速发展态势和良好勘探前景。

我国南方海相页岩气资源潜力巨大，随着涪陵、威荣、威远、长宁、昭通等页岩气田（区）的不断扩大，志留系、寒武系、震旦系、二叠系和石炭系等勘探层系的不断增多，勘探深度不断加深，从3000米中浅层向4000~5000米发展，南方海相地层良好的勘探开发前景不断呈现。通过多年油气勘探开发的探索与实践，针对我国南方海相页岩已经形成了一系列的基础理论和技术方法，从海相页岩的沉积环境、储集层特征、富集成藏主控因素等多个方面，有效地指导页岩气田实现规模化商业开采。

唐大麟： 您创新提出了中国南方海相页岩气"二元富集"规律新认识，

重新建立了川东北地区海相沉积模式,进而建立了"三元控储"理论,提出宣汉地区不是油气勘探禁区,而是油气富集区。您认为这些理论创新对于我国发现"超级"大气田、端稳"能源饭碗"有何现实意义?

郭旭升: 我们大概是从 2000 年开始系统地做这些基础理论研究工作的,到现在已经 20 多年了。实践也证明了这些理论认识是符合这些区域地质特点的,符合其基本油气成藏规律,并且适应这些地区地质特点和工程工艺特点的。所以目前来看,我觉得这些理论和技术创新对这些地区做好未来一段时期内的勘探工作是具有一定价值指导和借鉴意义的。另外,海相油气藏的成藏相较于陆相来说,具有相对稳定性。因为陆相油气成藏复杂性多,一个盆地一个样子。但海相有它相应稳定性,所以这些规律的发现,对于丰富我国整体海相地质特点认识,以及从事海相油气勘探是有帮助的。

近年来,我国油气勘探和开发的目光都不约而同地投向了深层、超深层、非常规这三个方向。从我们取得的理论突破和实践突破来看,大家聚焦的方向是正确的,而我们努力的方向正是契合了当前油气勘探的发展方向。通过实践,我们也确实在这几个方向上取得了良好的收益,所以它对我们未来的勘探工作还是具有重要借鉴价值的。但是石油地质有个特点,就是区域性特征,我们现在的认识虽然能够很好地指导实践,但也一定是有局限性的,相信未来随着新技术的出现,现有的理论认识也会有一个不断完善的发展过程。

唐大麟: 我国页岩油气开发能否像美国那样,帮助我国实现"油气对外依存度"大幅下降?

郭旭升: 从我国的资源禀赋来看,我国油气的对外依存度持续保持高位是不可避免的,但我们要努力降低它的对外依存度。从经济社会的未来发展来看,油气资源还将作为主要燃料长期存在,同时它也将更多地作为化工原料,成为改善人民物质生活的基础原料。所以未来我们对油气的需求只会增长,不会降低。那么如何降低对外依存度呢?有两个方面,一个是通过技术进步和新材料开发，来减少对碳基能源依赖；另一个就是多找新的资源量，实现新旧资源量接续。

当前，我国常规油气藏经过几十年来的持续勘探开发，已达较高程度。特别是我国东部老油田经过几十年开发，如今还能够实现硬稳定，着实不易。未来我们若要持续做增量，需要从两个方面着手。一个是页岩油气，另一个就是深层、超深层油气。过去我们对超深层页岩油气领域也研究过，但是没有系统地把它作为一个储油气层、产油气层组织力量攻关。像礁石坝气田，从实现勘探突破到现在也就 10 年时间，所以未来潜力巨大。近期，国内无论是在地质认识、工程工艺，还是开发工艺上，都取得了长足进步，单井产量在稳步提升。通过涪陵、四川盆地和东部页岩油区一系列井内试采，我们已能够实现一定量的稳产，从而实现在一个重点的地区内突破页岩油气地质理论认识和工程工艺方面的瓶颈技术。下一步，我们将努力实现更大"面"上的高产稳产，如果能把这一块高产稳产的问题解决好，未来页岩油气对我国降低对外油气依存度将起到主力军作用。

唐大麟：习近平总书记提出"能源的饭碗必须端在自己手里"，请问中国石化在扩大油气勘探、保障国家油气安全方面有何举措？

郭旭升：2021 年习近平总书记到胜利油田视察后，石油行业都在学习习近平总书记的一系列重要指示批示精神。中国石化党组高度重视，组织我们系统地学习，并结合工作谈认识谈体会，同时集团公司党组结合学习内容，对上游工作也做出了具体部署。目前，我们主要从五个方面落实习近平总书记的重要指示精神。一是抓资源，我们要想把能源的饭碗端在自己手里，首先还是要把资源抓上去，落到实处就是如何做好高质量的勘探，以及如何实现效益开发；二是抓技术创新，特别是关键技术创新，按照总书记要求，以建设国家原创技术策源地为契机，在理论、技术、工程工艺、装备上重新研究，重新布局，力争形成一些原创性技术，解决"卡脖子"技术问题，来支撑高效勘探开发；三是抓管理，通过改变一些传统的管理思维与模式，向管理要效益，实现高质量发展；四是抓安全环保，油气勘探开发是高危行业，在国家不断提高环保要求的同时，我们更要确保万无一失；五是抓党建，石油央企是党的队伍，理应站排头、争第一。过去"工业学大庆"时，石油行业始终是共和国工业的一面旗帜。在新时期，我们更应抓好党建，带好队伍，树好旗帜，勇当栋梁。

唐大麟：打井都是有失败的，您如何看待工作中的失败？

郭旭升：我们这个工作，失败是居多的，所以不能纠结于失败，更不能被失败打倒。但也不能对失败无所谓，或者习以为常。勘探工作就是在前人说不行的基础上让它行，在别人没有发现的地方取得发现。勘探为什么会有失败？一种是虽然做了很多工作，但确实地下没东西；还有一种就是这个地方虽然有勘探潜力，但受当时理论、技术局限，没有实现勘探突破，这种失败经常伴随着我们每一个勘探工作者。但在这个过程中，我们也提出了一个很苛刻的口号，叫"首战必胜"。这就要求我们必须向着成功的目标，把前期的勘探准备工作做实做细。即使失败之后，也要有一个好心态，解放思想，实事求是地总结经验教训，这种总结更多的要对事不对人，目前我们的团队在勘探失败后会从四个方面进行总结反思。第一从地质角度进行总结，看是不是方向错了，在基础研究上是不是没有客观认识地下规律；第二从物探角度进行总结，看是不是我们采集、解释或预测出了问题；第三从工程技术上进行总结，特别是钻井的井筒技术上，看看是不是因为我们的工程技术不符合地质条件要求；第四是从管理角度进行总结，看是不是我们的研判或决策有问题。所以现在我们一直提倡重大部署方案的平行论证，而不是只提一种方案。多听一些不同的声音，哪怕是批评与质疑的声音，不管说得对不对，起码让我们更加谨慎地面对问题。

在这个过程中，我们也建立起了三个层次的科研队伍以加强科学决策的力量。第一个层次是我们自己的科研队伍，这也是我们的核心攻关层，他们肩负着发现问题、攻克问题的重任；第二个层次是石油行业中具有相同工作属性及工作内容的科研机构，大家都研究同样的盆地，在工作中可以互相启发，取长补短；第三个层次是国内和我们具有关联性或相通性的地质类科研院校，他们可能并不懂油气，但可能在我们勘探区域做过其他地质工作，人家从另一个角度做的工作比我们要细，对具体地质问题、构造问题、沉积问题的认识比我们要深，很多时候就会让我们少走弯路。这三个层次科研队伍的建立，对我们勘探工作的科学决策、避免更多失败提供了很大帮助。

| 郭旭升院士接受作者采访

唐大麟： 您作为技术出身的领导干部，如何做好管理工作？

郭旭升： 在我们这种专业性的勘探团队里，如果想成为一名好的管理者，那必须是专家。我认为一名优秀的勘探管理者，一是得起带头作用，而不是指望靠别人去努力工作，自己坐享其成，这是不现实的。虽然领导干部的专业知识可能无法达到精通各门类，但只要领导带头干了，整个团队的氛围就不一样了，这也是作为一名优秀管理者最基本的素质。二是要善于密切联系群众。一个人的精力是有限的，其专业也有局限性。然而科研中的很多好苗头，其最初观点和认识都是由最基层的科研工作者先发现的，但基层年轻同志或许受其知识面和知识积累局限，认识不到这个苗头所代表最初观点的意义和重要性。所以管理者要和这些同志打成一片，让他们的工作对你产生启发，你又能帮助他们提升，把一个小苗头上升为一个很大的理论创新。这种互相之间的交流，对基层同志是个鼓励，对领导来说是汲取营养，对整个团队形成新的创新至关重要。从事科研的管理者，不仅要做到理论联系实际，更应该密切联系群众，这一点我和我的团队都受益匪浅。三是批评与自我批评，这是我们党走向成功的法宝。管理者一定要善于批评与自我批评，要多帮助年轻人担责任。领导干部多担点责是职责所在，同时要多鼓励他们思考和创新。四是要有好的心理素质，特别是从事勘探工作，再大的责任自己担起来，平时胜不骄败不馁，虽然勘探工作失败居多，但不能一口井打失败了就灰心丧气，这对整个团队的影响是很大的。

唐大麟：您当年是学地理专业的，后来是怎么进入地质研究这个行列的呢？回首您的成长之路，能够取得今天的成绩，得益于什么？

郭旭升：我现在能从事石油地质研究这个工作，可以说是"歪打正着"。地理和地质都是地学类，有句话叫"今天的地理现象就是过去的地质历史"，研究地质有一条准则叫"将今论古"。所以学地理的人，往地质研究上转是相对轻松的，不算跨界。我研究生专业是构造地貌，它主要研究由于地质构造变化对地表影响所形成的发展规律，算是地质学和地理学之间的交叉学科。我的硕士导师当时担任山东省地震学会副理事长。20世纪80年代初，山东菏泽地区发生过一次地震活动，为了搞清这个地震的发生机制，他就广泛搜集资料。当时胜利油田在菏泽地区有石油勘探，地震资料较多，我导师就到胜利油田搜集资料。这次收集让他感到石油行业对运用现代技术解决传统地质问题有益，所以鼓励我毕业后去油田工作。在他的引导下，我在胜利油田完成了硕士论文——《桩西古潜山油气富集规律》，这也正好发挥了我地理学专业优势，毕业后被顺利分配到了胜利油田地质院从事勘探工作。

回首一路走来的历程，如果说今天的我算是取得了一点成绩，那我想**首先得益于老一辈的精神引领**。我到石油系统参加工作时，很多参加过大庆会战、胜利会战的老科学家和勘探工作者都还在身边，老同志"传帮带"对我们刚参加工作的年轻人起到了很好的教育作用。那时去油田工作的硕士生不多，但不管什么学历，组织上都会指定一个老同志给年轻人当师傅，并签订合同，叫"新老结对子攀高峰"。老师傅不仅教我们怎么做工作，还会教如何做人做事，如何组织研究。所以我们今天能取得一些成果，离不开老一辈们前期的理论和技术贡献，更离不开一代又一代石油人的精神传承。这种精神也就是大庆精神铁人精神在每个人身上的具体体现。老一辈石油人培养了我们的工作激情，解决了我们的世界观、价值观问题，解决了我们的工作态度问题。勘探工作失败居多，这个过程中多亏这种传承下来的精神在鼓励着我，所以这也是我对一代又一代精神相传的老一辈石油人最感恩的。

其次就是好的团队。我很幸运，参加工作以来始终都有一个好团队相伴。好的团队就会有好的氛围，使人可以心情愉悦地攻克技术难题，而不至于分心。失败时有人给你鼓励，失误时有人帮忙补台，这种团结协作的氛围会让人感到温暖、踏实、有安全感。团队成员之间也互不争抢，一个成果出来了，没有人去争排名，而是互相谦让。而团队领导会确保大家的相对公平，这种团队会始终营造一种向上的氛围，有利于其中每一个人的成长。

再次还有组织的信任。我们搞勘探工作大部分都是失败的，每口探井都花费巨大，井打空了，个人能担起这个责任吗？还是因为组织在信任、支持我们，在帮我们担这个责任。这也是我们团队能够健康成长的关键，所以我们必须时刻依靠强大的组织。

最后就是自我严格要求。无论做人做事，都要严格要求自己，不能辜负了石油系统的优良传统，当扶不起来的阿斗。

唐大麟：作为石油行业的科学家，您觉得哪些品质是必备的？

郭旭升：我觉得作为石油领域的科学家，第一要**求实**。特别是作为勘探工作者，更要把基础工作做实，不仅要科学地探讨研究对象的机理和机制，更要客观地总结其内在规律，搞清楚事物的本质，不能搞那些看上去很高级实际很虚的东西。第二要有**创新**精神，因为科学研究工作本身就是创新。第三是**开拓**，作为勘探工作者，开拓新领域的过程注定是不断面对失败，但也正是因为我们能战胜失败，才会在科学研究上有新的拓展。第四是**奉献**，如果一个科学家没有奉献精神，特别像我们搞勘探的，找到油气就走人去新的地方勘探，原来发现的油气与我们不再有任何关系，很多人就会有想法。但是作为一名科研人员，我们在这个时候必须要有奉献精神，而不是局限于自己的小利益上。如果没有奉献精神，那是成不了大事的。第五就是**和谐**。石油行业和其他学科不一样，有的学科，科学家自己通过刻苦钻研就能出成果，但石油行业是一个太庞大复杂的行业，其科学理论与技术创新的重大突破，都离不开一个包含各种知识结构背景的团队。因此作为一名石油行业的科学家，培养团结协作的氛围就相当重要。无论过去、现在、还是未来，大庆精神铁人精神始终是社会主义核心价值观的具体体现，也将始终作为石油人的精神文化而血脉相承、生生不息。

唐大麟：您当前研究的关注点是什么？

郭旭升：我现在的关注点主要集中在三个方面。第一是如何实现页岩油气效益勘探开发。目前我们的页岩油气已在勘探和开发领域实现了"点"和"带"的突破，未来需要把更多"面"上的资源找出并实现接替。第二是如何在深层、超深层油气上实现大规模勘探突破。目前我们也在组织力量对其成储、成藏条件的认识进行研究，并且克服一些高温高压条件下的工程技术难题，争取在"面"上实现大规模勘探突破。另外结合页岩气理论突破，我们也将目光落在了常规大型油气田深部煤层气的勘探开发上，希望未来也能助力深层煤层气勘探开发。第三我还关注老油田的近源复杂地质体问题。过去我们在研究盆内的成藏时多用近源富集理论，但实际上在东部古近—新近系盆地形成之前，这些地质体经过复杂的构造改造，并不是铁板一块。实际上老一辈地质工作者已发现了很多古潜山基底的油气藏，所以我觉得未来还是有潜力去突破这些近源以外的更老地层的。

- 采访时间：2022 年 4 月 20 日
- 采访地点：北京市西城区　中国石油六铺炕办公区

为实现海洋强国梦汇聚石油力量
——访中国工程院院士、海洋油气勘探开发工程管理专家谢玉洪

◎ 人物小传

　　谢玉洪，海洋油气勘探开发工程管理专家，教授级高级工程师，博士生导师。1961年2月生于河北省沧州市。现任中国海洋石油集团公司首席科学家，科协主席。长期从事海洋油气勘探开发理论技术研究与工程实践，在南中国海一线坚守33年，主持全球勘探开发7年。组织（主持）完成多项海洋领域国家科研项目，创立了中国特色"集群化价值勘探"海洋油气工程管理体系，创新提出中国边缘海高温高压、深层、深海等领域油气地质理论，突破海洋丛式井易坍塌地层高效钻井、多源多机制地层压力预监测、高温高压塑性地层钻井提速、深水钻井平台拖曳隔水管、抗压防冲蚀模块化测试、太古界深层潜山等油气重大勘探开发技术，高效建成了我国海洋边际断块、高温高压、深水和深层四个重大油气勘探开发工程，开辟了我国海洋油气增储上产新领域，引领了海洋油气勘探开发技术发展方向。作为合作者，主导了南大西洋圭亚那、巴西和北大西洋北海、加拿大油气勘探开发，成效显著。近年来，组织海洋多能融合开发、协同利用攻关，提出盆地能源、海洋资源多元优势互补发展策略，主持开展海洋水合物、浅层气、地热能、高压动能、CCS、CCUS、压溶气开发研究。曾获国家级奖励6项、全国优秀科技工作者、李四光地质科学奖等奖项及荣誉称号。

　　2021年当选中国工程院院士。

唐大麟： 谢院士，您好。首先祝贺您当选中国工程院院士。作为一名海洋油气勘探专家，请您介绍一下与陆地相比，在海洋中进行油气勘探开发有何不同？

谢玉洪： 谢谢。海洋油气勘探开发与陆地相比，主要差别来自于风险、科技和投入等几个方面。高风险、高科技和高投入是海洋油气勘探开发或者说海洋石油工业的主要特点。

首先，自然地质、地理环境的不同。海洋油气勘探开发主要是在被动大陆边缘或扩张盆地进行，受板块和地球深部动力影响大甚至巨大，人们对它的认知程度比较低；地层温度场、压力场高，海底地貌复杂、底质松软、温度低、压力高，同时海水受海流、洋流、内波流作用等，暗流汹涌。上述内在因素的影响，注定海洋油气勘探开发是一个风险高、投资大、技术链长且复杂的行业，充满了风险与挑战，当然，也激发了我们的斗志，培养了我们的意志。

其次，勘探方式、技术挑战不同。勘探采集设备等受海流、台风、巨浪等影响巨大，不但影响作业效率、作业精度，人员和财产安全也受到极大挑战；海底低温、地貌复杂、底质松软，地层高温高压等造成钻井工程结构更复杂，加之海洋环境保护等，技术挑战更艰巨，投资剧增，安全风险更大。我们常说"桩脚不牢，地动山摇"，容易发生灾难性的事故，大家应该记得2010年发生在墨西哥湾钻井平台"深水地平线"事故，上演了一出人员、经济和环境悲剧！

再次，开发模式、技术要求不同。不同的水深、不同的环境，开发模式不同、技术挑战程度不同。以我国"深海一号"能源站为例，水下生产系统位于1500多米水深的海底，压力超150个大气压。面对如此巨大的海水压力，设备的密封强度、材料的承压能力、工艺质量等面临严峻的技术挑战，没有试错的机会，任何纰漏都可能造成无法挽回的巨大损失。

因此海洋油气勘探开发涉及材料、船舶、通信、海洋工程、机电设备、交通运输等多个行业，是一项高集成、跨学科、多领域的系统工程。此外，特殊的海洋自然环境也对海洋钻探装备、后勤保证等提出了更加苛刻的要求。整体而言海洋油田勘探开发成本是陆地常规油田的6~10倍。

唐大麟：您长期从事海洋油气勘探基础理论研究、技术研发和勘探管理工作，不断进行技术创新与管理创新，您带领团队创建海洋油气"集群化价值勘探"工程管理体系，能否请您简要介绍一下该体系的内涵与核心要素？

谢玉洪：您知道，油气勘探开发都是将不同阶段的目标任务分专业、分学科，按照线性耦合的模式实施工程项目管理的。但是这种工程管理模式在实践操作中存在油气勘探开发各个环节之间协同创新能力弱、管理成本偏高、运行效率偏低等问题，针对不同的环境和边界条件，中国海油在生产实践中不断完善，在管理提升中融合了系统工程和价值流理论，创立了集群化价值勘探工程管理体系。

其内涵主要有三点，首先就是整合国内外、企业内外优势科技资源，融合多专业协同作业和跨学科联合攻关的集群创新机制；其次是构建了"工程风险、勘探开发投资、经济可采储量"等多因素相互约束平衡的"收益—风险"勘探开发决策平台；再次是应用大数据技术对区域油气和工程资源、环境等生产要素综合评估而建立的集群化勘探开发模式，替代过去对单个地质油气藏资源的独立勘探开发。以上几点相互联动、动态反馈、循环闭合。这个体系的核心要素包括地质油藏理论认识、勘探开发技术与作业能力、勘探开发投资、区域油气与工程资源、大数据技术等，它们之间相互组合，提升了油气地质理论、勘探开发技术与作业系统创新能力，且形成了集群化价值勘探工程管理体系。

唐大麟：近年来中国海油通过科技创新和工程管理创新，将海洋油气勘探的高风险、高成本转化成了高回报，最典型的就是实施勘探开发一体化。

您作为中国海油首席科学家，请介绍一下勘探开发一体化的具体实施思路。

谢玉洪：海洋油气勘探开发传统工程管理模式是勘探—评价—开发三阶段，它们是相对独立的，特殊的地质条件、复杂的海洋环境决定了油气勘探开发需要因地适宜，从适合实际情况的角度出发，制定相应的管理模式、突破针对性的技术，达到安全高效开发海洋油气的愿景。以南海深水油气勘探领域为例，中国海油建立了勘探开发一体化管理模式，打破勘探—评价—开发环节间的壁垒，变"三阶段"间歇式接力模式为"无缝衔接"；创建了"三井合一"勘探开发模式，探井在井位部署、井筒设计等方面具备探井、评价井、开发井"三井合一"的功能，以井筒安全为全生命周期等为约束，突破多元作业协同关键技术瓶颈，实现探井、评价井及生产井一体化，减少了钻井数量，降低了单个勘探目标的资源门槛，增加了储量和产量、缩短了建产周期、减少了开发成本、加快了探转采节奏等，实现了海洋油气勘探的价值最大化。

唐大麟：您曾长期在地区石油公司工作，既主管过技术研究也担任过主要领导职务，并都取得了不俗的业绩。您觉得做企业管理与科学研究之间有何异同？您更喜欢做哪件事？

谢玉洪：我从事海洋油气勘探开发理论技术研究和工程管理已40个年头，在海况恶劣、地质复杂的南海一线服役了33年，在中国海油集团总部服役了7年，经历过不同的岗位。不管是做企业管理还是科学研究，都是承担国家增储上产的政治责任、获得效益推进企业发展为目标的经济责任和健康安全环保及以人为本的社会责任，需要以价值为导向、系统思维开展相关工作。个人认为企业管理更需要学习掌握驾驭复杂局面的能力和妥善处理突发状况的能力，需要加强这种能力的实践性、实用性；科学研究需要更多专业理论创新与认识提升、科技攻关与技术研发综合能力。企业管理和科学研究均需要不断创新。优秀的科研成果与创新有着密不可分的关系。企业管理在创新中发展，在发展中创新，只有不断创新才能保证企业的可持续发展。与此同时，石油工业体系中高效的企业管理离不开针对生产实践需求的科技创新和研发，必须紧贴生产实践才有活力和动力。个人服从组织，服从国家需要，很多时候没有选择，如果硬要从爱好出发，我更倾向于从事解决生产实践需求的科研，整合各类创新要素，找出事物发展的规律，提升技术创新能力，助力行业高质量发展。

谢玉洪院士接受作者采访（2022年1月）

唐大麟："双碳"背景下，各石油公司都在转型，一些公司正大力开发非常规油气资源，请您介绍一下中国海油在海洋非常规油气勘探与开发方面的现状和前景。

谢玉洪：面对国家油气安全、资源品质劣质化、环境保护等多重约束，"双碳"对中国海洋石油工业未来发展来说，机遇远大于挑战！是高质量发展的重大转折点！中国海油主动顺应能源绿色低碳转型发展的趋势，正按照"双碳"行动方案的总体目标，按照"清洁替代、低碳跨越、绿色发展"三个阶段，积极有序推动绿色低碳转型，力争"十四五"末天然气产量占比35%，积极拓展非常规油气资源。同时，以减少能源消费为导向，实现节能增效。能源企业既是能源生产大户，也是能源消费大户，在生产过程节能增效。以分布式能源供给模式为基础，充分融合集群化油气勘探开发，做好自备电、岸电、风能、地热能等海洋综合能源协同开发。在规模性储能技术取得突破之前，可再生能源发电具有分散性、不稳定性、成本高等特点，海洋能源有机融合的生产动力系统，可以大幅降低可再生能源存在的负面效应。开发海洋能源要因地制宜，实现多能协同、相互备份、节余制氢等用能储能。

关于中国海域非常规油气的勘探开发，经初步分析，其主要类型是致密油气和页岩油。致密气地质资源量为 2.4 万亿 ~3.0 万亿立方米，主要分布在东海盆地、莺歌海盆地、珠江口盆地等区域。目前在东海、南海东部等盆地进行了 10 余井次致密油气储层改造的压裂试气探索，部分获得了较好的工业油气流。但是由于海上生产平台空间有限，大型压裂船费用高、风险大，压裂规模有限，目前压裂试气产量/产能还没有达到规模经济勘探开发的要求，还将继续探索。

海域页岩油资源量比较大，粗略的估算渤海海域渤中、辽中、黄河口、歧口等 4 个凹陷页岩油地质资源量达 212 亿吨，北部湾盆地涠西南坳陷页岩油资源量约 10 亿吨，下一步将进行详细分析研究，计划近期在涠西南坳陷进行探索。总的来说，中国海油海域有较丰富的非常规油气资源，但由于有一层海水的限制，勘探开发成本要比陆上高出很多，要经济有效开发海域的非常规油气，除了我们努力根据海域的特点开拓思路，打造相关降本设备外，还希望得到相关政策等方面的大力支撑。

另外，海洋非常规能源的发展还有一个重点，就是要突破传统单一能源学科的理论研究，用理论创新驱动传统化石能源向新能源转型发展，实现"盆地能源"融合，多能互补、有序替代、智慧协同，科学地进入化石能源与新型能源融合发展的新时代。

唐大麟：2022 年是中国海油成立 40 周年，40 年来我国海洋石油工业取得了一系列令人瞩目的成就。能否请您介绍一下中国海油在未来油气勘探开发及科技创新方面的计划。

谢玉洪： 中国海油成立 40 年来，坚定不移践行"我为祖国献石油"的责任使命，助力海洋强国建设，国内海上油气总产量从成立之初的 9 万吨增长至 6500 万吨，如今"国内原油增产靠海洋"已成为行业共识。

中国海油坚持以系统思维谋划公司高质量发展，以价值勘探开发为导向，更大力度推进国内油气增储上产"七年行动计划"，破解技术发展瓶颈，加快推动深水、深层、非常规等领域油气资源勘探开发，坚决打好油气增储上产战役，为保障国家能源安全、建设海洋强国不懈奋斗。

未来，我们将继续推进国家科技重大专项实施，加强深水、深层、高温高压和边际油气资源等油气勘探开发领域关键核心技术攻关，加强稠油、低渗及非常规油气开发试验，提高勘探开发成效。完善提升深水、深层油气地球物理勘探技术，加快形成深水工程设施自主设计、建造、安装、运维能力。力争到 2025 年，建立 1500 米以深超深水油气勘探开发工程技术体系及配套作业能力，关键技术与装备"卡脖子"风险显著降低，总体实现自主可控。

唐大麟： 作为中国海油的首席科学家，除了海洋石油的发展，您是否还有其他方面的关注？

谢玉洪： 我 1982 年加入中国海洋石油，始终为之奋斗，关注海洋石油的未来，心系海洋石油的发展，我的微信名就是"屯海成疆"。

为海洋能源的未来发展，并通过海洋能源的开发助力海洋强国的建设是我们的愿景，能尽微薄之力，是最大的心愿。海洋里的资源其实远大于陆地，只是我们目前还没有全部有效开发。这种开发需要一种力量的带动，期望海洋油气开发就是那股重要的带动力量，这是"建设海洋强国"具体而重要的载体。通过"多能融合，协同开发"实现海洋资源开发的最大化，我们坚信陆地上能生产的东西，将来海洋也一定能生产。海洋工厂、海洋牧场、海洋林场……这些都不再遥远。比如，南沙的太阳能、风能、潮汐能等非化石再生能源资源非常丰富，打好海洋能源开发的"组合拳"，在尽量减少能量转化环节基础上，实现友好利用，不仅满足正常生产作业的动力需求，还能生产"绿氢"、适合人体机能的淡化水，满足人们的美好需求。

唐大麟： 在您成长与成功的道路上，是否有非常难忘的人和事？

谢玉洪： 中国海洋石油工业刚起步之时，工作条件十分艰苦，海上作业危险重重。在南海工作期间，海上作业常会遇到台风。一般我们称从太平洋形成的台风叫"洋台风"，"洋台风"从太平洋进入到中国海域，虽然路径较长，但变化有其规律性，能够做到较准确的预测，从而相对从容地完成防台风准备。而在南海本土形成的"土台风"规律性差，预测难度极大，可能会带来船毁人亡的灾难，1983年10月爪哇海号钻井船就是在"土台风"的袭击下万劫不复的。1994年，我和同事们在海上做采集地震资料时就遇到了一次"土台风"。这股台风就在我们作业船旁生成，等我们收完设备时，作业船已经在台风中心了。茫茫的大海无边无际，灰暗色天空十分压抑，我们的船就仿佛无根之萍，在台风的袭击下随时都有可能倾覆，记得当时有几个刚大学毕业的年轻同事表现得十分悲观，因为从未见过这个"黑云压城城欲摧"气势，我虽然表面上冷静，但却在心里暗暗发誓，这次如果能脱险，以后再也不上地震作业船了！可是当我们脱险回到岸上完成补给休息后，我又和同志们义无反顾地回到海上去作业了。可谓记忆深刻！可谓增长了经历！可谓修为上了台阶！

事情过后，知道此事的同事、同学问我怕不怕，刚开始几次遇到这种情况肯定害怕，但事业总得有人干啊！如果我们大家都退缩了，那我们的海油石油工业怎么发展？遭遇"土台风"，无异于一场生命的冒险，但风浪之后，更多的是我们对大自然规律的探索与对海洋的敬畏。随着对自然规律的掌握，在大自然的面前，只要自己精神不垮，就一定不会有事。现在，我们的气象预报准确度和船舶的安全性都已大大提高，当年我们遇到的那种危险现在看来都已不算危险。

除此之外，在我参加工作以后，有两位师傅对我的影响很大。一位是胡代圣师傅，刚开始参加工作就跟着他，从1982年到1989年，7年间他手把手指导我们几个刚毕业的学生科研攻关，带领我们踏遍粤西、桂南、环海南岛地质露头，除了教技术，他还为我规划人生的发展方向，教我做人做事的原则。胡师傅曾经进过"牛棚"，但他从不计较什么，只想着怎么把事做好，并且没想过回报，老人家已经离开了我们，至今仍十分怀念。还有一位是饶维孟师傅，是我走上领导岗位以后的技术指导，他曾经被打成"右派"，并受到了肉体折磨，但平反后他对任何人都没有怨言，也没有对任何人记仇，他高尚的品行和精湛的技术，永远让我受益，饶师傅健在，祝老人家吉祥安康！他们的教诲和个人品行一直都深深地映照着我，我想我今天能够内心干净地投身于国家的海洋石油事业，离不开当年这些老师傅们的言传身教。

所以当选院士以后，我在和我的团队聊天时，他们都建议我要更专注于海洋油气和海洋地质相关的工作，做好三件事：一是为实现"海洋强国"这个国家战略贡献力量；二是为海洋石油工业的发展壮大添砖加瓦；三是像我的前辈们那样，甘当人梯，为国家培养出更多进军海洋的人才。

唐大麟：作为新晋院士，您对我们石油行业的广大科技工作者有何寄语？

谢玉洪：面对我国油气对外依存度持续攀升的严峻形势，以及我国常规油气产量增长乏力的现实形势，和市场竞争加剧、技术储备不足、战略性人才短缺等挑战，我们搞科研的同志一定要切实增强能源报国的责任感和使命感，积极主动破解技术发展瓶颈，以创造性思维加快推动各领域油气资源勘探开发，为保障国家能源安全不懈奋斗。

唐大麟： 您心目中的石油科学家精神是什么？

谢玉洪： 爱国敬业、甘于奉献、勤学笃行、求真务实、开拓创新。

- 采访时间：2021 年 12 月 31 日
- 采访地点：北京市东城区　中国海油大厦

资源有限、创新无限、挑战极限
——访中国工程院院士、石油与天然气开发工程专家孙焕泉

◎ 人物小传

孙焕泉，石油与天然气开发工程专家，教授级高级工程师。1965年1月出生于山东省诸城市。1983年考入华东石油学院，先后获得学士、硕士学位，2002年获中国科学院地质与地球物理研究所博士学位。曾任胜利石油管理局地质科学研究院副院长、党委副书记、院长；胜利石油管理局局长、胜利油田分公司总经理，胜利石油管理局党委副书记、常委、委员；中国石化油田勘探开发事业部主任。现任中国石化集团有限公司总工程师。2008—2020年连续担任三期国家科技重大专项油气开发专项项目长。长期从事石油天然气开发理论、技术研究和工程实践，带领团队在稠油、高温高盐和页岩油气等复杂油气藏开发领域取得重要研究成果。创建了特超稠油热复合开发方法，发明高温高盐油藏无碱二元复合驱油技术，攻关形成页岩油气立体开发提高采收率技术。曾获国家科学技术进步奖二等奖5项、中国专利奖金奖、何梁何利基金科学与技术进步奖等奖项。授权发明专利18件，发表论文67篇，出版专著7部。

2021年当选中国工程院院士。

唐大麟：孙院士，您好。首先祝贺您当选中国工程院院士。您曾带领团队攻克深层、薄层超稠油开发技术，成功开发了我国埋藏最深的超稠油油田和油层最薄的超稠油油田。关于稠油开发，能否请您介绍一下我国在这个领域的发展现状及未来前景。

孙焕泉：随着我国国民经济持续稳定发展和人民生活水平不断提高，石油消费需求也日益增长，国内供需矛盾突出，这导致我国石油对外依存度越来越大，国家能源战略安全形势也越来越严峻。截至 2020 年底，我国石油的对外依存度已高达 73.5%，必须要加大国内石油资源的勘探开发力度。稠油是我国原油产量的重要组成部分，资源占我国石油总资源的 20% 以上。同时，稠油也是加工高等级沥青、高端机油、航空航天燃料等的重要原料。在此形势下实现稠油资源的高效开发，对降低石油对外依存度、保障国家能源安全具有重要的现实意义。

我国是世界第四大稠油国，稠油资源量仅次于美国、加拿大和委内瑞拉。目前我国已在国内十几个盆地中发现了大大小小 70 多个稠油产区，但最主要的产区还是集中在辽河、胜利和新疆等地。我国稠油的探明储量约 40 亿吨。产量上，近年来靠技术的突破，基本稳定在每年 1500 万～1600 万吨的规模，稠油在未来的增储上产上也还是很有潜力的。

国际上通常将黏度极高的重质原油称为天然沥青砂或沥青油砂。我国稠油主要分三大类：一是普通稠油，指地层温度条件下原油黏度 50~10000 毫帕·秒，且相对密度大于 0.92 的原油。其中，普通稠油又可分为两个亚类，地下黏度在 50~150 毫帕·秒的稠油油藏可以注水开发；黏度大于 150 毫帕·秒、小于 10000 毫帕·秒的稠油油藏，采用注蒸汽开发或者其他方式开采。二是特稠油，指原油黏度在 10000~50000 毫帕·秒，且相对密度大于 0.95 的原油，采用注蒸汽开发。三是超稠油，指原油黏度大于 50000 毫帕·秒，且相对密度在 0.98 以上的原油，在油层条件下，这种稠油流动性差或不能流动，多采用热力开采方式。

目前，稠油油藏依靠天然能量开采采收率很低，仅为3%~5%。注蒸汽热采是稠油的主要开采方法，蒸汽吞吐、蒸汽驱、蒸汽辅助重力泄油（SAGD）是成熟的稠油热采技术。溶剂萃取等冷采技术、水平井注空气火烧技术、井下蒸汽发生器等新兴技术也取得一些进展。

我曾长期在胜利油田工作，胜利稠油属复杂类型稠油，开发难度大。有的稠油储量发现十多年开发不了，照搬国内外稠油开发技术不可行，要么没有产能，要么产能低，达不到效益开发标准，必须依靠自主创新。这些复杂类型稠油具有以下几个特点：

一是"稠"，黏度大于50000毫帕·秒的储量占14%，常规蒸汽吞吐无法动用。胜利王庄油田就属于典型的超稠油，油田根据实际开发状况对超稠油进行细分，将黏度大于10万毫帕·秒的超稠油称为特超稠油。而我国东部稠油相当一部分是特超稠油，其在地面常温下"踩"上几脚都不变形。而巧克力在50摄氏度下的黏度才17000毫帕·秒。

二是"深"，埋藏深度超过1200米的储量占92%，导致蒸汽注到井底干度大幅度降低。如王庄油田井深最深达到2000米，常规直井注蒸汽开发这种稠油无法获得产能。针对这种情况，开发的关键是如何让蒸汽有效影响更深部的稠油。作为主要温室气体的二氧化碳进入我们研究团队的视野。在温度高于31摄氏度、压力高于7.38兆帕时，二氧化碳就会达到超临界状态，具有独特的物理化学性质，其黏度接近气体、密度接近液体，具有极强的扩散能力和溶解能力，可以进入油藏深部，大幅度降低稠油黏度。我们研究发现，在油藏条件下饱和二氧化碳的超稠油降黏率超过99%。更重要的是超临界二氧化碳不仅自己扩散，而且带着蒸汽扩散，其溶解度随温度而变化，蒸汽注入后温度升高，二氧化碳溶解度下降，析出的二氧化碳携带蒸汽的热量扩散进入油藏深部，强化了蒸汽的热力作用，扩大了热波及范围，使原来不流动的超稠油流动起来、采出来。基于大量研究取得的这些创新认识，我们用二氧化碳开发深层超稠油，取得了成功。如今这项"二氧化碳强化热力开发技术"

已在胜利油田得到了规模化应用，成功开发了我国埋藏最深（达2000米）的超稠油油田——王庄油田。该技术在老的稠油油田应用，提高了稠油老区采收率19.3个百分点。

三是"薄"，油层厚度小于10米的储量占27%，其中小于6米的储量占24%。油层越薄，注入蒸汽的热损失越大。胜利的春风油田、陈家庄油田油层厚度仅2至6米，低于传统稠油热采的油层厚度界限。针对这类薄层稠油，我们提出以提高油层保温性能为核心的新技术思路，研究发现注入蒸汽的热量主要通过薄油层顶部围岩散失，阻隔顶部热散失是关键。我们在不断实验过程中，发现氮气开发具有无可比拟的优势：它膨胀性强，可为地层补充能量，同时可在油层上方形成一堵"气墙"隔热，把注入蒸汽留在油层中，就像为热采稠油盖上一层"保温被"，并且对氮气形成隔热层的控制参数进行了系统研究。我们还发明了耐高温降黏剂。研发出氮气保温、蒸汽和降黏剂协同增效降黏的热复合开发新技术。利用这一技术，成功开发了我国油层最薄（2米）的超稠油油田——春风油田，并建成了100万吨/年薄层超稠油高效开发示范基地，已连续5年稳产100万吨以上。

深层、薄层超稠油开发技术突破了美国国家石油委员会（NPC）热采稠油开发3000英尺（约915米）的深度界限和20英尺（约6米）的厚度界限，开辟了稠油开发新领域，成为开发稠油的升级换代技术。

在稠油的开发上我认为还有一个关键点，就是提质增效。我们现在的稠油开发，其中很重要的一个指标是油汽比，你注多少蒸汽，能采出多少油来？全国目前稠油开采的油汽比是0.37左右，平均下来注3吨蒸汽才能采1吨稠油，经济性有待提升。我认为在稠油研究和开发上，要把提高采收率和提高经济效益结合起来，这样才能做到提质增效。

总之，从稠油的开发前景来讲，稠油具备稳产、上产的资源基础，稳产1600万吨也是有空间的。在未来稠油开发中，老区大幅度提高采收率，新区向更深、渗透率更低的区域扩展，将是保证稠油稳产、上产的关键。

| 孙焕泉院士近照

唐大麟：在化学驱油方面，国内外通常采用三元复合驱技术以提高油田采收率，我们知道您曾带领团队发明了无碱二元复合驱油新技术，您为什么要发明这种新的驱油技术，它对我们提高采收率有何帮助？

孙焕泉：目前，我国东部主力老油田已进入特高含水（含水大于90%）开发阶段，这类资源的储量、产量分别占全国的32%和27%。特高含水期是油田重要的开发阶段，如何在该阶段实现高效开发对东部老油田持续稳定发展具有重要意义。特高含水老油田采收率仅为41%，仍有大量原油滞留地下，老油田采收率每提高1个百分点，相当于发现一个地质储量4亿吨级的大油田。但常规开发技术开采难度大，急需发展新的开发理论和低成本开发技术以大幅度提高采收率。目前，化学驱油技术是特高含水老油田大幅度提高采收率的有效技术，对于增加经济可采储量、实现可持续发展具有重要支撑作用。

我国化学驱油始于20世纪80年代，到目前形成了聚合物驱、三元复合驱、无碱二元复合驱、非均相复合驱等技术。化学驱项目数量和年产油量分别占全球总量的 60% 和 80%，化学驱油技术整体处于世界领先水平，在老油田稳油降本中发挥了重要作用。

我国渤海湾盆地化学驱资源以河流相为主，储层非均质性较强，平均渗透率级差大于 16；原油黏度高，地下原油黏度为 50~2000 毫帕·秒；油藏温度为 65~120 摄氏度，地层水矿化度为 6000~100000 毫克/升，属于条件苛刻的高温高盐高黏油藏。通过我们团队的持续攻关研究，中国石化在高温高盐油藏化学驱领域率先取得突破，形成了无碱二元复合驱和非均相复合驱等特色技术。

针对原油酸值高特点，胜利油田在 20 世纪 90 年代先后开展了三元复合驱先导试验和扩大试验，采收率分别提高了 13.4%、14.7%。但由于油藏温度高、地层水矿化度高，碱的存在造成严重结垢、堵塞，无法有效开发，寻求与国际大石油公司合作攻关无碱化学复合驱油提高采收率技术，国外公司研究后认为：高温高盐技术难度大，放弃合作。其关键难题是高效驱油机制认识问题和缺乏达到超低界面张力的高效驱油用表面活性剂。我们针对高温高盐油藏特点，创新发展了"聚合物/表面活性剂"无碱二元复合驱提高采收率技术，实现两大技术突破：一是提出了以"油剂相似富集、阴非加合增效、聚表抑制分离"为核心的二元复合驱理论认识，研究发现与原油结构越相似的阴离子磺酸盐类表面活性剂界面活性越高，驱油性能最佳；利用非离子表面活性剂与阴离子磺酸盐类表面活性剂协同，增强了界面密度，达到超低界面张力，解决了无碱条件下驱油体系难以获得超低界面张力的世界级难题，实现了高效驱油。二是创造性地提出"取自原油、用于驱油"表面活性剂研发新思路，以原油为原料研发出石油磺酸盐表面活性剂，并实现工业化生产，用这种"人工石油皂"代替加碱后地下形成的"天然石油皂"，以此为基础发明了高温高盐油藏无碱二元复合驱油技术。2003 年在孤东油田开展了无碱二元复合驱先导试验，中心井区综合含水率由 98.2% 下降至 60.4%，产油量提高 11 倍，利用原有井网，在没钻新井条件下，提高采收率 13 个百分点。

无碱二元复合驱先导试验成功后，胜利油田在国内率先实现工业化应用，已突破油藏温度 85 摄氏度、地层水矿化度 30000 毫克/升复杂油藏条件大幅度提高采收率技术，成为高温高盐油藏化学驱油核心技术。截至 2020 年底，累计产油 2040 万吨，提高采收率 11 个百分点。

突破高温高盐油藏大幅度提高采收率技术后，我和团队又瞄准新的研究领域：聚合物驱后油藏进一步提高采收率技术。我国这类油藏储量有 15 亿吨，经过五六十年的注水开发，又经注聚合物开发后，油藏非均质性更强了，剩余油高度分散，驱油效率大幅度下降，部分油井含水接近 100%。如果没有接替技术，油田将很快进入废弃阶段，攻关研发进一步提高采收率技术已经成为老油田稳产、减缓递减的迫切需求。围绕聚合物驱后油藏进一步提高采收率重大技术难题，我们团队发明了新一代部分支化部分交联聚合物高效驱油剂，获中国专利金奖，首创支化—交联共存的软固体颗粒分子结构，实现了工业化生产。发明了基于新型驱油剂的非均相复合驱油方法，实现化学驱油由均相体系向非均相体系的升级，创建了非均相复合驱油技术，研发了具有自主知识产权的非均相复合驱油数模软件，实现油藏级数值模拟，创立了配套注采工艺。矿场先导试验在水驱、聚合物驱基础上采收率又提高 8.5 个百分点，达到 63.6%，拓展了无碱二元复合驱油技术应用领域，成功挑战老油田提高采收率极限。目前该技术已通过示范工程在中国石化胜利油田、河南油田的聚合物驱后油藏推广应用，并拓展应用至特高含水等油藏类型，取得了很好的降水增油效果，实现了老油田绿色、高效开发。非均相复合驱油技术突破了传统均相化学驱油体系的局限，被业界专家认为是提高采收率领域的革命性技术，引领了化学驱油学科发展方向。

老油田提高采收率有大潜力、新作为。化学驱在理论认识和关键技术上持续取得重要突破，已经成为特高含水老油田增储稳产和高效开发的重要技术手段。未来，研发适合更高地层温度、更高地层水矿化度、更高原油黏度的化学驱方法，地面工艺向标准化、模块化、信息化方向发展，绿色开发的低成本化学驱油技术，是今后化学驱技术发展的主要方向。

唐大麟： 您曾长期工作的胜利油田去年已满一个甲子，老油田的稳产上产一直以来都是我们大家关心的话题，能否谈谈您对于这个问题的思考？

孙焕泉： 60年来，胜利油田不断突破勘探禁区、挑战开发极限，原油产量连续9年保持3000万吨以上，连续20年年均产量超2700万吨，累计原油产量约占我国同期陆上原油产量1/5，实现了持续稳产。展望未来发展，我觉得胜利等老油田要稳产上产，首先要保持战略定力，增强发展自信。我们对老油田的认识始终处在一个持续深化过程中，老一辈地质家曾说"渤海湾盆地就像一个打碎的盘子"，非常复杂，虽然我们已经在这一区域勘探开发了几十年，但至今仍有新发现，地质上构造图还在发生变化，变化中育新机，复杂中有大潜力。要全生命周期来开发好老油田，持续抓好、抓实、抓细基础工作，比如保持井网/井筒的完整性。其次，我们要加大对老油田新层系、新领域的研究，比如深层超稠油、薄层超稠油的突破与开发，页岩油的开发。目前胜利油田正在开展陆相断陷湖盆页岩油国家级示范区建设，有几口井产量上了百吨，这将是我们国家石油工业发展新的战略性接替阵地。

总之，老油田要想取得新胜利，创新是关键，用新的理论、新的认识、新的技术去破解老油田的持续开采难题。如何让老油田可持续发展，这也是一篇大文章，还有很多工作需要去做，包括低碳发展、低成本发展。所以我觉得要实现老油田的稳产上产就跟我们种地一样，一分耕耘一分收获，功夫下不到，想产出油是不可能的，这就要求我们的工作必须做深、做实、做精细。

唐大麟： 中国石化上游业务近年来取得了一系列不俗成绩，请您简单介绍一下中国石化上游业务发展现状和前景。

孙焕泉： 这些年来，中国石化上游业务经历了从"陆地"到"海洋"、从"陆相"到"海相"、从"国内"到"国外"、从"常规"到"非常规"的发展过程，实现了"四大跨越"。"十三五"期间实现了原油产量"硬稳定"和天然气"快上产"，其中天然气产量增幅达63%。从发展目标上来讲，中国石化提出了"稳油增气、降本提效"这个目标，特别是国内上游深入实施七年行动计划，大力推进高质量勘探和效益开发，加快天然气产供储销体系建设，油气盈亏平衡点持续下降，稳油增气降本成效显著。未来，中国石化上游业务的增长点主要在天然气，其中非常规天然气将是主战场。集团的战略是"一基两翼三新"，打造世界领先洁净能源化工公司。从实施的要求来讲，那就是要"坐稳老区、加大新区、加快非常规"。"坐稳老区"主要是克服老油田特高含水带来的挑战，大幅度提高老油田的采收率，再就是克服主力油气田的递减，包括页岩气的递减，从而实现油气上产。另外老油田还需克服高折耗，大幅度降低盈亏平衡点。"加大新区"主要是加大天然气勘探开发与生产。"加快非常规"不仅包括页岩气，还有页岩油。我们的页岩气主要是往深层走，目前我们在四川盆地已经打到了地下4200米。页岩油目前在济阳盆地、苏北盆地、四川盆地等都有发现，尽管前景还不错，但是要走的路还很长。

唐大麟：作为一名新晋院士，回首成长之路，您最难忘与感恩的是什么？

孙焕泉：在我成长道路上，最难忘的还是我的老师。高中时候的老师，我到现在只要有机会还会去探望。我是本硕连读的，当时我的硕士生导师是洪世铎教授，他是我国油层物理学科奠基人，我们上大学的油层物理教材就是他编著的。我博士生导师是叶连俊先生，他是中国科学院院士、地质学家、沉积矿床学家。叶老师是山东日照人，早年毕业于北京大学地质系。他创建了我国第一个沉积学专业研究室，组织筹建了中国沉积学会，创办了《沉积学报》。记得当年我写博士论文开题报告时，去请教叶老师。当时老先生80多岁了，还拿着放大镜很认真地阅读我的报告，并且亲自画图批注，对我的研究内容进行修改指导。对于创新、亮点的地方标注上"OK",他在我的开题报告上标了 6 个"OK",这份开题报告原稿我一直珍藏。我从导师们的身上,学到的不仅仅是科学知识,还有那种敬业求实的科学家精神,以及做人做事的行为准则。

| 孙焕泉院士接受作者采访

谈到感恩,我想得感恩组织的培养和老一辈科技工作者的指导帮助,如果没有组织搭建平台、压担子,我也不会有机会去攻克那些复杂的开发难题。记得 1990 年我硕士毕业参加工作后不久,就派我在全国性的大会上作报告,对于当时的科研人员来说,这种机会真是凤毛麟角。我毕业后在胜利油田地质科学研究院工作,那时有个传统,每年正月十五之前要召开全油田的开发技术座谈会。年年都要准备这个会,尽管老家在山东,我却连续 6 年没有回家过春节。从一开始在老师傅指导下整理资料、写报告,到后来我自己上台去作学术报告,这些都离不开组织对我的培养与鞭策。还要感恩时代,是时代赋予我们科研人员成长的机遇。我曾经多次说:"是复杂油藏开发的挑战给了我历练的机会。"过去这些年,国家大力支持人才培养和科技创新。正是基于时代对于知识、人才与创新的尊重,我们才有机会创造更多价值,服务国家与社会。还有重要的一点,如果说现在取得了一些成绩,那不代表我个人有

多厉害，而应归功于我的团队，这背后无数次试验的失败只有我们自己清楚，而这也磨炼了我们的意志，使我们更加强大。

唐大麟： 您对石油开发战线的广大员工有何寄语？

孙焕泉： 选择了石油就意味着艰辛和挑战，在石油开发的过程中不断会有一些新的难题出现。作为一名石油人，我总说我们的身上是带着"油味"的，当然这个"油味"不是只说现场工作的时候一身油、一身汗，而是我们要具有石油的品质，正所谓"井无压力不出油，人无压力轻飘飘"。作为石油人，我们得学会承压，这种压力不仅是一种责任，同时也是我们开拓创新的动力。现在石油工业的装备水平相较过去已有很大提高，但整体而言石油人的工作环境还是很艰苦的，所以我们搞石油也需要一种精神，就是"辛苦不言苦，有难不畏难"，越是难啃的骨头越要迎难而上，攻坚才能克难，才能把地下的石油资源开发出来。虽然石油资源是有限的，但创新是无限的，我们石油人还要有挑战极限的勇气与信心。习近平总书记在去年视察胜利油田时，对我国石油工业发展提出了殷殷嘱托：能源的饭碗必须端在自己手里。要端牢能源饭碗靠什么？还是要靠创新，只有不断创新，我们才能做到总书记对我们石油人提出的要求，再立新功，再创佳绩，在新时代保障国家能源安全的新征程上，做出更大的贡献。

- 采访时间：2022年1月18日
- 采访地点：北京市东城区　中国石化大厦

在蓝色国土耕耘科技强国梦想
——访国际欧亚科学院院士、海洋油气钻完井工程技术专家李中

◎ 人物小传

李中，海洋油气钻完井工程技术专家，教授级高级工程师。国家"万人计划"领军人才。1972年9月出生于河南省泌阳县。现任中海油研究总院有限责任公司副总经理兼总工程师。长期从事海洋油气钻完井技术研究与工程实践，海上一线工作近30年。主持创立了海上高温高压钻完井和深水优快钻完井两大关键技术体系，创新发展了复杂断块油田高效开发钻完井技术，主导完成了我国首个海上高温高压气田（东方13-2气田，获评2020年央企十大超级工程）以及我国首个自营超深水"深海一号"气田勘探开发钻完井工程，使得我国在海洋高温高压钻完井领域抢占了世界技术制高点，深水钻完井技术水平跻身世界第一梯队，显著推动了我国海洋油气领域技术进步，引领了海洋钻完井技术发展方向，关键技术已在海外成功应用。拥有发明专利32项，创作代表性论文42篇、专著9部，起草ISO国际标准1部。曾获国家科学技术进步奖一等奖1项、特等奖1项，国家技术发明奖二等奖1项，省部级科技进步一等奖12项，何梁何利基金科学与技术创新奖，全国五一劳动奖章，全国劳动模范，全国石油石化优秀科技工作者等奖项及荣誉称号。

2020年当选国际欧亚科学院院士。

唐大麟：李院士，您好。很高兴采访您。2022 年的油气产量数据显示，中国海油所属渤海油田和南海东部油田油气产量均创下了最高历史纪录，并已分别成为我国第二和第七大油田，这是我国石油行业实施国内油气增储上产"七年行动计划"所取得的丰硕成果。作为一名海洋石油钻完井领域的知名科学家，您认为以上成绩的取得主要得益于什么？

李中：2022 年国际大环境极其复杂，乌克兰危机推动世界能源供需版图调整，"双碳"目标倒逼传统能源转型加速。但是，我国以油气为主的紧缺战略性资源供应"大头在外"的格局依旧没有改变，国家能源安全保障任务仍然艰巨。加快建设海洋强国、保障国家能源安全是全体海油人的使命和担当。

我认为，中国海油油气产量屡创新高，科技创新起到了至关重要的作用。2022 年，我们科研团队在深海油气勘探开发、超高温高压油气钻采、"卡脖子"关键装备攻关、数字化、绿色低碳等方面都取得了突破。"深海一号"大气田成功投产，累计生产天然气超过 30 亿立方米；乐东 10-1 超高温高压气田进入实质性实施阶段；深层油气开发取得重大突破，深层钻探技术不断提升；水下井口、水下采油树等制约深海油气开发的装备取得突破，国产化装备成功海试，正在推广应用到深海油气开发中。

我们从 2013 年就开始自营深水勘探开发，到了 2021 年才看到结果，这个时间还算是快的。这些成绩的取得，离不开我们几十年如一日扎实的基础研究工作，只有多年不间断地积累和一点儿一点儿进步与突破，才能在今天收获到成功的硕果。这也说明科研工作者必须要耐得住寂寞、坐得住冷板凳，还必须要有绳锯木断、滴水穿石的执着精神。当然，眼界和决心也特别重要。这就像是地图、导航和驾驶关系一样，地图是正确的，导航是精准的，驾驶技术是先进的、一流的，最终才能安全、高效、快速地到达目的地。

唐大麟：请您简要介绍一下我国当前海洋钻完井的技术水平，及其在世界钻井领域中的位置。以我国目前的技术能力，开发深海油气难度在哪里？

有哪些急需克服的难题？

李中： 开发深海油气的技术体系，软实力和硬实力缺一不可。

硬实力是显现的、可见的，我们有一系列的"深海舰队"，主要是一些大型船舶。从"十二五"起，中国海油就倾力进行深海装备建设，打造了一支以"五型六船"为代表的深水舰队，包括了深水半潜式钻井平台"奋进号"等，也有大家更为熟悉的、2021年投入运行的"深海一号"能源站。这些大型装备是我们走向深海、远海的必备利器。

| 李中院士近照

软实力就是一些核心的技术，经过十余年的发展，我们实现了从学习、跟跑到部分核心技术的领跑。比如深海浅层建井技术，由我们牵头起草了ISO国际标准，这一成果获得了2020年度国家技术发明奖。

在我们还没有掌握这些关键技术之前，都是用国外的船舶、国外的队伍进行深海钻探作业，时间、费用、作业方式等都由外国人掌握，十分被动。后来，随着我们的装备和技术的进步，我们也可以自主作业了，并且我们还有更新的核心技术让我们干得更好、干得更快。

2015年，在我国的乐东区块，在同一时间，相同地质条件下，我们和某国际知名石油公司各钻了一口同样深度的高温高压探井，这是一场真刀实枪的较量。对比数据显示，在我们的自营井温压条件均高于外方作业井的情况下，外方作业井钻井周期达120天，生产时效85%；我们的自营井钻井周期约为45天，生产时效95%，作业效率较外方高160%，事故、复杂情况较外方少10%。而外方作业井的费用约为4.8亿元，自营井则不到1亿元。实践证明，我们的自营高温高压探井经过多年的经验积累和工艺创新提高，形成了一套较为成熟的作业模式和技术体系，在作业质量、效率、成本控制等方面较某国际知名石油公司具有了很大的比较优势。

目前，我们深海钻井的最大作业水深达到了2619米，创下西太平洋作业水深纪录。最大钻井深度超过5000米，压力超过70兆帕，温度超过175摄氏度，可以说我们深水钻井技术已经进入世界先进行列。有些关键技术已经在海外深水区块应用，实现了技术引入到技术输出的转变。

2021年，我国首个自营深水气田——"深海一号"成功投产，深水油气田开发也实现了1500米超深水的跨越，现在我们在深水高温高压区域有了更新的进展，"深海一号"二期（陵水25-1气田）正在紧锣密鼓的建设中。

目前，在这一领域，我们还有一些急需克服的难题。未来，深海的油气开采进程会加快，油气开采的水深也会越来越深，与陆地的距离也会越来越远。将来，我们需要更多、更先进的深海装备，而在深海补给方面，还需要进一步加强。除了装备和后勤补给，我们面临的复杂地层也会越来越多，挑战会越来越大。目前在国内，我们已经从常规深水迈向了深水高温高压、深水深层，这些油气田开发的难度是呈指数级增长的。2022年，陵水25-1气田已经开钻，这也是"深海一号"的二期工程，这个气田就是深水高温高压，压力达到69兆帕，其开发建设难度比一期要大很多；我们的新发现——宝岛气田，也处在国内的深水深层中。但是，我们已经通过多年攻关实现了 11 项关键技术突破，6 个是国内首次，与过去不可同日而语，所以我们更有信心也更有底气建设好这些深水新气田。科技创新，步履不停，唯有科技软实力的不断进步和突破，才能实现高难度深海油气田的自主开发建设。

| 李中院士接受作者采访

唐大麟：众所周知，海上油气生产的作业环境更为复杂，安全形势也更加严峻，中国海油的作业者是如何保障深水钻井安全的？

李中：深海海洋环境远比浅海恶劣，台风频发；深海海底地层更加松软，海底地质条件更为恶劣；深海钻井的难度无疑是更大的。同时，因为深海作业，装备、人员都远离陆地，方方面面的支持和补给更加困难，我们不仅要面对恶劣并瞬息万变的自然环境，费用的投入也十分庞大，钻一口深海井的费用需要 2 亿~3 亿元，是常规井的 4~5 倍，油气田的建设者、管理者与作业者的压力也随之成倍增加。

我们一直非常重视深水钻井安全，这是"天字一号"工程，从设计到监控再到应急预案，我们有全方位的、成体系的一整套安全保障措施，这就是为了杜绝发生电影《深海浩劫》里面那样的安全生产事故。

首先，我们牢牢抓住设计的源头安全，持续加强深海钻井风险识别，在方案设计中就分析和找到作业的风险点，通过对地层压力的精准预测、井身结构的合理设计、井控设计等技术手段规避深水钻井的一切风险。其次，通过一些技术和监测装置，提高钻井作业过程中的井喷等重大风险的随钻预警能力，我们研制了深水钻井的早期溢流监测装置并借鉴智能化手段等，构建了四位一体的"井下＋海底＋水下＋水面"风险识别系统，预测钻井作业风险，做到提前发现风险，及时制订管控措施，防患于未然。此外，在深水井作业前制订深水钻井作业重大风险的应急预案，我们研发建立了井喷失控的应急抢险技术、救援井技术等。同时，还研制并成功海试了水下应急封井器，如同给喷涌的火山口加盖一个能完全封堵溢流的多功能"瓶盖"。通过这些先进的技术和装备，确保即使在发生井喷失控等重大事故后，也能及时控制，将危害降到最低。

唐大麟：您主持创立了海上高温高压钻完井和深水优快钻完井两大关键技术体系，创新发展了复杂断块油田高效开发钻完井技术，主导完成了我国首个海上高温高压气田，以及我国首个自营超深水"深海一号"气田勘探开发钻完井工程。这不仅使我国在海洋高温高压钻完井领域抢占了世界技术的制高点，使其技术水平跻身世界第一梯队，更显著推动了我国海洋油气领域的技术进步，引领了海洋钻完井技术发展方向，其关键技术已在海外成功应用。您做这些事情的初衷是什么？是什么力量支撑着您带领团队攻克这一系列技术难题？您实现这些关键技术创新的思路是如何产生的？

李中：我的初衷就是要以实际行动贯彻习近平总书记"能源的饭碗必须端在自己手里"的指示批示，带领团队攻克制约我们发展的"卡脖子"技术，推动能源科技创新，形成具有自主知识产权的核心技术与装备。

伴随着中国海油深水全球化，油气勘探开发正在从"资源主导"向"技术主导"转变，前沿技术的攻关和关键装备的研发关系着能否钻得更深、钻得更稳。在我们没有掌握这些技术之前，都是国外的装备、国外的队伍在我国进行深海钻探作业，技术水平的悬殊差距使得我们下定决心，从跟踪学习到合作钻探，从模仿到创新，从跟随到争先，最终通过不断地尝试、探索、创新，打破了核心技术长期受制于人的局面，我想这应该是我们能攻克这一系列技术难题的力量之源。

至于创新思路的产生，我想再举个例子来讲。我们目前在深水或者高温高压领域做油气测试工作的时候，有一套自主知识产权模块化的测试装置和测试工艺。以前做油气试井时，按照海外的惯例及国内一些公司的习惯做法，是先把参加作业的各承包商的装备动员到平台甲板上进行安装联调，这个动员安装的时间少则 20 天，长的也可能一个月还不止。在油价高时，深水作业的成本每天四五百万元，因此仅动员安装期的成本就得大几千万不止。因此我们就想，是否能不动员那么多家承包商上平台安装，而是事先把我们自己能够控制与替代的装备先研制出来，然后模块化集成，这样就把整个工具装备的动员安装周期由二三十天缩短到了三五天，不仅成本极大降低，而且给我们的地质快速决策解决了一个大难题。因为以前钻初探井时是没有条件进行测试的，主要受限于测试设备的动员安装无法短时间完成，只能钻评价井才能进行测试。现在有了这项技术装备之后，我们只要在初探井取资料三五天后，相关装备就可以动员到平台进行油气试井，这样又节约了评价井的成本。一个技术装备的创新，带来的是整个油气田勘探开发周期的极大缩短，给公司带来巨大经济效益，归根结底是对公司高质量发展的责任感和使命感催生出来对创新的需求。

唐大麟： 我们关注到您目前还担任中海油天然气水合物国家重点实验室副主任，您对水合物未来的商业化发展有怎样的预期？

李中： 作为一名海洋钻井工程的从业者，我对天然气水合物的感受是颇为深刻的。之前，我们是把它作为一个工程灾害来认识和处理的，因为整个海床底下全部是水合物，你想避开它是不可能的。比如我们固井的时候，水泥浆凝固放热，在这个过程中，就会发现井口周围沿着导管顶部孔洞咕噜咕噜有气泡往上冒，然后在导向架和井口区又重新成冰，这其实就是天然气水合物，因此我对天然气水合物的现场感受比在实验室感受深刻多了。

天然气水合物就是咱们常说的"可燃冰"，大家都认为它将是未来重要的低碳能源，目前我国已进行了三次天然气水合物的试采，现在我们正在准备做第四次试采。对于"可燃冰"的商业化开采，我个人认为目前还不应报以明确的乐观态度，因为未知的东西太多，我们未来还会持续做一些技术攻关与研究。仅从勘探角度来讲，目前我们对"可燃冰"的探勘认识还需要突破，针对"可燃冰"这个特定的矿种，我们现在实际上对其在海底的赋存规律认识还不是特别透彻，虽然能找到一些"甜点"，但其在规模赋存上还没有发现比较优质的矿区。未来怎么找到它？采用哪种开发开采方式？作为上游企业，我们还要考虑成本和效率，这也是油气公司要重点关注的事。

唐大麟： 您是全国劳动模范、全国五一劳动奖章获得者和全国石油和化工优秀科技工作者，还是一位工学博士，国家"万人计划"领军人才。您带领团队勇闯石油勘探开发的深海禁区，破解了南海油气无法开采的"魔咒"，为世界提供了高温高压油气开采的中国方案，牵头完成的南海高温高压钻完井关键技术及工业化应用，获得了国家科学技术进步奖一等奖。我特别想了解一下，您是如何与石油结下了不解之缘的？是什么原因促使您做出了这个影响一生的选择？一路走来，您印象最深的人或事是什么？

李中： 我与石油的缘分从儿时起就开始了。我生长在中原大地的一个乡村里，从我有记忆起，家乡的田野间就矗立着高高的井架，那些身着工装、天天忙忙碌碌着的石油工人，以及化验室那些瓶瓶罐罐，对我这个小小乡村少年而言，这一切太神秘了。带着强烈的好奇心，一放学，我就跑到化验室问东问西，那些大哥哥大姐姐每次都耐心地回答我的疑问。去的多了，对那些设备是干什么的，石油是怎么从地下找出来的也略知一二了，那些哥哥姐姐和我开玩笑说，小李中，既然你这么感兴趣，长大了，也干石油吧！从那时起，在我小小的心灵里真的就种下了一颗种子：长大了，就当个石油人吧！在高考时，我的全部志愿填的都是石油院校。

在我30多年的职业生涯中，印象最深的一件事儿发生在我在海上平台工作的第三年，当时我是海上钻井监督。一个晚上，结束了一天工作后，已经躺下睡觉了，但是突然听到床头窗外监控系统"乓——乓——乓"的连续响起来，我对这个声音非常敏感，当时一下就醒了，听到这声音，我想肯定是井喷了，拉开窗帘往钻台上一看，整个钻台都被黄色雾状物笼罩着，什么都看不见，我立马套上工服、拎着安全帽就往现场跑。等我来到钻台的时候，局面基本上已经被控制住了，按照我们的程序，现场司钻是第一当事人，他必须要在第一时间把现场状况控制住，必须及时处置到位。幸运的是我们的队伍是训练有素的，另外装备维护保养也非常到位，由于处理迅速、得当，把一次井喷事故控制在苗头中。从那时起，海上安全生产的那根弦更加深刻地印在了我的脑海里和血液中，一刻也没有放松过。只有保障好作业安全，才能让我们的每一位员工在每一次出海后都能安全回家，才能让我们的油气作业安全、顺利地进行。

唐大麟：您当前重点关注的领域是什么？未来计划从哪些方面着手实现新的突破？

李中：2021年，我们成功自主开发了"深海一号"超深水大气田，这为将来开发水深更深、距离更远的深水油气田奠定了良好的基础。在深水钻完井领域，我国的部分关键技术已经达到了国际领先水平。目前我们还有深水油气开采的一些装置正在加紧攻关和海试，已经取得了一些新突破。

同时，海上超深井方向是国家"四深"战略的重要组成部分（深地），深层是中国海油未来增储上产的主力军，深水钻井在深部地层压力、井壁稳定、可钻性等方面，和常规井相比，更为复杂。深水苛刻的条件，使常规技术无法满足超深井高效作业需求。为了使中国海油具备海上埋深 6000 米级超深井高效钻井作业能力，急需在海上超深井安全高效钻井取得新的技术突破。

未来，随着工业和信息技术发展，深水油气田开发也会越来越智能，比如未来我们可能会有深海智能钻机，能够实现少人化、无人化的深远海钻探作业。也许未来会有深海空间站，把海面上的工作搬到海底去。

深水开采目前以天然气为主，天然气是一种清洁的优质低碳燃料。我们的"深海一号"大气田每年能够稳定供气超过 30 亿立方米，可满足粤港澳大湾区 1/4 的民生用气需求，以后供气量会越来越高，对于社会经济和民生保障有着重要意义。等到"深海一号"二期投产，将超过 45 亿立方米，想想这些就感到非常自豪，也更加有动力。

唐大麟：您认为一个成功的科研工作者应具备哪些品质，才能实现科技报国的伟大抱负？您如何定义"石油科学家精神"？

李中：科研工作者应当具有清晰的理论认知，不懈的执着精神，能够吃苦耐劳，重视团队合作，还要有超强的责任心和不怕失败的顽强精神。

我认为的石油科学家精神应该是爱国奉献，坚决扛起为国找油找气、端牢能源饭碗的光荣使命和重大责任。要有自强不息、勇攀高峰、敢为天下先的创新精神。在破解关键核心科技难题上敢打攻坚战，在解决国家重大需求中敢啃硬骨头，努力打造更多"中国创造""中国利器"，真正把科研论文写在科研攻坚、油气生产的第一线。

■ 采访时间：2023 年 1 月 16 日
■ 采访地点：北京市朝阳区　中国海油研究总院

后记
——我眼中的石油石化院士

当我终于拿到这本书的样书时，这些本无多少重量的纸张却仿佛重似千斤。回想成书的点滴，从萌发想法到结集成册，共历时三年，其中酸甜苦辣唯有自知。这中间离不开领导的支持、家人的鼓励、朋友的关心，更离不开石油工业出版社各位编辑老师们辛劳地付出。

2020年秋，我来到《中国石油企业》杂志社工作。2020年冬，在领导和家人、朋友们的支持下，我开始策划采写石油石化行业院士专访文章并刊发于《中国石油企业》杂志。

采写伊始，我并没有把握这件事是否能做成，以及能持续多久。胡文瑞院士对这件事给予了巨大的鼓励与支持，不仅成为了我的第一位受访院士，更在日后介绍了许多不同专业领域、不同就职单位的院士接受我的采访。汪燮卿院士、王基铭院士和张来斌院士也对我的采访给予了大力支持，分别介绍了他们本单位的院士与我联系采访。

2021—2022年，正是新冠病毒肆虐时期，与每一位受访者的见面都十分不易，最长的一次约访等了近一年的时间。然不管等待多久，能采访到都是幸运的。而不幸亦有之，即便约好了采访，却永远也无法完成了。

虽然有遗憾，但收获是巨大的，就像本书前言中所写的那样，在三年的采访中，我"见证了石油石化院士们从创业初期至今，一路走来筚路蓝缕、披荆斩棘的过程；见证了石油科学技术从跟踪模仿到自主创新的过程；见证了我国石油工业由小到大、由弱到强的过程；见证了油气产业发展从受制于人到自立自强的过程；也见证了石油科学家精神孕育与形成的过程"。

我难忘每一次见到李德生院士时他的绅士风度以及在101岁家宴时给我的题字"唐大麟记者，谢谢你的高水平文章和摄影技术"；难忘何继善院士在抗战年代死里逃生年近九旬仍感恩时代的机遇；难忘李大东院士遗憾过去工作中原始创新性的工作还是做得不够；难忘翟光明院士在陕北心无旁骛的设定目标；难忘郭尚平院士为了试验而身患癌症却只强调"生为中国人，科研为人民"；难忘与汪燮卿院士聊天时的天马行空、异想天开；难忘毛炳权院士身处逆境仍实事求是的坚持；难忘戴金星院士日复一日工作时的背影；难忘顾心怿院士在谈到对家人亏欠时的愧疚；难忘何鸣元院士对闵恩泽院士学风的继承；难忘罗平亚院士不断思考不断解决问题的韧劲；难忘胡见义院士对教学代课工作的认真；难忘舒兴田院士甘于坐冷板凳，一生只干一件事；难忘韩大匡院士老骥伏枥却仍志在千里，直到工作到生命的最后一刻；难忘贾承造院士骄傲的自我评价"我始终都是一名科技工作者"；难忘苏义脑院士用公正的楷书写下"我为祖国献石油""把论文写在井场上"；难忘王基铭院士对企业家精神的深刻阐释……

三年来，难忘的事太多。在采访与写作的同时，我也深深地感到：石油科学家精神不是从天上掉下来的，而是几代石油科技工作者们苦干实干奋斗积累出来的。他们是这个时代最美丽的人。

本书付梓之际，还要感谢鲍敬伟博士和严增民先生对我采访工作的无私支持。感谢我的同事李月清、胡玮斐为采访文章的最终面世所付出的辛劳。感谢石油工业出版社李中、白云雪，没有你们的辛劳付出就没有这本书的诞生。

要特别感谢我的父母、岳父岳母和妻子毛丽丽博士，感谢你们为我筑牢了家庭后盾，让我能心无旁骛的持续采访写作。也要感谢我可爱的儿子，你是爸爸持续不断努力的力量源泉。

　　受本人学识所限，文中采写难免有不当之处，还请各位读者朋友批评指正。

唐大麟

粗记于 2023 年 11 月 21 日　大庆萨尔图机场

修订于 2023 年 11 月 25 日　北京